Y0-FAH-472

La justificación y el Espíritu en Pablo

European University Studies
Europäische Hochschulschriften
Publications Universitaires Européennes

Series XXIII
Theology

Reihe XXIII Série XXIII
Theologie
Théologie

Vol./Band 713

PETER LANG
Bern · Berlin · Bruxelles · Frankfurt a.M. · New York · Oxford · Wien

José Enrique Aguilar Chiu

La justificación y el Espíritu en Pablo

PETER LANG
Bern · Berlin · Bruxelles · Frankfurt a. M. · New York · Oxford · Wien

Die Deutsche Bibliothek - CIP-Einheitsaufnahme

Aguilar Chiu, José Enrique:
La justificación y el espíritu en Pablo / José Enrique Aguilar Chiu. -
Bern ; Berlin ; Bruxelles ; Frankfurt a. M. ; New York ; Oxford ; Wien : Lang, 2003
(European university studies : Ser. 23, Theology ; Vol. 713)
Zugl.: Roma, Inst. Pontificio Biblico, Diss., 2000
ISBN 3-906765-92-X

ISSN 0721-3409
ISBN 3-906765-92-X

© Peter Lang AG, European Academic Publishers, Bern 2003
Hochfeldstrasse 32, Postfach 746, CH-3000 Bern 9, Switzerland
info@peterlang.com, www.peterlang.com, www.peterlang.net

All rights reserved.
All parts of this publication are protected by copyright.
Any utilisation outside the strict limits of the copyright law,
without the permission of the publisher, is forbidden and liable to prosecution.
This applies in particular to reproductions, translations, microfilming,
and storage and processing in electronic retrieval systems.

Printed in Germany

A mi esposa,

a mis padres y hermanos,

a los amigos

Indice general

Abreviaturas

AB	Anchor Bible
AGJU	Arbeiten zur Geschichte des antiken Judentums und des Urchristentums
AnBib	Analecta Biblica
ANTC	Abingdon New Testament Commentaries
BAC	Biblioteca de autores cristianos
Bauer	*Griechisch-deutsches Wörterbuch zu den Schriften des NT und der frühchristlichen Literatur* (W. Bauer)
BDF	*A Greek Grammar of the NT* (Blass - Debrunner - Funk)
BDR	*Grammatica del NT* (Blass - Debrunner - Rehkopf)
BECNT	Baker Exegetical Commentary on the New Testament
BEvT	Beiträge zur evangelischen Theologie
Bib	*Biblica*
BJ	*La Bible de Jérusalem*
BNTC	Black's NT Commentaries (USA: Harper's NTC)
BT	*The Bible Translator*
BU	Biblische Untersuchungen
BW	*Bibeltheologisches Wörterbuch* (ed. J. Bauer) (Graz - Wien - Köln ^{3}1967)
CBQ	*Catholic Biblical Quarterly*
CCC	The Crossway Classic Commentaries
CECNT	Critical and Exegetical Commentary (H.A.W. Meyer)
CGSTJ	*China Graduate School of Theology Journal* (Hong Kong)
CNT	Commentaire du Nouveau Testament
DBS	Dictionnaire de la Bible Supplément
DGE	Diccionario Griego Español (Madrid 1980—)
EB	Etudes Bibliques
EKKNT	Evangelisch-Katholischer Kommentar zum Neuen Testament
EstEcl	*Estudios Eclesiásticos*

ÉTR	*Études théologiques et religieuses*
EWNT	*Exegetisches Wörterbuch zum Neuen Testament*
ExpTim	*Expository Times*
FRLANT	Forschungen zur Religion und Literatur des Alten und Neuen Testaments
HNT	Handbuch zum Neuen Testament
HTKNT	Herders Theologischer Kommentar zum Neuen Testament
IBENAT	*Introduction à la Bible - Edition Nouvelle.* L'Ancien Testament (ed. H. Cazelles)(Paris 1973)
IBENNT	*Introduction à la Bible - Edition Nouvelle.* Le Nouveau Testament (ed. A. George - P. Grelot)(Paris 1976—77)
ICC	International Critical Commentary
ISJ	Institución San Jerónimo
JBL	*Journal of Biblical Literature*
JSNT	*Journal for the Study of the New Testament*
JSOT	*Journal for the Study of the Old Testament*
KD	*Kerygma und Dogma*
KEKNT	Kritisch-exegetischer Kommentar über das NT
KNT	Kommentar zum Neuen Testament
KNTTM	Kommentar zum NT aus Talmud und Midrasch (Billerbeck)
LA	*Liber Annus*
Lampe	A Patristic Greek Lexicon (G.W. Lampe)
LCL	Loeb Classical Library
LSJ	A Greek-English Lexicon (Liddell - Scott - Jones)
MeyK	H.A.W. Meyer, Kritisch-exegetischer Kommentar über das NT
MNTC	Moffatt NT Commentary
MS	Mysterium Salutis
NAC	The New American Commentary
NCB	New Century Bible
NDTB	*Nuovo Dizionario di Teologia Biblica* (ed. Rossano-Ravasi-Girlanda)

NICNT	The New International Commentary on the New Testament
NIGTC	The New International Greek Testament Commentary
NLC	The New London Commentary
NT	*Novum Testamentum*
NTAbh	Neutestamentliche Abhandlungen
NTC	New Testament Commentary
NTS	*New Testament Studies*
NTS	Novum Testamentum Supplements
PG	Patrologia Graeca (J. Migne)
PL	Patrologia Latina (J. Migne)
RB	*Revue Biblique*
Rob	A Grammar of the Greek NT (A.T. Robertson)
RSPT	*Revue des sciences philosophiques et théologiques*
RSR	*Recherches de science religieuse*
SANT	Studien zum Alten und Neuen Testament
SB	Sources bibliques
SBL	Society of Biblical Literature
SBLDS	SBL Dissertation Series
SJTOP	Scottish Journal of Theology Occasional Papers
SNT	Studien zum Neuen Testament
SOC	Scritti delle origini cristiane
SP	Sacra Pagina
SRivB	Supplementi alla Rivista Biblica
ST	*Studia Theologica*
TBNT	*Theologisches Begriffslexikon zum Neuen Testament* (Wuppertal 1967—1971)
Them	*Themelios*
THKNT	Theologischer Handkommentar zum NT
TJT	*Toronto Journal of Theology*
TW	Theologische Wissenschaft
TWAT	*Theologisches Wörterbuch zum Alten Testament*
TWNT	*Theologisches Wörterbuch zum Neuen Testament*
VB	*Vocabulaire Biblique* (ed. J.J. von Allmen)
VT	*Vetus Testamentum*

VTB	*Vocabulaire de Théologie Biblique* (ed. X. Léon-Dufour)
VTS	Vetus Testamentum Supplements
WBC	World Biblical Commentary
WUNT	Wissenschaftliche Untersuchungen zum Neuen Testament
ZNW	*Zeitschrift für die neutestamentliche Wissenschaft*
ZTK	*Zeitschrift für Theologie und Kirche*

Prefacio

Este libro reproduce íntegramente la tesis de doctorado en ciencias bíblicas defendida el 22 de marzo de 1999 en el *Pontificio Istituto Biblico* de Roma. A mi director de la tesis, Prof. Albert Vanhoye, S.J., expreso mi profundo agradecimiento por la guía precisa y acertada con que dirigió el trabajo, sus numerosos consejos siempre fueron de invaluable ayuda en la realización de este trabajo. Agradezco también al segundo moderador de la tesis, Prof. John Kilgallen, S.J., su disponibilidad y atención en la lectura crítica de la tesis y útiles sugerencias.

El tema de la presente tesis nació a partir de la consideración de la pregunta: ¿por qué Pablo rechaza la justicia de la Ley en vista de la justicia de la fe? El texto de Ga 3,21 da respuesta clara a dicha cuestión haciendo apelo al tema de la vivificación: para Pablo existe una relación estrecha entre la justicia y la vivificación. De esta consideración sobre la justificación paulina surgió la idea de estudiar una posible relación entre la justificación y el Espíritu.

El tema de la tesis es novedoso: he contado sólo dos artículos y una nota dedicados exclusivamente al tema. Dicha novedad ha sido un gran incentivo en la investigación: tratar de aportar nuevas perspectivas en la comprensión de la concepción paulina de la justificación. Sin embargo el aspecto de novedad trae consigo también dificultades: la falta de estudios sobre el tema y por ende el problema de no poder fundamentar la tesis sobre otros estudios. El tema sin embargo vale la pena de ser afrontado.

La presente disertación corona largos años de estudio. Agradezco sinceramente a todos mis profesores del *Pontificio Istituto Biblico* que han contribuido en mi formación. Menciono de manera especial al Prof. Albert Vanhoye quien dirigió mi tesis de licenciatura y me ayudó con una reducción de los costos de estudios siendo él entonces rector, a él debo tanto de mi formación exegética; al Prof.

Jean-Noël Aletti, S.J., por su motivante presentación de los textos paulinos; a los profesores Ignace de la Potterie, Roger le Déaut†, James Swetnam, Jean Louis Ska, Pietro Bovati, Luis Alonso Schökel†, Prosper Grech, Stephen Pisano, Frederick Brenk, Joseph Sievers, Robert North, Antonio Pitta, Horacio Simian-Yofre, José O'Callaghan, Maurice Gilbert, Ugo Vanni, Klemens Stock, por sus valiosas enseñanzas; agradezco igualmente al entonces rector Prof. Robert O'Toole y al Secretario Carlo Valentino por su apoyo y ayuda.

Parte de la investigación fue llevada a cabo en las instalaciones de la *École biblique et archéologique française de Jérusalem* así como en el *Studio biblico francescano* de Jerusalén. Agradezco a todos los miembros de dichas instituciones su ayuda y consejos.

Mi gratitud también a las instituciones que me brindaron fraterna hospitalidad durante la elaboración de esta tesis: *Saint Louis des Français* (Roma) y *Casa Mater Misericordiae* (Jerusalén).

Agradezco a Simone Netthoevel de la editorial *Peter Lang AG* su competente apoyo y atenta colaboración en la publicación de este trabajo. Mi gratitud también a la *Catholic Biblical Association of America* y al Instituto de *Propaganda Fidei* por su apoyo económico para esta publicación.

En fin, deseo hacer vivo mi profundo reconocimiento a todos quienes me han acompañado a lo largo de este camino. Sin su amistad y apoyo no hubiera sido posible la realización de este trabajo.

José Enrique Aguilar Chiu
Enero 2002

Introducción

La justificación y el Espíritu

El tema de la justificación en San Pablo ha suscitado una producción literaria sumamente vasta a lo largo de los siglos[1]. La razón de ello es doble: la importancia del tema y la falta de consenso general en los resultados. En efecto, para varios estudiosos la cuestión de la justificación constituye el centro mismo de la teología de Pablo[2] o del Nuevo Testamento inclusive[3]. Asimismo, varias preguntas importantes distan de ser resueltas[4]: ¿Cuál es el concepto de Pablo

1 Cf. A.E. McGrath: *Iustitia Dei.* A History of the Christian Doctrine of Justification (Cambridge 1986).

2 Así: K. Kertelge, *Rechtfertigung bei Paulus.* Studien zur Struktur und zum Bedeutungsgehalt des paulinischen Rechtfertigungsbegriffs. (NTAbh 3; Münster 19712) 295; P. Stuhlmacher, *Gerechtigkeit Gottes bei Paulus* (FRLANT 87; Göttingen 19662) 236; E. Käsemann, "Gottesgerechtigkeit bei Paulus" *ZTK* 58(1961)367. Tal posición es contestada entre otros por: J. Fitzmyer, *Pauline Theology:* A Brief Sketch (Englewood Cliffs, NJ 1967) 16; R.P. Martin, *Reconciliation:* A Study of Paul's Theology (London-Atlanta 1981) 149—154. Para una panorámica cf: J. Plevnik, "The Center of Pauline Theology" *CBQ* 51(1989)461—478; R.Y.K. Fung, "The status of justification by faith in Paul's thought: a brief survey of a modern debate", *Them* 6 (1980) 4—11.

3 Cf. J. Jeremias, *The Central Message of the New Testament* (London 1965) 70; J.Reumann, *Righteousness in the New Testament* (Philadelphia 1982) 191—192; McGrath, *Iustitia I* , 1—2. Tal posición es contestada entre otros por: H. Conzelmann, *Grundriß der Theologie des Neuen Testaments* (UTB 1446; Tübingen 1997); L. Goppelt, *Theologie des Neuen Testaments* (Göttingen 1975); P. Grech, *Le idee fondamentale del Nuovo Testamento* (Modena 1968). Para una panorámica cf.: G. Segalla, *Introduzione alla teologia del Nuovo Testamento* (Corsi della Facoltà Teologica dell'Italia Settentrionale; Milano 1980).

4 Para una panorámica cf.: J.P. Clifton, *The Pauline Notion of Justification in the Light of Recent Literature* (Diss. Angelicum; Rome 1971); R. Penna, "Il

sobre la justicia y la justificación? ¿Qué genitivo se tiene en la expresión δικαιοσύνη θεοῦ? ¿δικαιόω tiene un significado "forense" o "efectivo"? ¿Por qué la justificación no puede obtenerse a partir del cumplimiento de la Ley? ¿Cuál es la relación entre justificación, fe y obras?

Por otro lado, la dificultad en poder responder a las últimas preguntas en particular, ha inducido últimamente a un fuerte debate en torno a la concepción paulina de la Ley, presentándose ésta como un impedimento o rival de Cristo en la justificación. La divergencia en los resultados ha llevado inclusive a algunos a discutir sobre la coherencia misma de la exposición teológica de Pablo[5].

Por su parte, la investigación en torno al Espíritu en Pablo ha sido hecha desde diversos enfoques[6], y abarcando una amplia serie de cuestiones[7]: la relación del Espíritu con Cristo; los signos, dones y frutos asociados a él; su relación con la vida al par que la oposición entre carne y espíritu; su asociación con el bautismo, así como con la filiación divina; su relación con la libertad y la Ley; y su conexión con la escatología.

La bibliografía y problemática en torno a la justificación es pues inmensa. Asimismo para el tema del Espíritu. Sin embargo, desafortunadamente casi ninguna atención ha sido concedida hasta ahora a la relación que existe entre justificación y recepción del Espíritu.

tema della giustificazione in Paolo. Uno status quaestionis", *La giustificazione* (ed. G. Ancona) (Padova 1997) 19—64; J. Plevnik, "Recent Developments in the Discussion Concerning Justification by Faith", *TJT* 2 (1986) 47—62.

5 Así H. Räisänen, *Paul and the Law* (WUNT 29; Tübingen 1983) 4.11.

6 Cf.: P.J. du Plessis, "The Concept of Pneuma in the Theology of Paul", *Neot* 3 (1969) 9—20; F.W. Horn, *Das Angeld des Geistes* (Göttingen 1991) 49—54.

7 Para una panorámica cf: R. Bultmann, "Der Geist", *Theologie des Neuen Testaments* (rev. O. Merk) (UTB 630; 1984[9]) § 14; W. Carr, "Towards a Contemporary Theology of the Holy Spirit", *SJT* 28(1975) 501—516; J.D.G. Dunn, "Rediscovering the Spirit", *ExpTim* 84 (1972/3) 7—12; 40—44; 94 (1982/3) 9—18; G.D. Fee, *God's Empowering Presence*. The Holy Spirit in the Letters of Paul (Peabody MA; 1994) 799—915.

Este hecho sorprende ya que la vinculación entre éstas es notable. En efecto, un estudio de la argumentación en Ga 2—3; 2 Co 3 y 1 Co 6 sugiere ver una estrecha conexión entre éstas.

Empero, se presenta un gran problema: ¿Cómo entender esta relación? A primera vista, se trata de dos cosas diversas, sin ninguna conexión lógica. Tal vez radica ahí la omisión de un estudio sobre la relación entre la justificación y el don del Espíritu. En efecto, el Espíritu comprende muchas cosas más que la justificación, a saber: guía a los cristianos, les revela los misterios de Dios e intercede por ellos ante él, les otorga la filiación divina, habita en ellos como Espíritu de Dios o de Cristo, los une a Cristo realizando la unidad de la Iglesia, les confiere dones tales como la profecía, la enseñanza, el discernimiento de espíritus, el hablar en lenguas, el poder de realizar milagros, etc. Tal riqueza del Espíritu ha contribuido de hecho a considerarlo a parte del tema de la justificación.

Objetivo, metodología y organización del trabajo

El presente trabajo mira pues a estudiar esta relación que desafortunadamente a pesar de su notoriedad, ha pasado casi desapercibida en la investigación exegética, y que puede ser en parte causa de la divergencia de opiniones en torno a la justificación. ¿Existe realmente una relación entre justificación y recepción del Espíritu? ¿De qué relación se trata? y sobre todo: ¿Cómo y por qué se da esta relación? Tales son las preguntas a las que el presente trabajo busca responder, especialmente las dos últimas pues no existe ningún estudio exegético al respecto.

El trabajo se desarrolla en dos etapas: en una primera etapa se busca responder a la pregunta: ¿existe una relación entre la justificación y el Espíritu? A partir del estudio de Ga 2—3; 2 Co 3 y 1 Co 6 se da una respuesta a ello (c.1). En la segunda etapa se profundiza la cuestión buscando responder a la pregunta: ¿en qué consiste esa relación? o: ¿cómo y por qué se da una relación? Una respuesta sugerida ya por 2 Co 3, es confirmada por el estudio de Ga 3 y Rm 5 y 8 (c.2). Posteriormente, una consideración de otros elementos evidenciados en la primera parte como relacionales entre la justificación y el Espíritu, a saber: el tema de la fe (c.3), el tema de la bendición (c.4), y el tema de la promesa (c.5), permiten una confirmación ulterior de la naturaleza de la relación. Dichos temas son estudiados en textos donde aparecen relacionados de manera relevante con la justificación o el Espíritu, principalmente: Ga 2—5; Rm 4—5; 8; Flp 3. Al final del trabajo, se realiza una recapitulación de los resultados y se presentan las conclusiones generales.

Por lo que concierne a la metodología, aún cuando el tema del presente trabajo concierne a la teología paulina, el enfoque es exegético, con una orientación prevalentemente sincrónica[8] y haciendo uso sobre todo del método del estudio de la estructura literaria, al par que teniendo en consideración la posición de los textos en su contexto retórico.

En fin, los textos considerados son tomados de las principales cartas paulinas con un mayor consenso en cuanto a su autenticidad[9], y que proveen los elementos suficientes para el esclarecimiento de la cuestión. Tales textos tratan de ser explicados procediendo a base de círculos concéntricos: ante todo a partir de ellos mismos o en base al contexto de la carta donde se encuentran, recurriendo a una confrontación con otras cartas paulinas en caso de necesidad o confirmación, y dejando una eventual referencia a las cartas deuteropaulinas como último recurso[10]. Asimismo, la referencia a la literatura bíblica tiene la precedencia sobre el recurso a la literatura de Qumrán, a la literatura rabínica, así como a la literatura apócrifa o intertestamentaria.

8 La orientación diacrónica es latente en el hecho de considerar primero los textos de Ga antes de los de Rm, en los diversos capítulos del trabajo.

9 Es decir: Rm, 1—2 Co, Ga, Flp, 1 Ts, Flm.

10 Sobre esta cuestión metodológica, cf. C. Perrot, "La vie et l'œuvre de saint Paul", IBENNT 3, 30—31.

Premisa semántica

Para el desarrollo del presente trabajo, es conveniente definir al inicio, si bien provisioriamente, el significado en el griego del NT de tres términos principales que serán considerados a lo largo de este estudio, a saber: δικαιοσύνη, δίκαιος y δικαιόω.

Pero para ello es necesario tener presente que el contexto de tales vocablos en el epistolario paulino es el de la discusión sobre cómo hacer o considerar "justa" a una persona pecadora.

Luego entonces, teniendo como referencia a la persona, se tiene que dado el sufijo -σύνη del primer vocablo, es de considerar a la δικαιοσύνη como denotando la virtud, cualidad o estado de aquél que es δίκαιος[11]. A su vez, podemos considerar a δίκαιος como aquél que es conforme a la δίκη, i.e. uno que es tal como debiera ser según lo que es justo o recto, lo que es indicado o establecido[12]. Y en fin, en cuanto al verbo δικαιόω, se pueden considerar los siguientes sentidos posibles: a) hacer a uno justo[13], b) mostrar, exhibir, evidenciar que uno es justo (cf. Jer 3,11; Ex 16,51—52; Lc 7,35), c) declarar a uno justo (cf. Ex 23,7; Is 5,23; Lc 7,29; 1 Co 4,4), mas en cualquiera de estos casos, la persona que

11 Así como la σωφροσύνη es la cualidad de los "prudentes" o la ταπεινοφροσύνη es la cualidad de los "humildes".

12 Cf. C. Spicq, "δίκη", *Lexique Théologique du N.T.* (Fribourg 1991) 326: *«On s'accorde à mettre δίκη... en relation avec δείκνυμι "montrer, indiquer". Il signifierait d'abord "ce qui est indiqué, ce qui est en usage, coutumier"».*

13 El sentido fundamental de δικαιόω es «hacer justo» según Bailly (A. Bailly, *Dictionnaire grec français* (Paris 1950); de la misma manera que τελειόω es «hacer perfecto» y δοφλόω es «hacer falso». En el griego de la koiné este sentido es atestado claramente en: Poimandres 13,9: χωρὶς γὰρ κρίσεως ἰδὲ πῶς τὴν ἀδικίαν ἐξήλασεν, ἐδικαιώθημεν, ὦ τέκνον, ἀδικίας ἀπούσης (R. Reitzenstein, *Poimandres* (Leipzig 1904) 343); citado por: J.H. Moulton - G. Milligan, *The Vocabulary of the Greek Testament, Illustrated from the Papyri and Other Non Literary Sources* (London 1957); y también por: Bauer, W. - Gingrich, F.W. - Danker, F.W., *A Greek-English Lexicon of the New Testament and Other Christian Literature* (Chicago 1979).

δολόω per errata slip

es objeto de la acción de justificar es considerada como teniendo la cualidad o estado de la justicia y por ende de ser justo[14].

De esto se sigue el que si bien en los diversos textos considerados se trate a veces del verbo justificar (δικαιόω), de la acción de justificar (δικαίωσις), o bien de obtener la justicia (δικαιοσύνη), la referencia en el fondo es a una misma realidad: el hacer o considerar "justo" (δίκαιος) a una persona pecadora.

Estas definiciones provisorias son presentadas sólo con el fin de poder establecer una discusión y como punto de partida para el desarrollo de la presente investigación.

Por lo que concierne a las recurrencias en el NT de los vocablos antes mencionados, se puede ver que el vocabulario de δικαιοσύνη/ δικαιόω es sobre todo presente en Rm y después en Ga, con una gran desproporción en comparación con el resto del epistolario paulino (incluyendo las cartas deuteropaulinas)[15].

En cuanto al vocablo πνεῦμα, éste aparece también en el epistolario paulino sobre todo en Rm, Ga, 1 y 2 Co, si se exceptúa Ef. Mas teniendo en cuenta que gran parte de las recurrencias de πνεῦμα en 1 Co son en torno a la cuestión del Espíritu y los carismas (1 Co 12—14), resulta que son Rm y Ga donde la mención

14 La finalidad de dar una traducción amplia del verbo δικαιόω es debida a dos razones: hacer notar que el presente trabajo puede ser leído independientemente del sentido que se dé a ese verbo; i.e., el estudiar una posible relación entre la justificación y el Espíritu no depende inicialmente del sentido que se dé al verbo «justificar». Y asimismo, busca evitar polémicas no deseadas mas concentrar la atención en el tema del trabajo: la relación entre la justificación y el Espíritu. En efecto, la investigación exegética se ha centrado en precisar si δικαιόω posee un sentido forénsico o bien real, mas sin lograrse un consenso general; ahora bien, el presente trabajo busca precisamente evitar entrar en tal discusión, planteando otra cuestión que puede ser más fructífera para la comprensión del concepto de justificación en Pablo, a saber: la de una posible relación entre la justificación y el Espíritu.

15

	Rm	1 Co	2 Co	Ga	Ef	Flp	Col	1 Ts	2 Ts	1 Tm	2 Tm	Tt	Flm
δικαιοσύνη	34	1	7	4	3	4	0	0	0	1	3	1	0
δικαιόω	15	2	0	8	0	0	0	0	0	1	0	1	0

de πνεῦμα es mayor, proporcionalmente hablando[16], sin contar las recurrencias de 1 Co 12—14.

Este hecho lleva por lo tanto a preferir las cartas de Rm y Ga como objeto del presente estudio.

16

	Rm	1 Co	2 Co	Ga	Ef	Flp	Col	1 Ts	2 Ts	1 Tm	2 Tm	Tt	Flm
πνεῦμα	34	40	17	18	14	5	2	5	3	3	3	1	1
%	.42	.50	.33	.69	.51	.27	.11	.30	.32	.16	.21	.13	.20

I Parte: Indicios de una relación

La idea de suponer una relación en el epistolario paulino entre el hecho de la justificación y el don del Espíritu, es sugerida principalmente a partir del desarrollo de la argumentación en Ga 2—3 y 2 Co 3 así como de 1 Co 6. Un estudio de estos textos en cuanto a indicios de esta relación constituye el primer punto a tratar.

1. Asociación de conceptos

1.1 Gálatas 2—3

1.1.1 Delimitación de los textos

Por lo que se refiere a la carta a los Gálatas, los textos que nos interesan se localizan en la parte final del c.2 y a lo largo del c.3 de la carta, más precisamente en las secciones 2,15—21; 3,1—5; y 3,6—14. Estas secciones son delimitadas en base a los siguientes indicios literarios:

La sección 2,15—21. La sección 2,15—21 esta constituida por el relato de un discurso de Pablo a Cefas en Antioquía delante de «todos» los presentes. La sección es introducida por una interrogativa directa hecha a Pedro al final del v.14 e iniciada por el período de los vv.15—16 el cual es sintácticamente independiente de las proposiciones coordinadas precedentes. Su final está señalado por la interpelación Ὦ ἀνόητοι Γαλάται de 3,1 que indica una interrupción literaria notable y el inicio de una nueva sección en tono interpelativo. Como vocabulario característico de esta sección se tiene al sustantivo Χριστός (2,16.16.16.17.17.19.20.21), el cual no aparece ni en los 11 vv. anteriores ni posteriores, exceptuando la recurrencia de 3,1 donde funciona como palabra gancho; y por lo que concierne al uso de la persona, se tiene un eclipse de la 3a pl[1].

La sección 3,1—5. La sección 3,1—5 tiene un claro inicio en la interpelación de 3,1 y es caracterizada por una serie de 5 interrogativas directas: 3,1.2.3.4.5 que le dan un tono interpelativo. El vocabulario

1 Atendiendo a los prn. y persona de los verbos, la 3a. pl. en el c.2 tiene las siguientes recurrencias: 2,2.4.4.6.6.9.9.12.13.14.

característico está dado por πνεῦμα (3,2.3.5) el cual no había aparecido antes y aparece de nuevo en el c.3 sólo hasta el v.14; y se tiene un eclipse del vocablo θεός el cual en los c.2—3 aparece en: 2,6.19.20.21; 3,6.8.11.17.18.20.27.

El final de la sección es determinado en base al final de la serie de interrogativas directas (3,1—5) las cuales no aparecen de nuevo en el c.3 sino hasta los vv.19 y 21.

La sección 3,6—14. Esta sección es introducida por la proposición comparativa del v.6 la cual realiza una óptima transición entre la sección precedente y ésta, por el hecho de constituir una respuesta lógica a la interrogativa directa del v.5 por una parte, y por el hecho de introducir el vocablo Ἀβραάμ por otra, siendo la presencia de este vocablo en conjunción con el de πίστις/πιστεύω, así como los vocabularios asociados con κατάρα y εὐλογία, una caracterización de esta sección (cf. tabla 1, p. 27)[2].

Además, la presencia de referencias al A.T. en 3,6.8.10. 11.12.13 marca una distinción de esta sección con respecto a las precedentes pues anteriormente sólo se tiene una alusión en 2,16, y posteriormente una cita en 3,16.

El final de la sección es determinado gracias al vocativo Ἀδελφοί del v.15 el cual introduce una nueva sección caracterizada por el vocabulario de ἐπαγγελία: 3,14.16.17.18.18.21.22.29 y σπέρμα: 3,16.16.16.19.29.

2 El v.6 puede ser considerado tanto como unido a 3,1—5 (así GNT[3]) como a 3,7—9 (así NA[26]). Tipográficamente sería mejor presentarlo de manera aislada, evidenciando así su carácter de transición entre ambas secciones.

	cap. 2																				
	1	2	3	4	5	6	7	8	9	10	11	12	13	14	15	16	17	18	19	20	21
Χριστός				1												3	2		1	1	1
νόμος																3			2		1
ἔργον																3					
πίστις																2				1	
πιστεύω							1									1					
δικαιόω																3	1				
δικαιοσύνη																					1
πνεῦμα																					
Ἀβραάμ																					
εὐλογία																					
εὐλογέω																					
ἐνευλογέω																					
κατάρα																					
ἐπικαταρ.																					
ἐπαγγελία																					
ἐπαγγέλομ.																					
σπέρμα																					

	cap.3																												
	1	2	3	4	5	6	7	8	9	10	11	12	13	14	15	16	17	18	19	20	21	22	23	24	25	26	27	28	29
Χριστός	1												1	1		1						1		1			2	1	1
νόμος		1			1					2	1	1	1				1	1	1		3		1	1					
ἔργον		1			1					1																			
πίστις		1			1		1	1	1		1	1		1								1	2	1	1	1			
πιστεύω						1																1							
δικαιόω								1			1													1					
δικαιοσύνη						1															1								
πνεῦμα		1	1		1									1															
Ἀβραάμ						1	1	1	1					1		1		1											1
εὐλογία														1															
εὐλογέω									1																				
ἐνευλογέω								1																					
κατάρα										1			2																
ἐπικαταρ.										1			1																
ἐπαγγελία														1		1	1	2			1	1							1
ἐπαγγέλομ.																			1										
σπέρμα																3			1										1

Tabla 1: Vocabulario relevante de Ga 2,15—3,29.

1.1.2 Desarrollo temático

La determinación de la función de las secciones antes delimitadas en el conjunto de la carta, constituye una cuestión difícil de resolver sobre todo por lo que concierne a la sección 2,15—21[3]. Sin embargo, lo que se puede decir con certeza es que se da una continuidad temática de estas secciones: la recurrencia del vocabulario de πίστις, πιστεύω, νόμος, ἔργον, δικαιόω, δικαιοσύνη, Χριστός, y πνεῦμα así lo demuestra (tabla 1, p. 27).

Además, de 2,15 a 3,29 los temas de la justificación, la fe, la Ley, el Espíritu y Cristo aparecen como importantes, tratándose de ellos tanto en forma expositiva (2,15—21), como interpelativa o experiencial (3,1—5) y doctrinal o escriturística (3,6—29).

Y en fin, se percibe una variación en la presentación de estos temas a la vez que la presencia de temas menores: después de aparecer de manera conjunta los temas de la justificación, la Ley, la fe y Cristo en 2,15—21, la justificación no es mencionada en 3,1—5 mas sí el Espíritu; y en 3,6—29 reaparece el tema de la justificación y aparece el tema de Abraham y los temas menores de bendición/maldición (3,6—14) y promesa/descendencia (3,14—29) (cf. tabla 1, p. 27).

1.1.3 La justificación y el Espíritu en Ga 2,15—3,6

De la variación de temas indicada, nos interesa en particular la primera: de la justificación (2,16—21) al Espíritu (3,1—5) y de nuevo a la justificación (3,6s.). Un estudio de la conexión de estos temas a través de su relación con las obras de la Ley, nos proporciona el primer indicio de una asociación entre el hecho de la justificación y el de la recepción del Espíritu.

3 Cf. A. Pitta, *Disposizione e messaggio della lettera ai Galati.* Analisi retorico-letteraria (AnBib 131; Roma 1992) 23.

1.1.3.1 La justificación y las obras de la Ley en Ga 2,15—21

Estructura y énfasis del v.16. Por lo que concierne al tema de la justificación, éste es introducido en 2,16 con una repetición del verbo δικαιόω (3x), acompañado del binomio ἔργων νόμου (3x), y πίστεως ['Ιησοῦ] Χριστοῦ (2x) dispuestos en una vistosa estructura concéntrica la cual coloca al inicio y al final una negación de la justificación a partir de las obras de la ley, y pone al centro la afirmación de la obtención de la justificación a partir de la fe:

εἰδότες δὲ

ὅτι οὐ δικαιοῦται ἄνθρωπος ἐξ ἔργων νόμου (-)

ἐὰν μὴ διὰ *πίστεως* Ἰησοῦ Χριστοῦ,

καὶ ἡμεῖς εἰς Χριστὸν Ἰησοῦν *ἐπιστεύσαμεν,* (+)

ἵνα δικαιωθῶμεν ἐκ *πίστεως* Χριστοῦ

καὶ οὐκ ἐξ ἔργων νόμου, (-)'

ὅτι ἐξ ἔργων νόμου οὐ δικαιωθήσεται πᾶσα σάρξ.

Si bien la estructura se presenta bastante complicada, el mecanismo de su elaboración es simple: después de la primera negación (-), se pasa por contraste (◄►) a una parte afirmativa (+) construida con un par de quiasmos (x), y de nuevo se pasa por contraste (◄►) a una parte negativa (-)', añadiéndose al final un último miembro para formar una inclusión quiástica ([ ).

El contraste entre las partes negativas y la parte afirmativa es hecho en base a una oposición entre los vocablos ἔργων νόμου y πίστεως ['Ιησοῦ] Χριστοῦ y reforzada por medio de una negación (ἐὰν μή, οὐκ). Por su parte, los dos quiasmos de la parte afirmativa central son construidos en base al vocabulario de πιστεύω y Χριστός.

Esta estructura literaria[4] indica una fuerte insistencia en una negación de la justificación a partir de las obras de la ley al repetirla 3x y colocarla al inicio y al final en forma de inclusión quiástica, y también una insistencia no menor en la afirmación de la justificación a partir de la fe mencionándola 2x y colocándola al centro de la composición agrupada quiásticamente en torno a la proposición principal: ἡμεῖς εἰς Χριστὸν Ἰησοῦν ἐπιστεύσαμεν.

Las contraposiciones del v.16. Las contraposiciones que articulan la estructura literaria del v.16 se refieren a los complementos de las 2 primeras menciones del verbo δικαιόω:

...οὐ δικαιοῦται ἄνθρωπος		ἐξ ἔργων νόμου
	ἐὰν μὴ	διὰ πίστεως Ἰησοῦ Χριστοῦ
...ἵνα δικαιωθῶμεν		ἐκ πίστεως Χριστοῦ
	καὶ οὐκ	ἐξ ἔργων νόμου

En los dos casos, un elemento de la contraposición está dado por la expresión ἐξ ἔργων νόμου; el otro elemento en cambio presenta 2 modificaciones de las cuales la única relevante es la que concierne a la diferencia de preposiciones: διά y ἐκ. Sin embargo, el paralelismo sinonímico entre ambas proposiciones sugiere ver sólo un cambio por motivos estilísticos[5]. Lo más que se puede decir es que para Pablo la πίστεως Χριστοῦ es considerada indistintamente como *medio* (διά) y *fuente* (ἐκ) de la justificación. Y por lo que se refiere

4 La estructura literaria es dominante en Ga 2,16 y es la que mejor evidencia las ideas expuestas en ese versículo; la estructura lógica o sintáctica es presentada en p. 128.

5 Como hace notar Lyonnet comentando una variación similar en Rm 3,30: *«Déjà Augustin indiquait la vraie raison de cette différence: "ad varietatem locutionis", par une variation de style (De Spir. et litt. 29,50)»* (S. Lyonnet, *Études sur l'épître aux Romains* (AnBib 120; Roma 1989) 113); así también M.J. Lagrange, *Épître aux Romains* (EB; Paris 1950) 80.

a ἐξ ἔργων νόμου, por el hecho de ser puesta en contraste tanto con ἐκ πίστεως como con διὰ πίστεως, el sentido instrumental o de medio no puede ser descartado aún cuando no sea explícito[6]. Más bien el paralelismo complementario entre las 2 preposiciones con sus respectivos complementos, desaconseja establecer una distinción rígida a partir de la diferencia del uso de las preposiciones ἐκ y διά[7].

¿Cómo hay que entender el genitivo de las expresiones πίστεως Χριστοῦ y ἔργων νόμου? Por lo que se refiere a la primera, la cuestión ha sido largamente debatida[8]. En el caso presente sin embargo, es de preferir un genitivo objetivo a causa de la expresión intermedia: ...εἰς Χριστὸν Ἰησοῦν ἐπιστεύσαμεν, donde Χριστός es tomado como complemento objeto de πιστεύω[9]. En cuanto a la segunda expresión[10], es preferible ver aquí un genitivo de cualidad[11] a causa del contexto precedente en el que se trata de obras hechas

6 Cf. el διὰ νόμου de 2,21.

7 Así p.e. E. de W. Burton, *A Critical and Exegetical Commentary on the Epistle to the Galatians* (ICC; Edinburgh 1921) 122: *«To draw any sharp distinction between* διά *as here used and* ἐκ *in* ἐξ ἔργων νόμου *above or in* ἐκ πίστεως *below is unjustifiable refinement, not legitimate exegesis».*

8 Para una breve síntesis del debate cf. D.A. Campbell, "Romans 1:17 — A *Crux Interpretum* for the πίστις Χριστοῦ debate", *JBL* 113 (1994) 265—267; A. Pitta, *Lettera ai Galati* (Bologna 1996) 156—158; A. Vanhoye, "Πίστις Χριστοῦ in San Paolo: fede in Cristo o affidabilità di Cristo?", *Bib* 80 (1999) 1—21.

9 Una confirmación a esta interpretación se tiene en la expresión de Ga 2,20: ἐν πίστει... τῇ τοῦ υἱοῦ τοῦ θεοῦ... donde resulta incoherente atribuir el acto de fe a quien es Hijo de Dios, i.e. considerar el gn. como subjetivo (cf. A. Vanhoye, *La Lettera ai Galati.* Seconda Parte (PIB; Roma 1989) 28).

10 Sobre la cuestión cf. B. Tyson, "Works of Law in Galatians", *JBL* 92 (1973) 423—431.

11 Cf. Pitta, *Galati,* 143.

«según La ley»: así la circuncisión (2,3) y la pureza legal (2,12), y la mención genérica en 2,14 de ἰουδαΐζειν «vivir al modo judío»[12].

Una vez precisados estos elementos, se puede decir que la contraposición hecha pone en oposición una justificación obtenida a partir de o por medio de las obras según la Ley, con una justificación obtenida a partir de o por medio de la fe en Cristo. De éstas, la primera es negada categóricamente y la segunda afirmada.

La conclusión del v.21. La negación de una justificación a partir de las obras de la Ley es evocada al final de la perícopa por medio de una demostración por reducción al absurdo. En ésta, si bien no es utilizado el verbo δικαιόω ni la expresión ἔργα νόμου, sino simplemente los sustantivos δικαιοσύνη y νόμος, la relación expresada es similar a la indicada en el v.16.

La diferencia entre el uso del verbo δικαιόω en 2,16 y el sustantivo δικαιοσύνη en 2,21, se explica por la concisión de la frase: mientras que en el v.16 es mencionado tanto un sujeto (ἄνθρωπος, ἡμεῖς) como el verbo (δικαιόω), en el v.21 la concisión de la frase hace implícito el verbo y consiguientemente el sujeto es denotado por el sustantivo δικαιοσύνη. La diferencia entre ἔργα νόμου en 2,16 y νόμος en 2,21 se explica igualmente por la brevedad del enunciado.

Por otro lado, la concisión misma de la frase de 2,21 ayuda a esclarecer la ambivalencia señalada en 2,16 con respecto al uso de las preposiciones ἐκ y διά: en sustancia la cuestión en discusión versa sobre la oposición o exclusión entre Cristo y la Ley en el hecho de la justificación. Tal disociación es radical, como se infiere de la razón aducida en 2,21 para negar la justificación a partir de la Ley: la consideración del valor de la muerte de Cristo.

12 Si bien se ha planteado la cuestión del significado de νόμος en Pablo (cf. M.Winger, *By What Law?* The Meaning of Νόμος in the Letters of Paul (SBLDS 128; Atlanta, GA 1992)), en el caso presente el contexto sugiere entender la Ley judía: la discusión en Antioquía versa sobre la relación entre judíos y gentiles (2,12.14); de no tratarse de la Ley judía, no tendría sentido la precisión hecha por Pablo al inicio de su discurso (2,15).

El hecho de que la parte afirmativa expresada en 2,16 no sea retomada en la conclusión de 2,21 revela que es sobre todo la parte negativa la que le interesa a Pablo enfatizar en su argumentación: la justicia (δικαιοσύνη v.21) no se obtiene (δικαιόω v.16) por medio de (διά v.21) o a partir de (ἐκ v.16) las obras de la Ley.

1.1.3.2 El don del Espíritu y las obras de la Ley en Ga 3,1—5

Los interlocutores en 3,1—5. Por lo que concierne al tema del Espíritu, éste aparece en la sección 3,1—5 la cual es introducida por una fuerte interpelación hecha en 3,1 que indica claramente la identidad de los interlocutores de Pablo: los Gálatas. Sin embargo, dos objeciones surgen con esta identificación: en primer lugar, en la sección precedente tal identificación no había sido hecha; más bien habiéndose tratado de un discurso de Pablo ante Cefas en Antioquía (2,15—21), lo más fácil era pensar en otros interlocutores: Cefas y todos los presentes a la discusión en Antioquía (2,14). En segundo lugar, la continuidad del vocabulario (cf. tabla 1, p. 27) entre 2,15—21 y 3,1—5 sugiere ver ya desde 2,15 a los interlocutores de 3,1[13].

Empero, esta situación se esclarece si se consideran 2 niveles en la identificación de los interlocutores: el interlocutor primario de Pablo lo constituyen los Gálatas (1,2) los cuales están pasándose a «otro» evangelio (1,6) y por ende son el objeto de la atención de Pablo; a ellos va dirigido el relato autobiográfico de 1,13—2,21. En un segundo nivel se tiene a Cefas y los presentes a la discusión en Antioquía los cuales son interlocutores del discurso de 2,15—21. Dicho de otro modo, mientras que Cefas y los presentes en Antioquía son los interlocutores internos al discurso narrado en 2,15—21, los Gálatas permanecen como interlocutores externos al mismo.

De esta manera se explica la continuidad temática entre 2,15—21 y 3,1—14 indicada por la continuidad del vocabulario, ya que en ambas perícopas los Gálatas permanecen como los destinatarios últimos o reales. Y por otro lado se explica la continuidad

13 Cf. Winger, *Law*, 126—128.

entre 1,13—2,14 y 2,15—21 generalmente admitida por los comentaristas, siendo esta última perícopa un discurso constitutivo de la narración global 1,13—2,21.

De lo contrario, la consideración de los Gálatas como únicos interlocutores de la perícopa 2,15—21 no explicaría la afirmación hecha usando la primera persona del plural en 2,15: Ἡμεῖς φύσει Ἰουδαῖοι καὶ οὐκ ἐξ ἐθνῶν ἁμαρτωλοί...; e igualmente, la sola consideración de Cefas y los presentes en Antioquía como únicos interlocutores de 2,15—21 no explicaría la continuidad temática con lo que sigue.

A partir de estas consideraciones se puede ver en la perícopa 2,15—21 una transición excelente entre lo que le precede y lo que le sigue, colocándose al final de la parte narrativa e introduciendo un vocabulario nuevo que será utilizado en las secciones subsiguientes.

Las preguntas sobre la experiencia del don del Espíritu. En la serie de 5 interrogativas directas hechas en la sección 3,1—5, dos hacen referencia a la experiencia de la recepción del Espíritu por parte de los Gálatas (3,2.5). En ambas ocasiones, la pregunta mira a dar razón de un hecho (ἐκ): en la primera del recibimiento del don del Espíritu (v.2), y en la segunda del otorgamiento del Espíritu al par que la realización de milagros (v.5).

La diferencia entre ambas por lo que concierne al Espíritu reside en el hecho de que en la primera se hace referencia al don del Espíritu en sí, siendo τὸ πνεῦμα el objeto del verbo; y en la segunda se menciona por medio de un participio al que otorga el Espíritu, omitiéndose por otra parte el verbo principal.

El hecho de añadir la mención del que otorga el Espíritu en la segunda pregunta busca hacer más objetiva la respuesta de los Gálatas: en efecto, se trata de dar razón del obrar de alguien distinto de los Gálatas mismos. De esta forma Pablo forza a recapacitar a los Gálatas lo más objetivamente posible sobre lo acaecido entre ellos. Por lo que se refiere a la omisión del verbo principal en la segunda pregunta, ésta se explicaría por la situación ambigua en la que se encuentran los Gálatas: están cambiando de posición con respecto al evangelio (1,6). La omisión del verbo principal («lo hace», «lo hizo») que deja imprecisa una relación entre el don del Espíritu y los Gálatas, corresponde a la ambigüedad misma de la posición de los Gálatas[14].

Por otro lado, el uso del verbo ἐλάβετε indica que el πνεῦμα del cual se habla no es el espíritu propio del hombre ya que éste lo recibe; más bien la determinación dada por el artículo τὸ πνεῦμα sugiere ver un espíritu bien determinado, como el que es mencionado en 4,6: ἐξαπέστειλεν ὁ θεὸς τὸ πνεῦμα τοῦ υἱοῦ αὐτοῦ εἰς τὰς καρδίας ἡμῶν, donde además del artículo, se habla de su envío al hombre.

En cuanto a la referencia a los milagros en la última pregunta, ésta viene a subrayar la experiencia de los Gálatas caracterizándola como evidente. No es posible eludir la pregunta de Pablo: la presencia de milagros pide una respuesta.

Las respuestas. Dichas preguntas plantean ya dos posibles respuestas las cuales son idénticas en ambos casos (3,2.5): ἐξ ἔργων νόμου ἢ ἐξ ἀκοῆς πίστεως;. No dándose una respuesta explícita coordinada sintácticamente con ellas, se infiere que se trata de preguntas retóricas las cuales por ende poseen una respuesta obvia.

Atendiendo al contexto precedente, se tiene que la expresión ἐξ ἔργων νόμου aparece en la perícopa analizada antes, siéndole dado un carácter negativo de manera insistente en contraste con la πίστεως Χριστοῦ (2,16): la justificación se obtiene a partir de la fe en Cristo y no de las obras según la Ley. Esta recurrencia de 2,16 es significativa ya que al igual que en 3,2.5, se mencionan tanto las obras de la ley como la fe, afirmándose una y negándose la otra. La única diferencia reside en el hecho de que en 2,16 el sustantivo πίστις es especificado por Χριστός, y en 3,2.5 πίστις especifica a ἀκοή.

14 Cf. Vanhoye, *Galati*, 59.

¿Cómo hay que entender la expresión ἀκοή πίστεως? La cuestión ha sido discutida[15] pudiéndose traducir como «predicación» o bien como «escucha». Más el contexto favorece esta última: el paralelismo con la expresión ἐξ ἔργων νόμου la cual supone a los Gálatas como referente, favorece el considerar igualmente a los Gálatas como referente del ἀκοή πίστεως, siendo que en 3,1 se habla de éstos como destinatarios de un mensaje y no como predicadores; además, el traducir ἀκοή por «escucha» concuerda mejor con el sentido del verbo ἀκούω «escuchar», y con la antítesis entre el «hacer» denotado por ἔργα y el «escuchar» de ἀκοη[16].

En cuanto al genitivo, el paralelismo con ἔργων νόμου donde el genitivo es cualitativo (obras según la Ley), sugiere considerarlo también de la misma manera: «un escuchar con fe»; sin embargo el ver un genitivo objetivo (la escucha que tiene como objeto la fe) es también posible a causa del uso que hace Pablo de πίστις en 1,23, del genitivo objetivo πίστεως Χριστοῦ (la fe en Cristo) de 2,16, y de la mención de Χριστὸς προεγράφη en 3,1. Otra posibilidad es considerarlo como un genitivo epexegético: una escucha que consiste en fe.

La preferencia sugerida por el contexto precedente por una respuesta negativa en el caso de ἐξ ἔργων νόμου, es confirmada por el contexto subsiguiente, donde en 3,6 se menciona al verbo πιστεύω en relación a la justicia acreditada a Abraham. La referencia es de considerarse como una respuesta lógica a la pregunta anterior (v.5), donde una de las posibilidades planteadas: ἐξ ἀκοῆς πίστεως, tiene su correspondencia con el verbo ἐπίστευσεν. Esta coordinación lógica entre 3,5 y 3,6 es apoyada por la presencia de la conjunción introductoria καθώς la cual indica una semejanza entre 2 cosas: la experiencia de los Gálatas v.5, y la de Abraham v.6.

15 Cf. S.K. Williams, "The Hearing of Faith: ΑΚΟΗ ΠΙΣΤΕΩΣ in Galatians 3", *NTS* 35 (1989) 82—93.

16 Cf. J.B. Lightfoot, *Saint Paul's Epistle to the Galatians* (London 1890) 135; Vanhoye, *Galati*, 55—56.

Siendo omitida una mención de las obras de la Ley en 3,6, es de inferirse una consideración afirmativa del ἀκοῆς πίστεως en la pregunta retórica de 3,5 y consiguientemente una negativa de ἔργων νόμου. De otro modo no se explicaría el καθώς inicial en 3,6 ni la sola mención del ἐπίστευσεν. En la pregunta retórica de 3,2 paralela a la de 3,5, es de considerarse una respuesta idéntica.

1.1.3.3 Intercambiabilidad de conceptos

Semejanzas y diferencias. A partir del análisis hecho, se constata una situación *similar* entre 2,16 con respecto a la oposición entre πίστεως Χριστοῦ y ἔργων νόμου, y 3,2.5 con respecto a la disyuntiva entre ἀκοῆς πίστεως y ἔργων νόμου: en ambos casos se niega a ἔργων νόμου un factor originante (ἐκ), y se afirma uno asociado a la fe: πίστεως Χριστοῦ (2,16) y ἀκοῆς πίστεως (3,2.5).

Estos últimos dos elementos si bien no pueden ser confrontados, sobre todo a causa de la dificultad de la determinación del genitivo en ἀκοή πίστεως, poseen un elemento en común: la fe. En el primer caso es especificada predicativamente (la fe en Cristo), y en el segundo especifica a la acción de escuchar: a) la fe que califica o especifica el modo de la escucha (gn. de cualidad), b) la fe objeto de la escucha (gn. objetivo), c) la escucha que consiste en fe (gn. epexegético).

Por el contrario, se da una *diferencia* con respecto al elemento resultante: la justificación en 2,16, la recepción del Espíritu en 3,2.5. Dicha diferencia coincide con el cambio de vocabulario característico de las secciones correspondientes: mientras que el vocabulario de δικαιοσύνη/δικαιόω es ausente en la sección 3,1—5, el vocabulario de πνεῦμα es ausente en la sección 2,15—21.

En base a estos resultados, se podría concluir que Pablo trata de dos cosas análogas en dichas secciones: la justificación derivante de la fe en Cristo y disociada de las obras de la Ley (2,16), y la recepción del Espíritu derivante de la escucha de fe y disociada de las obras de la Ley (3,2.5). Dos cosas diversas mas que conservan un procedimiento adquisitivo análogo.

La continuidad en la argumentación. Sin embargo, una serie adicional de correspondencias, muestra una unión más fuerte entre las secciones 2,15—21; 3,1—5 y 3,6—14.

Al iniciarse la sección 3,1—5, la mención de Χριστός en 3,1 retoma la mención de Cristo hecha en 2,16.17.17.19.20.21; y el calificativo de ἐσταυρωμένος (3,1) retoma la mención de su muerte en 2,21, de su entrega en 2,19, y de su crucifixión en 2,19[17]. Es decir, datos importantes de la sección 2,15—21 son continuados en el inicio de la sección siguiente. Por otra parte, la mención de Χριστὸς προεγράφη ἐσταυρωμένος hecha en 3,1 recibe un eco en la mención de ἀκοή πίστεως hecha en la primera pregunta retórica de la sección (3,2) pues el anuncio de Cristo crucificado es el objeto de la fe[18].

Además, la dura interpelación de 3,1 se encuentra en consonancia con la deducción absurda indicada en 2,21, y la pregunta retórica de 3,2 se mantiene en el mismo tono interpelativo de 3,1. Lo confirma el reproche de 3,3 y 3,4.

Por último, la negación del valor de la muerte de Cristo aludida en 2,21, es evocada también en 3,1 como una incoherencia con la contemplación de Jesús crucificado tenida en el pasado[19]; y la contraposición expresada en 2,16 entre fe en Cristo y obras de la Ley, tiene su correspondencia en la disyuntiva hecha en 3,2.5 entre escucha de fe y obras de la Ley.

Toda esta serie de correspondencias sugieren ver una continuidad en la argumentación, y consiguientemente el ver en la mención del tema de la justificación y el de la recepción del Espíritu, algo más que una mera consideración de dos cosas diversas si bien obtenidas en manera similar.

Alternancia de perspectivas. La consideración de la lógica del discurso desfavorece igualmente el sostener una conexión remota (simple analogía) entre ambos temas, pues no se entiende el porqué de

17 Cf. Vanhoye, *Galati*, 51.

18 Cf. Ga 2,16: ἡμεῖς εἰς Χριστὸν Ἰησοῦν ἐπιστεύσαμεν; 6,14; 1 Co 1,23; 2,2.

19 Cf. προεγράφη.

la alternancia de temas en el paso de 2,15—21 a 3,1—5 y de nuevo a 3,6—14.

En efecto, llama la atención el salto de perspectiva que hace Pablo con la pregunta sucesiva a la interpelación de 3,1: sin haber aludido antes en absoluto al Espíritu, se hace referencia a El de manera exclusiva (τοῦτο μόνον), como si la respuesta esperada fuera suficiente para resolver el problema[20].

El hecho de que el tema de la justificación no sea mencionado en 3,1—5, si bien había aparecido insistentemente al inicio de la sección anterior y en su final, aumenta la extrañeza de este cambio de perspectiva. ¿Por qué Pablo pasa bruscamente de un discurso centrado en la justificación (2,15—21) a uno centrado en la experiencia del Espíritu (3,2—5)? ¿Por qué a continuación de una exposición sobre la justificación a partir de la fe y no de las obras de la Ley, se interroga a los Gálatas acerca del origen de la recepción del Espíritu?

Este cambio de perspectiva señalado al pasar de 2,15—21 a 3,2—5 reaparece de manera inversa al pasar a la siguiente sección: la respuesta del v.6 que constituye una respuesta lógica a la pregunta del v.5, retoma del v.5 solamente el vocabulario de πιστεύω. La mención del don del Espíritu que constituía el centro de la pregunta no aparece; en cambio aparece el tema de la justificación, tema que había sido tratado en la sección 2,15—21 para desaparecer en 3,1—5 dejando su lugar al del don del Espíritu.

Nuevamente se tiene un cambio de perspectiva que suscita una interrogativa: ¿Por qué Pablo hace referencia a la justificación por la fe de Abraham en respuesta a la pregunta sobre la causa de la recepción del Espíritu? Como se ha dicho, una posible explicación sería la analogía: los Gálatas recibieron el Espíritu en virtud de una escucha de fe, así como (καθώς) Abraham creyó a Dios —i.e. tuvo una escucha de fe— y le fue acreditado por justicia —i.e. obtuvo la justicia—. Sin embargo tal suposición que resta fuerza a la

20 Este énfasis es señalado entre otros por: Ch.H. Cosgrove, *The Cross and the Spirit.* A Study in the Argument and Theology of Galatians (Macon, GA 1988) 41—42.

argumentación, no corresponde con la forma enérgica y contundente con la que procede Pablo (cf. 2,16.21; 3,2), pues la demostración de Pablo estaría basada solamente en una analogía un tanto remota.

Además, el discurso que va de Ga 2,15 a 3,6 presenta una subida retórica o "crescendo" que desaconseja el considerar a 2,15—21 como una sección temática diferente de la de 3,1—6[21]; de lo contrario, la subida retórica perdería gran fuerza.

Relación estrecha. Luego entonces, hay que suponer más bien una relación muy estrecha entre el don del Espíritu otorgado a los Gálatas y la justificación[22] como si fueran equivalentes o intercambiables o bien indisociables[23]. De lo contrario no se explicaría la relación entre la pregunta hecha en 3,5 y la respuesta indirecta dada en 3,6. Tal hipótesis por otra parte, explicaría el alternar de temas en el desarrollo de la argumentación: la justificación (2,15—21), el don del Espíritu (3,1—5), la justificación (3,6); así

21 Es decir, como una secuencia de temas:

(Ga 2,15—21) A ——▶ (Ga 3,1—5) B ——▶ (Ga 3,6s) A'

en la que el tema tratado en la sección B (diferente del de A), permitiera retomar el tema tratado en la sección A pero en otro nivel A'. (Sobre esto se volverá más adelante p. 160—161).

22 El hecho de que en 3,6 la justificación sea atribuida a Abraham y en 2,16 sea referida a Pablo y Cefas no implica una discontinuidad pues en ambos casos se tiene un común denominador que es la fe; se trata de la justificación asociada a la fe. La mención hecha en 2,21 de la justicia disociada de la Ley sin una referencia precisa de destinatario así lo sugiere.

23 Así: L. Ladaria, "Espíritu y justificación. A propósito de Gál 2,16; 3,2.5", *Estudios eclesiásticos* 55 (1980), 114; S.K. Williams, "Justification and the Spirit in Galatians", *JSNT* 29 (1987) 95.98; *Galatians* (ANTC; Nashville, TN 1997) 86; R.Y.K. Fung, "Justification, Sonship, and the Gift of the Spirit: Their Mutual Relationships as Seen in Galatians 3—4", *CGSTJ* (China Graduate School of Theology Journal, Hong Kong) 3 (July 1987) 79; *The Epistle to the Galatians* (NICNT; Grand Rapids MI 1988) 136. Cf. también: N.A. Dahl, *Studies in Paul.* Theology for the Early Christian Mission (Minneapolis, MI 1977) 133; J.D.G. Dunn, *The Epistle to the Galatians* (BNTC; London 1993) 160.

como el paralelismo en su modo de adquisición: no en virtud de las obras de la Ley sino en asociación con la fe (2,16.21; 3,2.5).

1.1.4 La justificación y el Espíritu en Ga 3,6—14

En la sección siguiente (3,6—14) el discurso abandona el tono interpelativo y la base experiencial de la sección 3,1—5 para adoptar un carácter doctrinal basado en la Escritura. El tema de la justificación reaparece después de ser ausente en 3,1—5 y el tema del Espíritu que había aparecido en dicha sección, continúa a ser presente siendo mencionado al final de la sección (3,14). Además, aparece el tema de Abraham y los temas menores de bendición/maldición (3,6—14) (cf. tabla 1, p. 27).

Un estudio de la relación entre la justificación y la recepción del Espíritu en esta perícopa a través de su conexión con el tema de la bendición, refuerza la suposición hecha de una estrecha asociación entre ellos, concluída a partir del estudio de Ga 2,15—3,6.

1.1.4.1 La temática de la sección

Como se había indicado también al delimitar las secciones (tabla 1, p. 27), el vocabulario de νόμος y πίστις que era presente en las 2 secciones anteriores, continua apareciendo en esta sección. Y considerando la distribución del vocabulario (tabla 2, p.42), se puede realizar una separación semántica en dos grupos: νόμος y el vocabulario coligado con κατάρα de una parte (3,10—13), y 'Αβραάμ junto con los vocabularios coligados con πίστις y εὐλογία de otra parte (3,6—9.14).

	cap. 3								
	6	7	8	9	10	11	12	13	14
πνεῦμα									1
δικαιόω			1			1			
δικαιοσύνη	1								
πίστις		1	1	1		1	1		1
πιστεύω	1								
Ἀβραάμ	1	1	1	1					1
εὐλογία									1
εὐλογέω				1					
ἐνευλογέω			1						
νόμος					2	1	1	1	
ἔργον					1				
κατάρα					1		2		
ἐπικατάρατος					1		1		

Tabla 2: Vocabulario indicador de una división en Ga 3,6—14

Esta distribución del vocabulario sugiere ver ya un desarrollo de la argumentación: primeramente se trata el tema de Abraham, la fe y la bendición (3,6—9), después se toca el de la Ley y la maldición (3,10—13) más teniendo como referencia a la fe (3,11—12), y por último se termina retomando el tema inicial: Abraham, la fe y la bendición (3,14). En cuanto al tema de la justificación, éste continua a ser tratado sea en relación con la fe (3,6.8.11) que con la Ley (3,11), apareciendo la mención del Espíritu sólo hasta el final (3,14).

Nuestra atención se centrará en las recurrencias del vocabulario coligado con εὐλογία el cual aparece en la parte inicial (3,8.9) y final (3,14) de la sección, siendo asociado primero con la justificación (3,8) y posteriormente con el Espíritu (3,14).

1.1.4.2 Justificación y bendición (Ga 3,8—9)

Después de la referencia hecha a la fe de Abraham y la justicia acreditada a él (3,6) en respuesta a la pregunta de 3,5 y haber dado una rápida conclusión (3,7), Pablo de nuevo menciona el tema de la justificación en virtud de la fe en 3,8 más refiriéndola a los gentiles.

El texto suscita diversas cuestiones. Sin embargo, lo que nos interesa hacer notar es que la referencia a los gentiles en este v. es doble: primeramente como destinatarios de una justificación y después como destinatarios de una bendición:

> Ga 3,8: ...ἐκ πίστεως δικαιοῖ τὰ ἔθνη ὁ θεὸς...
> ...Ἐνευλογηθήσονται ἐν σοὶ πάντα τὰ ἔθνη·

El cambio en el uso del verbo (δικαιόω/ἐνευλογέω) llama la atención a causa de la inmediatez entre ambas frases.

La primera referencia que consiste en una proposición declarativa objetiva: ὅτι ἐκ πίστεως δικαιοῖ τὰ ἔθνη ὁ θεὸς, depende de la proposición participal adverbial inicial con valor causal: προϊδοῦσα δὲ ἡ γραφή, la cual da la razón de las proposiciones: προευηγγελίσατο τῷ Ἀβραὰμ ὅτι Ἐνευλογηθήσονται ἐν σοὶ πάντα τὰ ἔθνη. Es decir, en razón de la justificación de los gentiles, la Escritura preanunció a Abraham la bendición de los gentiles en él.

Tal dependencia lógica de las proposiciones sugiere una relación estrecha entre justificación y bendición de los gentiles; como si la bendición predicha tuviera su actuación en la justificación.

Si se considera el caso de Abraham, se tiene que una tal identificación no es explícita en el relato del Gn mas tampoco está en desacuerdo con él: después de ser mencionada una promesa de bendición a Abraham en Gn 12,2, la acreditación de la justicia a él es narrada en 15,6[24] siendo este acto la primera concretización de

24 Según la interpretación de Pablo, como se deduce de Rm 4,9.

algo de parte de Dios con respecto a Abraham, y no sólo un anuncio como en 12,2—3.7; 13,14—16[25]. Es decir, la consideración de la justicia acreditada a Abraham en 15,6 puede ser vista como una primera actuación de la bendición prometida a él en 12,2.

Sin embargo, si se considera el caso de los gentiles, la situación es menos clara ya que en el Gn, si bien se habla de su bendición, no se menciona el hecho de su justificación. Consiguientemente, la relación entre su bendición y su justificación habría que entenderla en una perspectiva histórico salvífica, suponiendo que la justificación de los gentiles sería el cumplimiento de la promesa de su bendición, como lo sugieren el προϊδοῦσα y el προευηγγελίσατο mencionados.

Luego entonces, la asociación entre bendición y justificación para *los gentiles* sería hecha a partir de la asociación entre la bendición prometida *a Abraham* (Gn 12,3) y su justificación (Gn 15,6).

Una confirmación a esta interpretación la ofrece el texto de Ga 3,9 el cual menciona una *bendición* conjunta (σύν) de los gentiles con Abraham, siendo enfatizado su carácter de fe: al caso de Abraham está estrechamente unido (σύν) el de los creyentes.

1.1.4.3 Bendición y promesa del Espíritu (Ga 3,14)

El tema de la bendición reaparece en el v.14 donde se tiene una notable construcción en paralelo. Por medio de 2 proposiciones subordinadas construidas con la conjunción final ἵνα, se menciona la finalidad de la redención obrada por Cristo aludida en el v. precedente:

ἵνα... ἡ εὐλογία τοῦ Ἀβραὰμ		γένηται	ἐν Χριστῷ Ἰησοῦ,
ἵνα	τὴν ἐπαγγελίαν[26] τοῦ πνεύματος	λάβωμεν	διὰ τῆς πίστεως.

25 Cf. Vanhoye, *Galati,* 75.

26 El texto presenta una variante importante (εὐλογίαν) atestada sin embargo por mss. prevalentemente afines entre sí (𝔓[46] D* F[gr] G 88* 489 d g Mcion Ambst Ephrm Vig). La mejor atestación es para la lectura ἐπαγγελίαν con testigos antiguos y variados (א A B C D[c] K P Ψ 0278.33.1739.1881 𝔐 lat sy co). Por otro lado, esta última lectura recibe un apoyo en la crítica interna por el hecho de tratarse de una *lectio difficilior:* el paralelismo de la construcción

El hecho de darse un paralelismo indica que ambas frases se esclarecen recíprocamente[27].

Por lo que se refiere a los complementos (ἐν Χριστῷ Ἰησοῦ, διὰ τῆς πίστεως), el contexto sugiere ver una complementariedad entre ellos: la πίστις del segundo miembro tiene como objeto a Χριστός mencionado en el primer miembro, y el ἐν Χριστῷ del primer miembro es completado por la πίστις del segundo miembro: «fe en Cristo». Resultando así que la bendición de Abraham acontece [por la fe] en Cristo (cf. 3,9), y la promesa del Espíritu es recibida por la fe [en Cristo] (cf. 3,22).

Por lo que se refiere a los destinatarios, en el primer miembro se les menciona explícitamente: los gentiles; más con una especificación dada por el complemento: que en Cristo Jesús (ἐν Χριστῷ Ἰησοῦ) [han creído (διὰ τῆς πίστεως)]. En el segundo miembro los destinatarios son implícitos en el λάβωμεν: «nosotros». En este «nosotros» hay que ver en primer lugar a Pablo por ser quien lo enuncia; más también a los creyentes (διὰ τῆς πίστεως) [en Cristo Jesús (ἐν Χριστῷ Ἰησοῦ)], como se deduce del complemento. Sin embargo no se da una sinonimia completa entre los destinatarios pues Pablo si bien es un creyente en Cristo, no pertenece a la categoría de los gentiles (Ga 2,15). Es sólo bajo el aspecto de *la fe en Cristo* que se da una sinonimia entre los destinatarios.

En fin, por lo que se refiere a los elementos centrales de las proposiciones, se habla de la *«bendición de Abraham»* en el primer miembro, y de la *«promesa del Espíritu»* en el segundo. En la primera expresión hay que ver un genitivo objetivo: una bendición dada a Abraham (Abraham es objeto de la bendición), más notando que no se limita a él sino que se extiende a los gentiles por medio de su descendencia (cf. Ga 3,8—9). En cuanto al segundo, la

hace más fácil la lectura de εὐλογίαν; y por el hecho de ser más acorde con el contexto: en 3,22 se habla de «dar» la ἐπαγγελία, siendo asociada ésta con πίστεως y con Χριστός. La lectura con εὐλογίαν es por lo tanto de descartar, habiendo sido debida probablemente al influjo del εὐλογία de la proposición anterior.

27 Cf. H.N. Ridderbos, *The Epistle of Paul to the Churches of Galatia* (NICNT; Grand Rapids, MI 1953) 128.

referencia en Ga 3,2.5 al Espíritu recibido por los Gálatas gentiles, sugiere entenderlo también como un genitivo objetivo: el Espíritu que es objeto de la promesa; o bien como epexegético: la promesa que consiste en el Espíritu[28].

Una vez considerado esto, se observa una complementariedad entre los términos *«bendición de Abraham»* y *«promesa»* pues la bendición a Abraham y a los gentiles fue dada en forma de promesa (Gn 12,2—3). El problema sin embargo reside en la especificación dada a la promesa: se trata de la promesa *«del Espíritu»*. ¿Qué relación hay entre la *«bendición de Abraham»* y la *«promesa del Espíritu»*? La relación no es obvia pues el relato de Abraham no hace mención de una promesa del Espíritu.

La solución a este problema nos viene de la supuesta conexión entre bendición y justificación mencionada anteriormente al estudiar Ga 3,8—9[29]. En efecto, desde esa perspectiva, la *bendición de Abraham* participada a los gentiles por medio de la fe en Cristo (Ga 3,14a), se encuentra en asociación con la *justificación* de éstos (Ga 3,8). Por otro lado, la *recepción del Espíritu* en virtud de la fe (Ga 3,2.5), se encuentra en estrecha unión con la *justificación*, si es válida la hipótesis hecha al estudiar la argumentación de Ga 2,15—3,6. Consiguientemente, se puede establecer una asociación entre la bendición de Abraham y la recepción del Espíritu por el hecho de asociarse cada una con el hecho de la justificación.

Restaría sólo el problema de identificar la recepción del Espíritu (3,2.5) con la promesa del Espíritu (3,14). ¿Se refieren ambas cosas a una misma realidad?¿Hay que entender la «promesa del Espíritu» como una promesa de «recibir el Espíritu»? El λάβωμεν de 3,14 parece favorecer una tal suposición. Otros textos como Hch 2,33.38—39 también así lo sugieren.

De aceptar los planteamientos precedentes, se podría entonces concluir una estrecha relación entre la bendición de Abraham y la

28 Cf. H. Schlier, *Der Brief an die Galater* (MeyerK 7; Göttingen 1971^{5}) 140—141; M. Zerwick, *Analysis philologica Novi Testamenti graeci* (PIB; Roma 1966), ad Gal 3,14.

29 P. 43—44.

promesa del Espíritu, como lo sugiere el paralelismo de Ga 3,14 mencionando la finalidad de la redención de Cristo: ambas están estrechamente asociadas.

1.1.5 Conclusiones: justificación y recepción del Espíritu

El estudio de Ga 2,16—3,14 sugiere establecer una estrecha unión entre justificación y recepción del Espíritu en virtud de la fe, so pena de concluir una incoherencia en la argumentación en dichos capítulos.

Esta suposición se desprende de manera directa a partir del estudio de Ga 2,15—3,6, e indirecta a partir del estudio de Ga 3,8—9.14 al suponer una asociación secundaria entre bendición y justificación, y otra entre recepción del Espíritu y promesa del Espíritu. Dicho de otro modo, el postular una estrecha unión entre justificación y recepción del Espíritu ayuda a explicar tanto el desarrollo de la argumentación en Ga 2,15—3,6 como el paralelismo sinonímico de Ga 3,14[30].

Sin embargo, queda por precisar el carácter de la conexión entre justificación y recepción del Espíritu: no es claro si dicha conexión sea completa o bien sólo parcial[31]. ¿Son ambas realidades de hecho una sola o bien distintas mas inseparables? ¿Se contienen mutuamente o bien sólo una a la otra? Asimismo, tampoco se da razón de la supuesta asociación: ¿Por qué se da una estrecha unión?

30 Cf. Dunn, *Galatians*, 179: «*In so doing Paul confirms that the reception of the Spirit... was equivalent in his thought to being reckoned righteous — two ways of describing the same positive relationship with God*».

31 Cf. Vanhoye, "Pensée théologique et qualité rhétorique en Galates 3,1—14", *The Truth of the Gospel.* Galatians 1:1—4:11 (ed. J. Lambrecht) (Rome 1993) 102.

1.2 2 Corintios 3

La relación entre la justificación y el Espíritu se deja de nuevo entrever en un texto de 2 Co 3 donde Pablo defendiendo su ministerio apostólico, lo confronta con otro diferente.

En una serie de comparaciones, Pablo califica de diversas formas su ministerio, en particular como *«ministerio del espíritu»* (3,8) y *«ministerio de la justicia»* (3,9b). Un estudio de estas designaciones nos ofrece más luz en torno a la asociación entre justificación y recepción del Espíritu concluida a partir de Ga 2—3.

1.2.1 Delimitación y conexión del texto

La perícopa que nos interesa comprende los vv. 7—11, siendo constituida por 3 comparaciones en una argumentación *a fortiori* (*qal-wahomer*)[32]:

3,7—8:	εἰ δὲ...	πῶς οὐχὶ μᾶλλον...
3,9:	εἰ γὰρ...	πολλῷ μᾶλλον...
3,11:	εἰ γὰρ...	πολλῷ μᾶλλον...

Como vocabulario característico se tiene a δόξα (3,7.7.8.9.9.10. 11.11), δοξάζω (3,10.10) y διακονία (3,7.8.9.9), y en cuanto al número de la persona, se tiene un eclipse de la 1a. pl.[33].

Por lo que se refiere a su conexión con la sección precedente, el vocablo γράμμα (3,6.6.7) y el vocabulario de διάκονος (3,6)/ διακονία (3,7...) funcionan como palabras gancho, reforzando esta

32 Cf. R. Bultmann, *Der zweite Brief an die Korinther* (MeyerK 6; Göttingen 1976) 82; R.P. Martin, *2 Corinthians* (WBC 40; Waco TX 1986) 59.

33 Atendiendo a los prn. y persona de los verbos, la 1a. pl. en el c.3 tiene las siguientes recurrencias: 3,1.1.2.2.3.4.5.5.6.12.18.18.

conexión el uso de la 3a. sg. la cual aparece en el c.3 sólo hasta el v.6 y continúa apareciendo en los 4 vv. sucesivos[34]. En cuanto a la conexión con la sección sucesiva, la continuidad es indicada por la recurrencia de los vocablos καταργέω (3,7.11.13.14), Μωϋσῆς (3,7.13.15), y πρόσωπον (3,7.7.13.18...)[35].

1.2.2 Estructura del texto

Del punto de vista sintáctico, la proposición inicial del v.7 está coordinada por medio de la conjunción copulativa δέ indicando una continuación con lo dicho en el v.6. Y en cuanto a los períodos hipotéticos de los vv.9.11 así como la proposición del v.10, éstos están coordinados por medio de la conjunción γάρ dando así razón o explicación de lo dicho en la proposición que les precede.

Del punto de vista de su estructura literaria, se percibe una construcción en paralelo en cada una de las comparaciones hechas en base a la argumentación *a fortiori* :

3,7: Εἰ δὲ ἡ διακονία τοῦ θανάτου...ἐγενήθη ἐν δόξῃ..
3,8: πῶς οὐχὶ μᾶλλον ἡ διακονία τοῦ πνεύματος ἔσται ἐν δόξῃ;

3,9: εἰ γὰρ τῇ διακονίᾳ[36] τῆς κατακρίσεως δόξα,
πολλῷ μᾶλλον... ἡ διακονία τῆς δικαιοσύνης δόξῃ[37].

34 Atendiendo a los prn. y persona de los verbos, la 3a. sg. en el c.3 tiene las siguientes recurrencias: 3,6.6.6.7.8.9.10.13.13.14.14.14.15.15.16.16.17.

35 De esta conexión con el contexto, es la relación con el contexto precedente (3,6) la que nos ayudará en nuestro estudio específico.

36 Varios mss. atestan una lectura con el nominativo ἡ διακονία (B D^2 𝔐 a f vg bo), mas la lectura con el dativo τῇ διακονίᾳ tiene mejor atestación (𝔓^{46} ℵ A C D* F G Ψ 0243.33. 104.326.630.1175.1739 (b) sy sa; Ambst Pel). La lectura con el nominativo fue debida probablemente a una asimilación con los otros nominativos de ἡ διακονία.

37 Varios mss. añaden la preposición ἐν antes de δόξῃ (ℵ^3 D F G Ψ 𝔐 latt); sin embargo la mejor atestación es para la lectura que la omite (𝔓^{46} ℵ A B C

3,11: εἰ γὰρ τὸ καταργούμενον διὰ δόξης,
πολλῷ μᾶλλον τὸ μένον ἐν δόξῃ.

El paralelismo es reforzado en las 3 construcciones gracias a la repetición del vocablo δόξα al final de las proposiciones, siendo todavía más marcada la semejanza en los 2 primeros paralelismos a causa de la repetición del vocablo διακονία.

Así pues, ambas estructuras (sintáctica/literaria) sugieren ver una confrontación entre 2 elementos (3,7—8) que a la vez que se encuentra en continuación (δέ) con lo dicho en precedencia (3,6), es retomada sucesivamente en otras confrontaciones (3,9.11) que buscan dar razón o explicación (γάρ) de lo que se va diciendo.

1.2.3 El Espíritu y la justicia en 2 Co 3,7—9

La mención del *Espíritu* y la *justicia* es hecha en las 2 primeras construcciones *a fortiori* (vv.7—8.9) relacionadas por medio de la estructura del texto. Un estudio de dichas recurrencias sobre todo en lo que se refiere a la relación entre ellas, nos ocupará a continuación.

1.2.3.1 El ministerio del Espíritu (2 Co 3,7—8)

La estructura lógica de 3,7—8. El razonamiento *a fortiori* se construye en base a dos elementos, estableciendo que lo que vale para el elemento menor, con mayor razón *(a fortiori)* vale para el elemento mayor. Esquemáticamente la podemos describir como sigue[38]:

0243.33.81.326.1739.1881*). La lectura con ἐν fue debida probablemente a una asimilación con los otros ἐν δόξῃ.

38 En este esquema se ha omitido la mención de la proposición consecutiva (ὥστε...) de 3,7b con el fin de individuar mejor las relaciones principales en la argumentación.

3,7:	εἰ δὲ	A	ἐγενήθη	ἐν δόξῃ,
3,8:	πῶς οὐχὶ μᾶλλον	B	ἔσται	ἐν δόξῃ

donde: A = ἡ διακονία τοῦ θανάτου ἐν γράμμασιν
ἐντετυπωμένη λίθοις
B = ἡ διακονία τοῦ πνεύματος

El razonamiento *a fortiori* supone dos elementos diferentes, uno mayor y uno menor. Y en el caso presente, los elementos A y B se encuentran relacionados antitéticamente; así lo sugiere la razón dada por Pablo en 3,6b: τὸ γὰρ γράμμα ἀποκτέννει, τὸ δὲ πνεῦμα ζῳοποιεῖ.

La correspondencia con 3,6. La antítesis presente en 3,7—8 entre los elementos A y B se encuentra en continuación (δέ) con la antítesis expresada en 3,6. La presencia de las palabras gancho γράμμα (3,6.6.7), διάκονος (3,6)/ διακονία (3,7...) y πνεύματος, πνεῦμα (3,6)/ πνεύματος (3,8), así como los vocablos ἀποκτέννει (3,6)/θανάτου (3,7) lo confirman. Un estudio de tal conexión se presenta pues como aconsejable con el fin de entender mejor la antítesis presente en 3,7—8.

Atendiendo al vocablo διάκονος (3,6), se tiene que éste es especificado por el genitivo καινῆς διαθήκης denotando pertenencia o servicio: Pablo se presenta como «ministro» (διάκονος) perteneciente a una «nueva disposición» o «nueva alianza» (καινὴ διαθήκη)[39]. Esta expresión es ulteriormente precisada por el gn. πνεύματος en contraposición a γράμματος. Pablo caracteriza en 3,6a a la «nueva disposición» de la cual es ministro, como asociada

39 El significado de διαθήκη ha sido discutido (cf. J.Behm-G.Quell, "διαθήκη", TWNT II, 105—137; J.Guhrt, "διαθήκη", TBNT I,157—161; A.Vanhoye, *La Nuova Alleanza nel Nuovo Testamento* (PIB; Roma 1988)). Su sentido primario es el de «disposición», más en el contexto bíblico la mayor de las veces puede ser precisado en el sentido de «alianza». De cualquier modo, la opción por una u otra traducción no tiene mayores repercusiones por lo que concierne a nuestro estudio.

con el espíritu y no con la letra. La razón de su pertenencia a una y no a otra la da Pablo inmediatamente en 3,6b: τὸ γὰρ γράμμα ἀποκτέννει, τὸ δὲ πνεῦμα ζῳοποιεῖ (3,6b).

En cuanto al vocablo διακονία, éste es puesto en 3,7 en asociación con la «muerte» (τοῦ θανάτου) y las «letras» (ἐν γράμμασιν), y en 3,8 en asociación con el «espíritu» (τοῦ πνεύματος).

Precisado esto, se tiene que la similitud de las asociaciones indicadas antes con respecto al espíritu y a la letra favorecen ver una correspondencia entre la mención de διάκονος en 3,6 y la mención de διακονία en 3,7—8:

3,6: ... διακόνους καινῆς διαθήκης, οὐ γράμματος ἀλλὰ πνεύματος
3,7: ...ἡ διακονία... ἐν γράμμασιν...
3,8: ...ἡ διακονία τοῦ πνεύματος

La razón dada por Pablo en 3,6b confirma la correspondencia entre διάκονος y διακονία: el hecho de ser «ministro» (διάκονος) de la disposición de la letra la cual tiene como consecuencia el «matar» (cf. 3,6), tiene una correspondencia en la designación «ministerio de la muerte» (διακονία τοῦ θανάτου 3,7):

3.6: ...*διακόνους*...διαθήκης, οὐ γράμματος... γράμμα ἀποκτέννει...
3.7: ...*διακονία* τοῦ θανάτου ἐν γράμμασιν...

es decir, se puede establecer la siguiente equivalencia semántica:

(3,6) διακόνους... διαθήκης... γράμματος =
ἡ διακονία τοῦ θανάτου ἐν γράμμασιν...(3,7)

y análogamente:

(3,6) διακόνους καινῆς διαθήκης... πνεύματος =
ἡ διακονία τοῦ πνεύματος...(3,8)

Y dado que en 3,6 se le adjudica un poder vivificador al Espíritu, es factible ver también un carácter de vivificación en la mención del «ministerio del Espíritu» en 3,8; la antítesis con el «ministerio de la muerte» en 3,7 lo confirma.

En conclusión pues, se encuentra que la mención en 3,6 del hecho de ser ministro de una nueva disposición, i.e. de una disposición establecida por medio del espíritu, tiene su correspondencia con el elemento B de la antítesis de 3,7—8; y análogamente, la mención en 3,6 de la disposición establecida por medio de la letra tiene su correspondencia con el elemento A de la antítesis de 3,7—8. Consiguientemente, la valoración positiva en 3,6 de una disposición y negativa de la otra, se refleja en la conclusión más favorable para el elemento B con respecto a A dada en 3,7—8 por el *a fortiori*, a saber: su mayor asociación con la gloria.

En el contexto general de la argumentación, dicha mayor valoración de la διακονία τοῦ πνεύματος (3,7—8), que equivale a una mayor valoración de la διαθήκη τοῦ πνεύματος de la cual es διάκονος Pablo (3,6), mira en último caso a afirmar la mejor acreditación de Pablo con respecto a sus oponentes en Corinto.

El Espíritu. ¿A qué «espíritu» se hace referencia en 3,8? Dado que en 3,5 Pablo se presenta como ministro capacitado no por sí mismo, sino por Dios, es desaconsejable ver en la designación de «ministerio del espíritu» al espíritu mismo de Pablo como p.e. en 2,13 pues se tendría una contradicción.

Una vez precisado esto, hay que notar que el «espíritu» se presenta en oposición a la «letra», más precisamente, la letra de la Ley dada en el Sinaí como se deduce de la circunstancia descrita en 3,7 y que hace referencia a Ex 34,30. ¿Hay que ver entonces una antítesis entre el «espíritu» de la Ley de Moisés y su «letra»? El contexto no proporciona ningún indicio al respecto. Más aún, en todo el epistolario paulino no se habla de una tal distinción. Mas bien el contexto sugiere ver en tal «espíritu» al «Espíritu de Dios» o al «Espíritu del Señor»:

Por lo que se refiere al contexto precedente, en 3,3 se menciona a πνεῦμα especificándolo como «Espíritu de Dios» (πνεύματι θεοῦ), enfatizándolo como «vivo» (ζῶντος) y presentándolo como medio por el cual se ha escrito una carta «ministrada» (διακονηθεῖσα) por Pablo, no escrita en «tablas de piedra» (ἐν πλαξὶν λιθίναις). Además, en 3,6 vuelve a ser mencionado el espíritu en relación a una «nueva disposición» (καινῆς διαθήκης) de la cual es «diácono» (διακόνους) Pablo, y tal espíritu «vivifica» (ζῳοποιεῖ)[40]. Ahora bien, en 3,8 recurren temas similares en torno a la mención del «espíritu»: el «ministerio» (διακονία) al cual pertenece Pablo es caracterizado como «del espíritu» (τοῦ πνεύματος) habiendo enfatizado antes que éste «vivifica» (ζῳοποιεῖ) y poniéndolo en antítesis con un ministerio asociado a letras grabadas en «piedras» (λίθοις).

En cuanto al contexto sucesivo, el «espíritu» es de nuevo mencionado en 3,17 mas especificándolo en la segunda parte del v. como «el Espíritu del Señor» (το πνεῦμα κυρίου)[41], y siendo presentado antitéticamente a la lectura velada de la «antigua disposición» (παλαία διαθήκη), i.e. la Ley de Moisés.

1.2.3.2 El ministerio de la justicia (2 Co 3,9)

La correspondencia de los elementos. En base a la diferencia de cualidad inherente a la antítesis de los elementos involucrados, el segundo *a fortiori* (3,9) lleva a concluir una mayor abundancia (περισσεύει) de gloria para el elemento mayor: si en A hubo gloria, cuanto más abundará en ella B.

Y como se había dicho antes, la correspondencia entre los elementos antitéticos de 3,7—8 y 3,9 es sugerida por el paralelismo dado en la repetición de la estructura hipotética de los períodos así como por la repetición de los vocablos διακονία y δόξα al final.

40 En Rm 8,11 se atribuye un aspecto vivificador (ζῳοποιήσει) al Espíritu de Dios, siendo que en 2 Co 3,6 se caracteriza al «espíritu» de igual forma: «vivifica» (ζῳοποιεῖ).

41 En la primera parte del v. se le identifica con el Señor: ὁ δὲ κύριος τὸ πνεῦμα ἐστιν, más el texto se presta a diversas interpretaciones [cf. D. Greenwood, "The Lord is The Spirit: Some Considerations of 2 Cor 3,17", *CBQ* 34 (1972) 467—472]. La propuesta hecha por L. Belleville de considerarlo como un *pesher* parece ser la que ha tenido mejor aceptación ["Paul's Polemic and Theology of the Spirit in Second Corinthians", *CBQ* 58 (1996) 300—301].

Ahora bien, un ulterior apoyo a esta correspondencia se tiene en la buena relación semántica que se da entre las especificaciones añadidas al primer elemento: la «muerte» esta ligada a una «condenación».

3,7—8: Εἰ δὲ ἡ *διακονία* τοῦ θανάτου...ἐγενήθη ἐν *δόξῃ*,
...πῶς οὐχὶ μᾶλλον ἡ *διακονία* τοῦ πνεύματος ἔσται ἐν *δόξῃ*;
3,9: εἰ γὰρ τῇ *διακονίᾳ* τῆς κατακρίσεως *δόξα*,
πολλῷ μᾶλλον π. ἡ *διακονία* τῆς δικαιοσύνης *δόξῃ*.

Y un último indicio —si bien pequeño— de tal correspondencia entre los elementos antitéticos de 3,7—8 y 3,9 reside en la buena conexión que se da entre la ejemplificación dada en la proposición consecutiva de 3,7b y lo dicho en la prótasis de 3,9.

Lo dicho en la concisa prótasis de 3,9a:

3,9a: «*pues si en el ministerio de la condenación [hubo] gloria*»

puede ser visto como una retoma de la ejemplificación dada en 3,7b:

3,7b: «*...el ministerio de la muerte... acaeció en gloria, tal de no poder los hijos de Israel fijar la vista en el rostro de Moisés...*»

Es decir, la concisión de la prótasis de 3,9 se explicaría por el hecho de haber sido ya preparada en cierto modo en 3,7b al ejemplificar el grado de la gloria asociada a la διακονία τοῦ θανάτου (3,7), i.e., a la διαθήκη γράμματος (3,6).

Luego entonces, dada la correspondencia de los elementos antitéticos de 3,7—8 y 3,9 se puede sostener la siguiente equivalencia:

(3,7) ἡ διακονία τοῦ θανάτου = ἡ διακονία τῆς κατακρίσεως (3,9a)
(3,8) ἡ διακον. τοῦ πνεύματος = ἡ διακονία τῆς δικαιοσύνης[42] (3,9b)

42 Una correspondencia exacta pediría el sustantivo δικαίωσις, mas es de notar que Pablo en 2 Co no usa nunca δικαιοῦν, ni δικαίωμα, ni δικαίωσις, sino sólo δικαιοσύνη.

La antítesis entre justicia y condenación. Una antítesis implica una oposición de dos elementos bajo un aspecto común. Ello es claro p.e. en la antítesis de 3,11 donde el elemento común es el aspecto temporal o durativo: un elemento es «perecedero» y el otro «permanente».

Empero, por lo que se refiere al aspecto común sobre el cual es hecha la diferencia en los elementos de 3,9, la cuestión no parece tan sencilla: una consideración de los sufijos no es de gran ayuda pues por un lado se tiene una acción (κατάκρι-σις)[43] y por otro una idea de cualidad (δικαιο-σύνη)[44].

Del punto de vista lógico sin embargo se tienen mejores correspondencias si se tiene en cuenta la correspondencia de elementos entre 3,7—8 y 3,9. En efecto, como se había dicho, la mención de la «condenación» (κατάκρισις) es afín a la especificación dada en 3,7, i.e. la «muerte» (θάνατος): la muerte deriva de una condenación. Mas a su vez, la condenación deriva de una ley escrita. Luego entonces, se puede establecer la siguiente secuencia:

letra ——→ condenación ——→ muerte

Así pues, una posibilidad es decir que en 3,9a la διακονία es considerada bajo el aspecto de su *resultado*: «el ministerio que resulta en condenación».

¿Es posible suponer paralelamente también lo mismo para la especificación τῆς δικαιοσύνης de 3,9b como denotando un efecto o resultado? Un apoyo a esta posibilidad se tiene en Rm 5,16.18 donde «condenación» (κατάκριμα) es contrapuesta a «justificación» (δικαίωμα/δικαίωσις) siendo consideradas ambas como resultados de una acción:

43 Cf. BDF §109 (4); A.T. Robertson, *A Grammar of the Greek New Testament.* In the Light of Historical Research (Nashville TN; 1934), 151.

44 Cf. BDF §110 (2); Robertson, *Grammar*, 156.

5,16: τὸ μὲν γὰρ κρίμα ἐξ ἑνὸς εἰς κατάκριμα,
τὸ δὲ χάρισμα ἐκ πολλῶν παραπτωμάτων εἰς δικαίωμα.

5,18: ὡς δι᾽ ἑνὸς παραπτώματος εἰς πάντας ἀν. εἰς κατάκριμα,
οὕτως καὶ δι᾽ ἑνὸς δικαιώματος εἰς πάντας ἀν. εἰς δικαίωσιν ζωῆς

Los contextos en ambos casos son un tanto similares: así como en 2 Co 3,6—9 se asocian «muerte» y «condenación» a un elemento de la antítesis, y «vida» (cf. ζῳοποιεῖ v.6) y «justicia» al otro elemento de la antítesis; en Rm 5,17—18 se asocian «muerte» y «condenación» por un lado, y «vida» y «justificación» por otro:

Rm 5,17:	εἰ γὰρ...	ὁ θάνατος...	διὰ τοῦ ἑνός,
	πολλῷ μᾶλλον...	ἐν ζωῇ...	διὰ τοῦ ἑνὸς...
Rm 5,18:	...ὡς δι᾽ ἑνὸς...	εἰς κατάκριμα,	
	οὕτως καὶ δι᾽ ἑνὸς...	εἰς δικαίωσιν ζωῆς·	

Luego entonces, en base a esos textos se puede sostener como factible la suposición de que la antítesis en 3,9 sea hecha *bajo el aspecto del efecto resultante*: «el ministerio que resulta en condenación» y «el ministerio que resulta en justicia».

1.2.3.3 Intercambiabilidad de especificaciones

Como se ha mostrado, hay buenos indicios para ver una correspondencia de los elementos antitéticos de 3,7—8 con los de 3,9.

Por lo que se refiere al primer elemento de las antítesis, esta correspondencia recibe un ulterior apoyo en la buena correspondencia lógica que se da. El caracterizar al «ministerio de la muerte» (3,7) como «ministerio de la condenación» (3,9a) es explicable: la muerte deriva de una condena.

Sin embargo, por lo que concierne al segundo elemento, la relación lógica no es clara. Si bien en 3,8 se caracteriza al ministerio como «del Espíritu», no es evidente el porque en 3,9b se le caracteriza como «de la justicia» siendo que ambas especificaciones se refieren *al mismo* ministerio.

La conexión semántica no es clara, sin embargo dos hechos apoyan la existencia de una estrecha conexión entre «Espíritu» y «justicia» sugerida por la estructura de 2 Co 3,7—9 en referencia al «ministerio» al cual pertenece Pablo, a la «nueva disposición» (3,6):

Uno se obtiene a partir de la razón dada por Pablo en 2 Co 3,6b: «el Espíritu vivifica» (τὸ δὲ πνεῦμα ζῳοποιεῖ); i.e. se da una asociación entre el «Espíritu» y el «vivificar». Ahora bien, en Ga 3,21 se menciona indirectamente una relación indisociable entre la «justicia» y el «vivificar»: εἰ γὰρ ἐδόθη νόμος ὁ δυνάμενος ζῳοποιῆσαι, ὄντως ἐκ νόμου ἂν ἦν ἡ δικαιοσύνη (Ga 3,21b).

¿Se trata de la misma «justicia» en 2 Co 3,9b y Ga 3,21b? El contexto parece apoyarlo: en Ga 3,21 la justicia es disociada de la Ley, la Ley de la διαθήκη establecida en el Sinaí[45]; en 2 Co 3,9 el ministerio de la justicia es contrapuesto al ministerio de la condenación, i.e., el ministerio asociado a la διαθήκη establecida en el Sinaí[46].

Además, la asociación entre justicia y vivificación expresada en Ga 3,21 es confirmada por Rm 5,18 donde uno especifica al otro: δικαίωσις ζωῆς, la «justificación de vida»; o bien: la «justificación que resulta en vida», como se desprende de Rm 5,21: ...διὰ δικαιοσύνης εἰς ζωὴν αἰωνιον... así como de Rm 8,10—11 donde se mencionan conjuntamente al espíritu, la vida y la justicia: τὸ δὲ πνεῦμα ζωὴ διὰ δικαιουσύνην, al par que se atribuye un poder vivificador al espíritu.

El otro deriva del estudio hecho en torno a la argumentación de Ga 2,15—3,14 donde se sugiere una estrecha relación entre la justificación y la recepción del Espíritu.

45 Así lo sugiere el contexto precedente de Ga 3,15—20; cf. Winger, *Law*, 73.

46 Cf. 2 Co 3,6—7.

1.2.4 Conclusiones

El estudio de 2 Co 3 muestra una correspondencia entre las expresiones διακονία τοῦ πνεύματος (3,8) y διακονία τῆς δικαιοσύνης (3,9b), y consiguientemente entre πνεῦμα y δικαιοσύνη, asociadas a una καινή διαθήκη de la cual es ministro Pablo.

La mención de πνεῦμα aparece asociada al tema de la vivificación (3,6) y en antítesis con la muerte (3,6.7); y la mención de la δικαιοσύνη aparece en antítesis con la condenación (3,8) y consiguientemente la muerte (3,7). Por ende, la relación que se deduce a partir de 2 Co 3,6—9 entre el Espíritu y la justicia, parece apoyarse en el hecho de la vivificación.

En fin, mientras al Espíritu se le da un carácter activo ("vivifica" 3,6), la justicia aparece como resultado del ministerio asociado al Espíritu ("ministerio que resulta en justicia" 3,9).

1.3 1 Corintios 6

Un último texto que evidencia la existencia de una conexión entre la justificación y el Espíritu es el de 1 Co 6,11, donde Pablo concluye una cuestión problemática en la comunidad de corinto: el recurso a los tribunales paganos.

El texto presenta numerosas cuestiones que han suscitado grandes discusiones; sin embargo, por lo que concierne al objetivo del presente capítulo, el relevar la *existencia* de una conexión entre justificación y Espíritu no presenta mayor dificultad.

1.3.1 Contexto y temática

Si bien hay un consenso en cuanto a los límites de la sección (6,1—11) caracterizada por el vocabulario asociado a κρίνω y δικαιόω[47], no es así por lo que concierne a la división exacta de la misma[48]. Mas de cualquier modo, la temática es clara y la consideración de 6,11 como conclusión de la sección es segura[49]: en la sección 6,1—11 Pablo trata la cuestión del recurso a los tribunales paganos (6,1—6)[50], mas alargando el discurso: no debería haber incluso disputas (6,7—10), y da la razón de ello tanto negativa como positivamente: la consiguiente imposibilidad de heredar el Reino (6,9—10) y el cambio efectuado en ellos (6,11).

Pablo concluye pues la cuestión en 6,11 de manera positiva, haciendo presente a los corintios cual es su situación real: no es una situación de pasado pecaminoso, sino de una situación ya presente

47 κρίνω: 5,3.12(2).13; 6,1.2(2).3.6; 7,37...
κρίμα: 6,7; 11,29...
διακρίνω: 4,7; 6,5; 11,29
δικαιόω: 6,11
ἀδικέω: 6,7.8
ἄδικος: 6,1.9

48 Dividen 6,1—6.7—11: G. Barbaglio, *La Prima lettera ai Corinzi* (SOC 16; Bologna 1996); G.D. Fee, *The First Epistle to the Corinthians* (NICNT; Grand Rapids MI 1987); divide 6,1—8.9—11: W. Schrage, *Der erste Brief an die Korinther.* 1 Kor 1,1—6,11. (Neukirchen 1991); dividen 6,1—5a.5b—6.7—8.9—10.11: J. Weiss, *Der erste Korintherbrief* (Göttingen 1910); divide 6,1—6.7—8.9—11: E. Dinkler, "Zum Problem der Ethik bei Paulus. Rechtsnahme und Rechtsverzicht (1 Kor 6,1—11)", *Signum Crucis* (Tübingen 1967) 204—240.

49 Lo pone en relieve el hecho de que el vocabulario característico (κρίνω/δικαιόω) no recurra en 6,12—20, sección sucesiva caracterizada por otro vocabulario (πόρνος 6,9; πορνεία 6,13.18; πόρνη 6,15.16; πορνεύω 6,18) e iniciada por medio de un aforismo (6,12); así como el hecho de que el v.11 constituya una especie de clímax retórico, siendo enfatizado por medio de una formulación trinitaria.

50 Barbaglio hace notar una inclusión temática en 6,1.6: la mención del hecho a tratar (Barbaglio, *Corinzi,* 286—287).

de purificación, de santidad y de justicia en virtud de Jesucristo y del Espíritu de Dios.

Es propio la mención conjunta de la justificación efectuada (ἐδικαιώθητε) así como del Espíritu de Dios (τὸ πνεῦμα τοῦ θεοῦ), la que nos interesa estudiar en este versículo.

1.3.2 La situación de los corintios

La situación de los corintios es descrita en base a tres verbos coordinados por medio de la preposición ἀλλά cuya repetición pone en relieve el contraste entre la situación pasada y presente de los corintios.

Los verbos empleados se encuentran en aoristo (ἀπελούσασθε, ἡγιάσθητε, ἐδικαιώθητε), sugiriendo considerar la referencia de la acción indicada por los tres verbos a un mismo evento[51]. La determinación precisa de su relación mutua suscita sin embargo discusiones.

Por lo que concierne al primer verbo utilizado (ἀπελούσασθε)[52], la discusión se ha centrado sobre todo en dos cuestiones, siendo la primera el significado del mismo: mientras algunos autores lo interpretan con valor de medio: «os habéis lavado»[53], otros prefieren

51 Allo, *Corinthiens*, 138; A. Robertson-A. Plummer, *The First Epistle to the Corinthians* (ICC; Edinburgh 1911), 119.

52 ἀπολούω aparece en el NT sólo en: 1 Co 6,11 (ἀπελούσασθε); Hch 22,16 (ἀπόλουσαι); en la LXX sólo en Jb 9,30 (ἀπολούσωμαι).

53 T.C. Edwards, *A Commentary on the First Epistle to the Corinthians* (London 1885^2), 144; F. Godet, *Commentaire sur la première épître aux Corinthiens* (Paris 1885), I,272; F.W. Grosheide, *Commentary on the First Epistle to the Corinthians* (NLC; London 1954^2), 141; A.P. Stanley, *The Epistles of St. Paul to the Corinthians* (London 1865^3), 90.

interpretarlo con valor de pasivo: «fuisteis lavados» o «habéis sido lavados»[54]. Mas los argumentos en favor de esta última posibilidad son mayores: el paralelismo evidenciado por el triple ἀλλά con los dos aoristos pasivos sucesivos (ἡγιάσθητε, ἐδικαιώθητε), así como el hecho de que la forma pasiva del aoristo de ἀπολούομαι sea raramente usada[55].

La segunda cuestión ha sido más debatida: ¿hay que ver una alusión al bautismo en la mención de ἀπελούσασθε? Si bien la mayoría de los comentadores optan por una respuesta afirmativa[56], algunos la consideran sólo como plausible[57]. Los argumentos que desfavorecen una alusión son[58] el hecho de que Pablo no use la preposición ἐν sino εἰς con el verbo «bautizar» asociado a «Cristo»[59] o al «nombre»[60], y de que no exista un paralelo donde Pablo hable de ser bautizados conjuntamente *«en el nombre de Cristo y del Espíritu de Dios»*, o bien de ser «santificados» o «justificados» en el bautismo.

Mas los argumentos en favor de una alusión son más convincentes: a) el uso del aoristo alude a un evento preciso; b) El verbo ἀπολούομαι aparece además de 1 Co 6,11, en Hch 22,16 donde explícitamente se le coliga con el bautismo (βάπτισαι καὶ ἀπόλουσαι)

54 C.K. Barrett, *The First Epistle to the Corinthians* (BNTC; London 1971^2), 141; H. Conzelmann, *1 Corinthians* (Hermeneia; Philadelphia 1974), 107; Fee, *Corinthians*, 245 n.31.

55 Así: Barbaglio, *Corinzi*, 303; Barrett, *Corinthians*, 141; A. Oepke, "λούω, ἀπολούω", TWNT IV, 306; cf. los ejemplos referidos al bautismo en: DGE, "ἀπολούω", §3; LSJ, "ἀπολούω", §1; Lampe, "ἀπολούω", §1.

56 E.B. Allo, *Première Épître aux Corinthiens*, (Paris 1934), 138; Barbaglio, *Corinzi*, 303; Edwards, *Corinthians*, 144; Godet, *Corinthiens*, 272; Oepke, "λούω", 305—306; Stanley, *Corinthians*, 90; Kertelge, *Rechtfertigung*, 243.

57 Fee, *Corinthians*, 247.

58 Cf. Fee, *Corinthians*, 246—247.

59 Como es el caso de Rm 6,3: ἐβαπτίσθημεν εἰς Χριστόν Ἰησοῦν; y Ga 3,27: εἰς Χριστὸν ἐβαπτίσθητε.

60 Como es el caso de 1 Co 1,13: ...εἰς τὸ ὄνομα Παύλου ἐβαπτίσθητε; y 1 Co 1,15: ...εἰς τὸ ἐμὸν ὄνομα ἐβαπτίσθητε. Sin embargo cf. Hch 10,48: ...ἐν τῷ ὀνόματι Ἰησοῦ Χριστοῦ βαπτισθῆναι...

además de hacer referencia al nombre de Jesús (τὸ ὄνομα αὐτοῦ); c) el sustantivo correspondiente (λουτρόν «lavamiento, baño») es usado en el NT sólo para indicar el bautismo[61]; c) el bautismo es puesto en el NT en relación con el nombre de Jesús[62] y el Espíritu[63] (Matt 28,19; Hch 2,38).

En cuanto al segundo verbo (ἡγίασθητε)[64], éste establece una asociación de cercanía y comunión entre los corintios y Dios, llevada a cabo por Dios (pasivo divino)[65].

1.3.3 El sentido de ἐδικαιώθητε

1.3.3.1 Su relación con ἡγιάσθητε

El tercer verbo que describe la situación de los corintios es ἐδικαιώθητε, que es sobre el cual se centra nuestro interés. Y dada la presentación paralela de ἡγιάσθητε y ἐδικαιώθητε, ha sido discutida la menor o mayor diversidad entre ambos hechos.

Una diversidad pequeña si en los dos casos se trata de una transformación profunda; una diversidad grande si con ἡγιάσθητε se trata de una transformación profunda y con ἐδικαιώθητε de una declaración forénsica sin un efecto profundo.

61 Cf. Ef 5,26; Tt 3,5; Oepke, "λούω", 305—306.

62 ἐν τῷ ὀνόματι... (Hch 2,38; 10,48); εἰς τὸ ὄνομα (Hch 8,16; 19,5); cf. también Ga 3,27; Rm 6,3: εἰς Χριστὸν ['Ιησοῦν].

63 ἐν πνεύματι ἁγίῳ (Hch 11,16); cf. también Hch 2,38.

64 ἁγιάζω denota el proceso de dedicación de cosas y objetos a Dios (Ex 13,2), de tal modo que ἅγιοι designa a aquellos que pertenecen a Dios (H. Balz, "ἅγιος", EWNT I, 43—44).

65 El hecho de que el tema de la santidad aparezca sobre todo en secciones parenéticas en Pablo, ha llevado a plantear la cuestión de una posible connotación ética imperativa del vocablo; i.e. la participación del hombre en tal proceso (el valor "medio" de ἀπελούσασθε); sin embargo, tal connotación ética imperativa en realidad depende del indicativo de la obra santificante de Dios (Kertelge, *Rechtfertigung*, 277—278).

En favor de sostener una diversidad grande se alude el hecho de que el primer verbo (ἀπελούσασθε) es usado con un sentido figurativo y los dos siguientes (ἡγιάσθητε, ἐδικαιώθητε) no; consiguientemente, se ve en éstos dos una explicación del primero, i.e, una mención de los efectos del bautismo aludido en el ἀπελούσασθε. Es decir, se entiende a los verbos ἡγιάσθητε y ἐδικαιώθητε no como referidos uno al otro, sino como explicativos de ἀπελούσασθε[66]. Asimismo se invoca el hecho de que ni "santificar" ni "justificar" sean usados en sentido técnico en 1 Co 6,11, sino sólo en atención a la mención precedente del adjetivo ἄδικοι en 6,1.9 y del verbo ἀδικέω en 6,7.8, así como de ἅγιοι en 6,1.2 y ἁγιάζω en 6,11.

Por el contrario, en favor de sostener una diversidad pequeña se hace hincapié en la presentación paralela de ἡγιάσθητε y ἐδικαιώθητε reforzada por la repetición de la preposición ἀλλά, así como la asociación que aparece de ambos temas en 1 Co 1,30 bajo la forma de sustantivos (δικαιοσύνη τε καὶ ἁγιασμός)[67].

Aún cuando hay buenos argumentos en favor de ambas interpretaciones, es de preferir la segunda interpretación (diversidad pequeña) pues el orden de las palabras en 1 Co 6,11 desaconseja la primera hipótesis (diversidad grande) ya que la frase sugiere una progresión retórica que no existe en tal hipótesis.

1.3.3.2 Uso paulino

Pero si bien no hay un consenso sobre la relación entre ἡγιάσθητε y ἐδικαιώθητε en 1 Co 6,11, la cuestión que nos interesa para el presente trabajo sin embargo es otra: la determinación del sentido del verbo «justificar» en 1 Co 6,11. En efecto, algunos autores han

66 Cf. Edwards, *Corinthians*, 144.

67 Cf. también Rm 6,19.

propuesto el ver en tal verbo solamente el uso por parte de Pablo de una fórmula de la catequesis bautismal protocristiana[68], y en cuyo caso no se trataría de la justificación paulina propiamente dicha.

Las razones para una tal propuesta estriban en la connotación trinitaria del texto[69] y en la caracterización de la justificación en términos de santificación y no como una declaración forénsica de remisión de pecado, como es el caso de p.e. Rm 3,25; 4,6—8[70]. O bien por el contrario, se ha querido ver en la justificación de 1 Co 6,11 la mención de sólo un aspecto del bautismo en cuanto remisión de pecado[71] mas también diversa de la concepción paulina de la justificación por la fe en cuanto carente de una dimensión santificante, como es el caso de p.e. Rm 6,19.22; 1 Co 1,30[72].

Para resolver esta cuestión en torno al uso paulino o no de ἐδικαιώθητε en 1 Co 6,11, es mejor partir de un hecho fácil de constatar: la justificación paulina tal como aparece en Ga y Rm, se presenta en asociación con la fe en Jesucristo así como en contraposición con las obras de la Ley. Por otro lado, en el caso de 1 Co 6,11 la justificación se presenta en asociación con el nombre de Jesucristo y el Espíritu.

68 E. Lohse, "Taufe und Rechtfertigung bei Paulus", *KD* 11 (1965) 321.

69 El texto de Tt 3,3—7 ofrece un paralelo a esta acción conjunta de Dios, del Espíritu y de Cristo en relación a los creyentes.

70 1 Co 6,11 constituye un texto clásico sobre el que se apoya normalmente para considerar la justificación no simplemente como una imputación de justicia sino como una transformación real.

71 Cf. Kertelge, *Rechtfertigung*, 244—245.

72 Es decir, las razones aducidas dependen del concepto que se tenga de la justificación paulina. En los casos aludidos, la concepción adoptada versa sobre una interpretación forénsica o imputativa, o bien una efectiva o real, mas excluyéndose mutuamente. Y de tal oposición unilateral, surge una tensión en la comprensión de los textos, la cual trata de ser explicada por la hipótesis de una justificación presente y otra futura. Sobre una crítica a una tal oposición unilateral de concepciones cf. p.e. Kertelge, *Rechtfertigung*, 113—120, quien sostiene una justificación forénsica en cuanto a la forma mas real en cuanto a la esencia.

Mas ambas situaciones en realidad no son ajenas pues el tema de la fe es implícito en 1 Co 6,11 por el hecho de que la fe tiene como objeto a Jesucristo[73], y de que es a partir de la fe que se recibe el Espíritu[74]. Además, el uso pasivo de ἐδικαιώθητε que supone a Dios como sujeto, indica que la justificación no es obra del hombre sino de Dios, lo cual coincide con el carácter gratuito de la justificación paulina[75].

Estos hechos favorecen pues el considerar la mención de ἐδικαιώθητε en 1 Co 6,11 con un sentido paulino[76]. Aún cuando la mención del verbo δικαιόω en 6,11 pudiera ser motivada por la mención precedente del adjetivo ἄδικοι en 6,1.9[77] y del verbo ἀδικέω en 6,7.8[78], ello no constituye motivo para entender la justificación de 6,11 en un sentido diverso de la mencionada en Rm y Ga.

73 La fe teniendo como objeto a Jesús es expresada de diversas formas en el epistolario paulino: εἰς Χριστὸν ['Ιησοῦν] (Ga 2,16; Col 2,5); εἰς αὐτόν (Flp 1,29); ἐν Χριστῷ 'Ιησοῦ (Col 1,4; 1 Tm 1,14; 3,13; 2 Tm 1,13; 3,15); ἐπ' αὐτῷ (1 Tm 1,16); πρὸς τὸν κύριον 'Ιησοῦν (Flm 1,5); τοῦ υἱοῦ τοῦ θεοῦ (Ga 2,20); así como en la expresión πίστεως ['Ιησοῦ] [Χριστοῦ] (Rm 3,22.26; Ga 2,16; 3,22; Flp 3,9). La expresión «creer en su nombre» o «fe en su nombre» aparece sólo fuera del epistolario: τοῦ ὀνόματος... (Hch 3,16); εἰς τὸ ὄνομα... (Jn 1,12; 2,23; 3,18; 1 Jn 5,13); τῷ ὀνόματι... (1 Jn 3,23); cf. también Hch 10,43.

74 En el epistolario paulino: ἐξ ἀκοῆς πίστεως (Ga 3,2.5); διὰ τῆς πίστεως (Ga 3,14).

75 Se puede añadir el hecho de que la mención de una «justificación en el Espíritu» recurre también en 1 Tm 3,16 si bien aplicada a Cristo y no a los cristianos (ἐδικαιώθη ἐν πνεύματι).

76 Así lo consideran: Barrett, *Corinthians*, 142; Conzelmann, *Corinthians*, 107.

77 Es decir, mencionar en 6,11 el hecho de la justificación sólo con el fin de presentar a los creyentes como «justos» en contraposición de los «injustos» de 6,11 (cf. Godet, *Corinthiens*, 274).

78 Una situación similar se daría entre ἁγιάζω (6,11) y ἅγιοι (6,1.2).

1.3.3.3 Su relación con ἀπελούσασθε

En fin, por lo que concierne a la relación entre la acción indicada por ἐδικαιώθητε y ἀπελούσασθε, se ha propuesto ver una conexión entre bautismo y justificación, en caso de interpretar a ἀπελούσασθε como una alusión al bautismo.

Tal conexión puede ser favorecida también por el texto de Tt 3,5b—6[79] donde igualmente parece darse una alusión al bautismo y ser mencionado el hecho de ser justificados[80].

La determinación de una conexión entre bautismo y justificación, que ha sido objeto de diversos estudios[81], nos sería de interés para el presente trabajo dada la relación entre bautismo y Espíritu; sin embargo además de que tal relación requiere un largo estudio en sí, involucrando también el estudio de la asociación entre bautismo y fe, en nuestro caso no es necesario recurrir al tema del bautismo para evidenciar la existencia de una relación entre justificación y Espíritu pues el Espíritu es mencionado explícitamente al final del v.11 como complemento del verbo ἐδικαιώθητε.

1.3.4 Los dos complementos

A la mención de los tres verbos que describen la situación de los corintios, siguen dos complementos: *«en el nombre del Señor Jesucristo y en el Espíritu de Dios nuestro»* (6,11).

79 Tt 3,5b—6: *«él nos salvó... por medio del baño de regeneración y de renovación del Espíritu Santo... para que justificados en aquella gracia...»*

80 Cf. F. Hahn, "Taufe und Rechtfertigung. Ein Beitrag zur paulinischen Theologie in ihrer Vor- und Nachgeschichte", *Rechtfertigung* (FS. E. Käsemann [Hrsg. J. Friedrich] Tübingen-Göttingen 1976) 95—124.

81 Para una panorámica, cf. Kertelge, *Rechtfertigung*, 228—249.

Ha sido discutido si referirlos al verbo precedente solamente («fuisteis justificados»)[82], o bien referirlo a los tres verbos precedentes («fuisteis lavados, santificados, justificados»)[83]; mas es de preferir esta última posibilidad a causa del triple ἀλλά que coordina los tres verbos.

Ambos complementos son introducidos por la preposición ἐν, la cual puede ser considerada con un sentido de referencia[84] («en la esfera de») así como de causa[85] («en virtud de»): es en relación a Cristo y al Espíritu, y gracias a ellos que acaece la santificación y justificación[86] ; o bien un sentido instrumental[87]: es por medio de ellos que acaece la santificación y justificación[88].

Si se toma en consideración el contenido de los complementos, por lo que concierne al primero: *«en el nombre del Señor Jesucristo»* (ἐν τῷ ὀνόματι τοῦ κυρίου Ἰησοῦ Χριστοῦ)[89], se tiene que el

82 C.A.A. Scott, *Christianity according to St. Paul* (Cambridge 1927) 120.

83 Grosheide, *Corinthians*, 141; Robertson-Plummer, *Corinthians*, 120; Fee, *Corinthians*, 246.

84 Cf. Robertson, *Grammar*, 589; M. Zerwick, *Graecitas biblica Novi Testamenti exemplis illustratur* (PIB; Roma 1966) § 116—117.

85 Cf. BDF § 219(2); N. Turner, *A Grammar of New Testament Greek.* III Syntax (Edinburgh 1963) 253; Zerwick, *Graecitas*, § 119.

86 Grosheide, *Corinthians*, 141.

87 Cf. BDF § 219; Robertson, *Grammar*, 589; Turner, *Syntax*, 252; Zerwick, *Graecitas*, § 119.

88 Barbaglio, *Corinzi*, 304; Fee, *Corinthians*, 247; E. Schweizer, "πνεῦμα", TWNT VI, 415.

89 El texto es incierto:

τοῦ κυρίου Ἰησοῦ Χριστοῦ	𝔓^{11vid,46} ℵ D* P it^{d} Ir^{lat} Ter Amb Did
τοῦ κυρίου Ἰησοῦ	A D^{c} Ψ 88.614.1241.1984.2495 *Byz Lect* sy^{h} JnDam
τοῦ κυρίου ἡμῶν Ἰησοῦ	sa
τοῦ κυρίου ἡμῶν Ἰησοῦ Χριστοῦ	B C^{vid} P 33.81.104.181.326.330.365. 436.451.629.630.1739.1877.1881. 1962.2127 .2464 it^{ar,dem,f,m,r,x,z} vg sy^{p,h} bo arm eth Ir^{lat} Or^{lat} Cipr Adam Athan Epif Cris Eut Teod PsAtan

invocar su nombre implica un reconocer y entregarse a su persona (Ἰησοῦς Χριστός), su señoría (κύριος), su poder y protección[90]; implica un acto de fe en Cristo reconociéndolo como Señor y por ende como capaz de obrar la salvación[91]. Es decir, las acciones mencionadas dependen del obrar de Cristo, y son hechas en relación a él[92].

Por otra parte, si se interpreta la mención de ἀπελούσασθε como alusión al bautismo, el sentido de agente o medio resulta favorecido pues el bautismo cristiano se realiza mediante el nombre del Señor Jesucristo[93] y por medio del Espíritu.

Y si se toma en consideración el segundo complemento: *«en el Espíritu de Dios nuestro»* (ἐν τῷ πνεύματι τοῦ θεοῦ ἡμῶν), la mención precedente del hecho de la santificación (ἡγιάσθητε) podría favorecer el considerar al Espíritu como agente de la misma[94]; i.e. entender a ἐν τῷ πνεύματι con un sentido causal o instrumental. Sin embargo, atendiendo a la construcción: verbo pasivo + ἐν + πνεύματι [scil. θεοῦ] en el epistolario[95], se tiene que ésta es susceptible

La primera lectura cuenta con buenos testigos que la favorecen como original; además ella parece explicar mejor a las otras lecturas: las lecturas 3 y 4 con ἡμῶν se explicarían como asimilación al ἡμῶν sucesivo, y la 2 lectura como resultado de un accidente en la transcripción, dada la mejor atestación para la lectura que atesta Χριστοῦ (lecturas 1 y 4) [cf. B.M. Metzger, *A Textual Commentary on the Greek New Testament* (Stuttgart 1994²), ad 1 Co 6,11].

90 Cf. W. Heitmüller, *«Im Namen Jesu»*. Eine sprach- und religionsgeschichtliche Untersuchung zum Neuen Testament, speziell zur altchristlichen Taufe (FRLANT 2; Göttingen 1903).

91 Así p.e. la invocación de su nombre en: Mc 9,39; 10,48; Lc 17,13; 18,38.

92 Cf. Barrett, *Corinthians*, 143.

93 Cf. Heitmüller, *Namen*, 74—76: «durch den Namen».

94 En efecto, el Espíritu es el principal agente de santificación (así p.e. la designación de רוּחַ הַקֹּדֶשׁ, πνεῦμα ἁγίον; cf. K. Stalder, *Das Werk des Geistes in der Heiligung bei Paulus* (Zürich 1962).

95 La construcción: verbo pasivo + ἐν + πνεύματι [scil. θεοῦ] aparece en el epistolario en: Rm 15,16; 1 Co 6,11; (12,3); 2 Co 3,3; Ef 1,13; 2,22; 3,5; 5,18; 1 Ts 1,5; 1 Tm 3,16.

de varios sentidos considerando al Espíritu tanto como referencia, instrumento o causa de la acción.

Luego entonces, si bien la consideración del contenido de los complementos favorece el interpretar la preposición ἐν con un sentido instrumental o de medio, los sentidos de referencia o causa no pueden ser excluidos.

Por otro lado, es de notar que ambos complementos están estrechamente asociados. En efecto, siendo que la expresión τῷ ὀνόματι τοῦ κυρίου es equivalente a la expresión τῷ κυρίῳ[96], resulta que el Espíritu en el NT aparece como inseparable de Cristo o del Espíritu de Cristo, al punto de identificarse con Cristo[97] o con el Señor[98]. El estar en Cristo es concomitante con estar en el Espíritu[99]; estar en la esfera de la acción de Cristo es estar en la esfera de la acción del Espíritu[100].

1.3.5 Justificación y Espíritu

Habiendo confirmado precedentemente un uso paulino en la expresión de ἐδικαιώθητε, lo que nos interesa sobre todo del texto de 1 Co 6,11 es subrayar la conexión entre justificación y Espíritu: la justificación es llevada a cabo por medio de (ἐν instrumental) o en virtud de (ἐν causal) o teniendo como referencia (ἐν de referencia) al Espíritu.

96 Zerwick, *Analysis*, ad 1 Co 6,11.

97 Cf. Rm 8,9—11.

98 Cf. 2 Co 3,17.

99 Cf. Rm 8,1.9.10.

100 Cf. E. Schweizer, "πνεῦμα", TWNT VI, 424.

Aún cuando es difícil precisar el tipo de relación (sentido de ἐν) entre la justificación y el Espíritu[101], lo cierto es que existe una conexión estrecha entre justificación y Espíritu[102].

Y tal conexión puede recibir un apoyo por otros indicios relevados a lo largo del estudio de este texto, aún cuando susceptibles de discusión. En efecto, tal conexión recibiría un apoyo si se sostiene una asociación entre justificación (ἐδικαιώθητε) y santificación (ἡγιάσθητε), dado que el Espíritu constituye el principal agente de santificación.

Asimismo, si se entiende el ἀπελούσασθε como una alusión al bautismo y se sostiene una asociación entre bautismo y justificación, resultaría una conexión entre justificación y Espíritu si se considera que el Espíritu parece asociado al bautismo; o bien si se entiende el ἀπελούσασθε como purificación del pecado, resultaría una conexión

101 En 1 Tm 3,16 aparece una expresión similar: ἐδικαιώθη ἐν πνεύματι. Sin embargo una comparación entre ese texto y 1 Co 6,11 presenta serias dificultades: mientras que en 1 Tm 3,16 el sujeto es Cristo, en 1 Co 6,11 son los pecadores. Además, el texto de 1 Tm 3,16 pertenece a una carta contestada en cuanto a su autenticidad. En fin, lo que es claro de 1 Co 6,11 es la existencia de una relación entre la justificación y el Espíritu; el texto no permite una mayor precisión en la relación de la expuesta en la p.40, ni aún recurriendo a una comparación con 1 Tm 3,16.

En todo caso, el texto de 1 Tm 3,16 comparado con 1 P 3,18 podría ser útil, mas en el precisar el sentido de ἐδικαιώθη referido a Cristo (sobre esto, cf. p. 98—99).

102 Sobre esta relación entre justificación y Espíritu se puede mencionar también el texto de Rm 14,17 donde la «justicia» es presentada en conexión con el «Espíritu»: οὐ γάρ ἐστιν ἡ βασιλεία τοῦ θεοῦ βρῶσις καὶ πόσις ἀλλὰ δικαιοσύνη καὶ εἰρήνη καὶ χαρὰ ἐν πνεύματι ἁγίῳ. Sin embargo, el contexto no permite mayor precisión en la relación. Por otro lado, es discutido si coligar ἐν πνεύματι sólo con χάρα (así M. Black, *Romans* (NCBC; Grand Rapids MI-London 1973), 169; C.E.B. Cranfield, *The Epistle to the Romans* (ICC; Edinburgh 1975), II,718; Lagrange, *Romains*, 331; O. Michel, *Der Brief an die Römer* (KEKNT; Göttingen 1966^4), 435; J. Murray, *The Epistle to the Romans* (NICNT; Grand Rapids 1968), 194; cf. 1 Ts 1,6) o con los tres elementos precedentes (J. Fitzmyer, *Romans* (AB; New York 1993), 697; E. Käsemann, *An die Römer* (HNT; Tübingen 1973), 361; E. Kühl, *Der Brief des Paulus an die Römer* (Leipzig 1913), 456 ; D. Moo, *The Epistle to the Romans* (NICNT;

entre justificación y Espíritu, si se considera que el Espíritu aparece asociado al perdón de los pecados[103].

De cualquier modo, aún a pesar del aspecto contestable de estas últimas asociaciones, la *existencia* de una conexión entre justificación y Espíritu es clara (ἐδικαιώθητε... ἐν τῷ πνεύματι τοῦ θεοῦ ἡμῶν), aún cuando la precisión de la misma resta por aclarar.

1.4 Conclusiones de Ga 2—3; 2 Co 3 y 1 Co 6

1. La existencia de una relación entre la justificación y el Espíritu aparece de manera explícita en el texto de 1 Co 6,11, y de manera implícita en los textos de Ga 2—3 y 2 Co 3.

Consiguientemente, la existencia de una relación entre la justificación y el Espíritu, explícita en 1 Co 6, donde si bien el tema de la justificación no es predominante, subyace también al discurso de Ga 2—3 donde el tema de la justificación es predominante, e igualmente es percibida en 2 Co 3 ofreciendo así una ulterior confirmación a la existencia de la relación.

2. En particular, la existencia de una relación entre la justificación y el Espíritu, es revelada en Ga 2,16—3,14 en base a la continuidad en el desarrollo de la argumentación, so pena de concluir una incoherencia en la argumentación paulina. Y por lo que concierne a 2 Co 3, su existencia deriva de la correspondencia en las expresiones referidas a la καινὴ διαθήκη de la cual es ministro Pablo.

Grand Rapids MI 1996), 857; A. Schlatter, *Gottes Gerechtigkeit*: ein Kommentar zum Römerbrief (Stuttgart 1952²), 376; H. Schlier, *Der Römerbrief* (HTK 10; Freiburg iB 1979²), 416; H.W. Schmidt, *Der Brief des Paulus an die Römer* (THKNT 6; Berlin 1963), 233 n.9; U. Wilckens, Der Brief an die Römer (EKKNT; Neukirchen 1982), VI/3,93; T. Zahn, *Der Brief des Paulus an die Römer* (Leipzig 1925³), 582; cf. Ga 5,22).

103 Esto sin embargo es explícito sólo en el Evangelio (Jn 20,22—23).

Y si bien en lo que respecta a los textos de 2 Co 3 y Ga 2—3 la diversidad de contextos impide afirmar de manera segura una referencia al mismo hecho en ambos textos, a saber: la identificación de la justicia obtenida en virtud de la fe mencionada en Ga, con la justicia que deriva del ministerio de la καινὴ διαθήκη mencionada en 2 Co; se dan puntos de contacto que lejos de contradecir una referencia al mismo hecho en ambos casos, la favorecen.

En efecto, tanto en Ga 2—3 como en 2 Co 3 se tiene que: a) ambos conceptos se presentan disociados de la Ley, sea bajo la mención de ἔργων νόμου (Ga), sea bajo la mención de ἡ διακονία ἐν γράμμασιν ἐντετυπωμένη λίθοις (2 Co); b) el Espíritu del que se habla es el Espíritu de Dios o del Señor; c) se da una valoración positiva de ambos conceptos: en Gálatas al asociarlos al valor de la muerte de Cristo, y en 2 Corintios al adjudicarles una mayor gloria al par que asociarles un aspecto vivificante; d) las antítesis de estos conceptos son presentadas de manera fuertemente negativas: en Gálatas como implicando una negación del valor de la muerte de Cristo, y en 2 Corintios contraponiéndola a la condenación y a la muerte, y a una menor gloria.

Por su parte, en el texto de 1 Co 6 el Espíritu aparece claramente especificado como el "Espíritu de Dios", y la justificación aparece asociada al "nombre de Cristo", lo cual implica un acto de fe en él; i.e. a la justificación de 1 Co 6 subyace el tema de la fe, como es el caso de la justificación de Ga 2—3.

3. El carácter de la estrecha relación entre justificación y recepción del Espíritu no es precisado.

A partir de Ga 2,15—3,6 parece entenderse en el sentido de equivalencia o intercambiabilidad; a partir de Ga 3,8.14 en el sentido de concomitancia o indisociabilidad; a partir de 2 Co 3,7—9 como la justicia implicando la acción del Espíritu; y a partir de 1 Co 6 como la justificación realizada por medio de o en virtud del Espíritu.

4. Se perciben como elementos de relación entre la justificación y el Espíritu a los temas de: la vivificación (2 Co 3), la fe (Ga 2; 1 Co 6), la bendición (Ga 3), y la promesa (Ga 3).

II Parte: Determinación de la relación

En la primera parte se analizaron algunos textos de Ga 2—3; 2 Co 3 y 1 Co 6 que sugieren la existencia de una estrecha relación entre justificación y recepción del Espíritu. Tal asociación parece fundamentada: negarla llevaría a concluir una incoherencia en la argumentación de Pablo.

El aceptar este primer resultado trae consigo ya una consecuencia importante: un estudio del hecho de la justificación debe hacer referencia también al de la recepción del Espíritu. De otro modo se tendría una visión incompleta del tema.

Ahora bien, la relación entre la justificación y el Espíritu se realiza a través del tema de la vivificación. Tal conexión que era ya sugerida a partir del estudio de 2 Co 3, es apoyada por medio del estudio de Ga 3, así como de Rm 5 y 8.

2. La vivificación

2.1 Gálatas 3

Habiendo negado Pablo en Ga 3,6—14 una justificación en conexión con la Ley, en la sección siguiente profundiza la cuestión de la Ley considerando su relación con la promesa (3,15—22), tema introducido en 3,14. Es en este contexto que Pablo de manera un tanto inesperada menciona *el tema de la vivificación* en conexión con el de la justicia (3,21b).

El estudio de este texto se presenta por tanto como necesario para una mejor comprensión en torno a la relación entre justificación y recepción del Espíritu, por el hecho de haber encontrado que justicia y Espíritu tienen ambos una conexión con el tema de la vida, al estudiar el texto de 2 Co 3.

2.1.1 El contexto

Después de haber hecho recurso repetidamente a la Escritura en Ga 3,6—14 con el fin de precisar la oposición entre el principio de la fe y el de la Ley, Pablo adopta un enfoque diferente a partir de 3,15 invocando un principio jurídico y haciendo apelo a la experiencia humana: κατὰ ἄνθρωπον λέγω (3,15). El paso a una nueva sección es evidenciado por el vocativo ἀδελφοί y la presencia de los vocablos ἐπαγγελία y σπέρμα[1], prolongándose hasta el final del c.3 para dar paso a otra sección caracterizada por el vocabulario de

1 Las recurrencias de ambos vocablos en la carta son:
ἐπαγγελία: Ga 3,14.16.17.18.18.21.22.29; 4,23.28
σπέρμα: Ga 3,16.16.16.19.29
La recurrencia de ἐπαγγελία en 3,14 que queda fuera de la sección 3,15—29 en realidad funciona como palabra gancho.

κληρονόμος (4,1.7), υἱός (4,4.6.6.7.7) y δοῦλος (4,1.7). Por otra parte, el vocabulario de πίστις, νόμος y 'Αβραάμ el cual era presente en 3,6—14 continúa a ser presente en 3,15—29 indicando así una continuación en la argumentación[2].

La distribución de todo este vocabulario revela un tratamiento del tema de la ἐπαγγελία en confrontación con el de νόμος en una primera parte, y de πίστις y Χριστός en una segunda parte, siendo dado el paso de una a otra en el v.22, y mencionándose al final Χριστός y ἐπαγγελία de manera conjunta (3,29). Y en particular, las etapas del desarrollo de la argumentación son indicadas por: la mención inicial de un enunciado jurídico (3,15) y su aplicación al caso de Abraham (3,16—18); dos preguntas paralelas en torno a la Ley (3,19.21) con sus respectivas respuestas (3,19—20.21—22); una contraposición temporal concerniente a la fe hecha en base a las expresiones πρὸ τοῦ δὲ ἐλθεῖν... ἐλθούσης δὲ... (3,23—25); y una serie de afirmaciones dirigidas a los Gálatas usando la 2 pl. (3,26—29).

El principio invocado en 3,15 y aplicado al caso de Abraham en 3,16—18 da un primer resultado: la estipulación posterior de la Ley no puede invalidar las promesas primeras. Establecido esto, Pablo pasa a plantear entonces el problema de la función y ser de la Ley en sí (3,19—20), para volver de nuevo en 3,21 sobre la relación entre la Ley y las promesas pero de una forma más directa y precisa: *«¿La Ley pues [será] contra las promesas de Dios?»*. El punto a esclarecer es el de una posible oposición entre Ley y promesas. Mas la respuesta es claramente negativa: *«¡de ninguna manera!»*.

En la segunda parte del v.21 se da la razón o explicación (γάρ) de dicha respuesta por medio de una frase en dos partes: una construcción hipotética irreal (3,21b) y luego la constatación de un hecho (3,22).

2 Cf. tabla 2, p. 42.

2.1.2 *Justicia y vivificación*

Por lo que concierne a la primera parte, es decir, al período hipotético: *«pues si fuera dada una ley capaz de vivificar, ciertamente de ley sería la justicia»* (εἰ γὰρ ἐδόθη νόμος ὁ δυνάμενος ζῳοποιῆσαι, ὄντως ἐκ νόμου ἂν ἦν ἡ δικαιοσύνη Ga 3,21b)[3], éste establece una relación de consecuencia lógica entre la prótasis (el darse una ley capaz de vivificar) y la apódosis (una procedencia de la justicia a partir de ley). Mas para Pablo la condición es vista como irreal o sin cumplimiento: no hay una ley capaz de vivificar; quedando por ende también sin cumplimiento la consecuencia: la justicia no procede o deriva de ley.

De lo dicho, nos interesa sobre todo el sentido base dado por la construcción hipotética: si hubiera ley capaz de vivificar, entonces de ley vendría la justicia[4], ya que resulta sumamente relevante para nuestro estudio pues implícitamente se da una estrecha relación entre vida y justicia: si hay vivificación, hay justicia.

En efecto, al estudiar el texto de 2 Co 3,7—9 se encontró que Pablo caracterizaba al ministerio al cual pertenece, como ministerio «del Espíritu» y ministerio «de la justicia». Sin embargo tal corres-

3 Por lo que respecta a la apódosis, el texto presenta no pocas variantes, las cuales sin embargo no cambian el sentido fundamental de la frase: en vez del adverbio ὄντως (*«ciertamente»*), F G leen ἀληθείᾳ (*«en verdad»*); la posición de la partícula ἂν varía (ℵ D² Ψ(*) 0176^vid 𝔐 33.104.218.) o bien es omitida (D* F G 1881 d); y en vez de ἐκ νόμου (ℵ A C D* F G Ψ 𝔐 33.81.104.365.630. 1175.1739.1881.2464 d), algunos testigos leen ἐν νόμῳ (𝔓⁴⁶ B Clem Cyr) o bien lo omiten (88.442.1952 Dam).

Solamente la lectura que lee ἐν νόμῳ crea un poco más de dificultad, dado que es apoyada por dos mss. importantes, mas es de preferir la lectura con ἐκ νόμου a causa de su mejor atestación, y por el paralelismo con ἐκ πίστεως en 3,22; la lectura con el dativo sería originada probablemente a una confusión de ἐκ por ἐν.

4 Es cierto que en 3,21b se tiene a un período hipotético *irreal*, que denota lo dicho en la prótasis como irrealizable, y por ende también lo dicho en la apódosis. Sin embargo, esto no suprime la relación fundamental dada por el período hipotético: *si* A, *entonces* B.

pondencia permanecía oscura pues no se veía como *la justicia pudiera ser* considerada como *derivante del ministerio asociado al Espíritu.*

Ahora bien, el enunciado de Ga 3,21 da una respuesta implícita a esta cuestión: si hay vivificación, hay justicia. Consiguientemente, *si* en 2 Co 3,6 el Espíritu es calificado como de «vivificador», *entonces* es posible asociar al «ministerio del Espíritu» un resultado de «justicia». De ahí la doble designación «ministerio del Espíritu» y «ministerio de la justicia».

Por otro lado sin embargo, si bien el enunciado hipotético de Ga 3,21b nos ayuda a aclarar mejor esta cuestión, también suscita otros problemas, a saber: la comprensión del concepto de justicia en Pablo. En efecto, como se verá en los 2 siguientes incisos, la justicia a la que se refiere Pablo deriva de las promesas y no de la Ley.

2.1.3 Justicia y promesas

Una primera cosa que hay que notar es la relación entre la justicia y las promesas: desconcierta el hecho de que en la razón o explicación de Ga 3,21b no sean mencionadas las promesas de 3,21a y sí en cambio los temas de la justicia y el vivificar los cuales no habían sido mencionados en los 8 vv. precedentes[5]. Aparentemente para Pablo existe una relación estrecha entre *las promesas* y *la justicia*, así como con el hecho de *vivificar*. El problema es que la relación no es evidente, al menos para nosotros.

Si se considera la conexión con la pregunta formulada (3,21a) se infiere que el hecho de que la justicia no derive de ley, constituye la razón al por qué la Ley no se oponga a las promesas: si la justicia derivara de ley, entonces la Ley se opondría a las promesas.

¿Cómo hay que entender el hecho de «oponerse»? Hay dos posibilidades[6]: una directa o activa, en la que la Ley obstaculiza el

5 δικαιοῦται (3,11), ζήσεται (3,11.12).

6 Cf. Vanhoye, *Galati*, 115.

cumplimiento de las promesas. Mas esta posibilidad es desfavorecida por el contexto precedente ya que en 3,15—17 se explica que siendo dada la Ley de manera posterior a la promesa, no puede abolirla; además, a partir de 3,18 se infiere que la promesa depende de Dios, no de la Ley.

Luego entonces, hay que considerar otra posibilidad, la de una oposición indirecta en la que la Ley toma el lugar de las promesas, realizando lo que éstas deberían cumplir. Esta segunda posibilidad es favorecida por el contexto precedente pues en 3,18 se plantea una oposición análoga entre Ley y promesa, en torno al tema de la heredad: *«si la heredad procede de la Ley, no procede ya de la promesa»* (3,18a).

Aceptando por lo tanto esta segunda posibilidad, de la conexión entre 3,21a y 3,21b se puede inferir el hecho de que *la justicia sea considerada como derivante de las promesas.* Esta suposición vendría a explicar la sorprendente coordinación causal (γάρ) hecha por Pablo entre 3,21a y 3,21b: la Ley no se opone a las promesas ya que la Ley no trae o produce la justicia.

Ley	——→	justicia	caso *irreal*
Promesas	——→	justicia	caso inferido como *real*

El texto de Ga 3,14 ofrece una confirmación indirecta a esta suposición ya que ahí se hablaba del Espíritu en términos de promesa: «la promesa del Espíritu», y como se ha visto: a) a partir de Ga 3,21 la justicia puede ser considerada como derivante del Espíritu a causa de su poder vivificador; b) a partir de 2 Co 3 la justicia aparece como resultante del ministerio asociado al Espíritu.

Sin embargo, el suponer a la justicia como derivante de las promesas plantea un gran problema, a saber, la comprensión del concepto de justicia en Pablo, pues lo normal es que la Ley sea dada para traer o producir la justicia.

2.1.4 La vivificación

El problema mencionado surge de la interpretación hecha de la argumentación de Ga 3,21. ¿Hay que rechazar entonces la interpretación propuesta? No parece ser la solución. En Ga 2,16.21 Pablo explícita y categóricamente niega una procedencia de la justificación o justicia a partir de o por medio de la Ley.

Esta particularidad de la justicia paulina, aparece confirmada a partir de la relación lógica de consecuencia dada por la construcción de Ga 3,21b la cual expresa una conexión significativa. Como se había dicho, la construcción hipotética establece una relación de consecuencia lógica entre la prótasis y la apódosis. En nuestro caso: si hubiera ley capaz de vivificar, entonces de ley vendría la justicia. Implícitamente se da una estrecha relación entre vida y justicia: si hay vivificación, hay justicia[7]. Este dato confirma el problema planteado en torno al concepto paulino de justicia, pues el concepto común de justicia no contempla una asociación con una acción de vivificar.

Por otro lado, la frase parece sugerir el que el hecho de vivificar, fuera el punto decisivo de la cuestión, lo que en realidad importaba para Pablo.

Para comprender mejor este hecho, podemos notar primeramente que el verbo usado en Ga 3,21b en relación a la vida es ζῳοποιέω «vivificar», el cual aparece solamente ahí en toda la carta. En el resto del epistolario paulino aparece 6x más, y 4x en el resto del NT. Aparece normalmente en el sentido de dar la vida a quien no vive, volverlo a la vida. Así p.e. es usado en el sentido de resucitar en Jn 5,21; Rm 4,17; 8,11; 1 Co 15,22.36.45; 1 P 3,18. Parece presuponer una situación de muerte; ello es claro en 1 Co 15,36. Y en 3 ocasiones tiene como sujeto al Espíritu: Rm 8,11; 1 Co 15,45; 2 Co 3,6. Según esos textos, el Espíritu posee un poder vivificador: τὸ δὲ πνεῦμα ζῳοποιεῖ (2 Co 3,6).

7 Cf. Dunn, *Galatians*, 193: «*'righteousness'... is equivalent to 'make alive'... 'to reckon righteous' and 'to make alive' are two sides of the same coin*».

Por otro lado, el enunciado de Ga 3,21b presenta como un hecho irreal el que haya sido dada una ley capaz de vivificar. Tal concepción aparecía ya implícita en el mismo texto de 2 Co 3,6 anteriormente mencionado, al atribuir a la letra la característica opuesta al «vivificar»: τὸ... γράμμα ἀποκτέννει, siendo que el contexto sugiere ver en esa «letra» a la Ley dada en el Sínai (cf. 2 Co 3,7).

Sin embargo, una objeción a tal concepción se puede encontrar en la misma carta a los Gálatas, donde en 3,11—12 se menciona el tema de la vida junto con el de la Ley y el de la justicia. Se trata de 2 citas del AT, una de Ha 2,4: Ὁ δίκαιος ἐκ πίστεως ζήσεται, y otra de Lv 18,5: Ὁ ποιήσας αὐτὰ ζήσεται ἐν αὐτοῖς, buscando con ambas citas dar razón del enunciado de 3,11a: ὅτι δὲ ἐν νόμῳ οὐδεὶς δικαιοῦται παρὰ τῷ θεῷ δῆλον.

Si bien el texto de Ga 3,11—12 suscita diversas cuestiones, lo que nos interesa hacer notar es que en la segunda cita se asocian vida y cumplimiento de preceptos de la Ley: *«quien hará estas cosas [scil. los preceptos de la Ley] vivirá en ellos»* (Ga 3,12). Es decir, la Ley parece presentarse como un medio para vivir. ¿Hay una contradicción con Ga 3,21b?

Una posible forma de resolver la aparente contradicción planteada por Ga 3,12 con respecto a 3,21 sería el restar fuerza a la mención del ζήσεται en 3,12. En efecto, hay un consenso en ver en dicha palabra un modo de poner en asociación las 2 citas hechas en 3,11—12; ζήσεται sería la palabra que hace posible formar una *gezerah shawah*[8]. El suponer que fuera de esa función, la mención de «vivirá» en la cita de Ga 3,12 no tuviera otra función, minimizaría la contradicción ya que la intención de Pablo en 3,12 no sería la de tratar el tema de la vida.

8 El término *gezerah shawah* (גזירה שוה) denota una argumentación por analogía basada en la recurrencia de una misma palabra en dos textos de la Escritura. Para un estudio detallado de este tipo de argumentación, cf. M. Mielziner, *Introduction to the Talmud* (New York [5]1968) 142—152.

Otra forma sería decir que la diferencia de verbos evita la contradicción: en 3,21 se habla de «vivificar» (ζωοποιέω), de un volver a vivir; en 3,12 se habla sólo de «vivir» (ζῶ). Si bien son 2 cosas pertenecientes al mismo campo semántico, se da una diferencia[9]; como se decía en un inicio, en el «vivificar» hay que suponer muy probablemente una muerte[10].

En apoyo a esta interpretación se puede decir que en textos como Dt 4,1 y 6,24 donde se habla de un vivir por medio de un cumplimiento de los preceptos de la Ley, la idea es de un continuar viviendo: *«a fin de que vivamos como hasta hoy»* (Dt 6,24; cf. Dt 4,4). Se trata de un preservar a través de la observancia de la Ley una vida ya presupuesta, mas no un pasar de la muerte a la vida. En Rm 7,1 Pablo precisa un aspecto de la Ley que coincide con esta relación entre ley y vida: la Ley tiene sentido sólo en el caso de que haya ya vida.

En cambio, en Rm 5,17.21 hablando de la justicia y de la vida asociada a ella, la vida es presentada *en antítesis a una muerte* que es asociada al pecado. Además, se califica a la vida como de «eterna» (5,21), expresión que posee una matiz soteriológico, y que es presente también en la idea de «vivificación»[11].

Y el texto de Rm 8,10—11 menciona conjuntamente al Espíritu, la vida y la justicia, *en antítesis con la muerte* y el pecado: τὸ μὲν σῶμα νεκρὸν διὰ ἁμαρτίαν τὸ δὲ πνεῦμα ζωὴ διὰ δικαιοσύνην (v.10), y adjudicando un poder «vivificador» al Espíritu: ...ζῳοποιήσει καὶ τὰ θνητὰ σώματα ὑμῶν διὰ τοῦ ἐνοικοῦντος αὐτοῦ πνεύματος ἐν ὑμῖν (v.11).

La mayor abundancia de textos en apoyo a la segunda explicación la favorecen[12]: la Ley no vivifica pues presupone la vida; en Ga 3,21b Pablo sólo expresa la primera idea en forma negativa o irreal. Y dado que el hecho de vivificar está en estrecha asociación

9 Cf. 1 Co 15,45: ...Ἐγένετο ὁ πρῶτος ἄνθρωπος Ἀδὰμ εἰς ψυχὴν ζῶσαν, ὁ ἔσχατος Ἀδὰμ εἰς πνεῦμα ζῳοποιοῦν.

10 Cf. 1 Co 15,36; Rm 4,17.

11 Cf. R. Bultmann, "ζάω, ζωοποιέω", TWNT II, 858, 876.

12 La cuestión será retomada más adelante: p. 165—167.

con el de otorgar la justicia —así la construcción hipotética de 3,21b— luego entonces *la justicia no puede derivar de la Ley.*

Esta interpretación viene a confirmar la conclusión obtenida anteriormente en relación al concepto paulino de la justicia: por el hecho de asociarla a una vivificación y negarla a partir de una ley, hay que ver en la idea de justicia paulina un concepto diferente del comúnmente utilizado el cual considera a la justicia como resultado de la práctica de una ley y sin conexión con una acción de vivificar. Pablo se mueve en otras categorías que habría que precisar con la ayuda de otros textos, principalmente Rm 3,21 donde se habla de una «justicia de Dios» la cual se ha «manifestado» habiendo sido «atestiguada por la Ley y los profetas».

2.1.5 Conclusiones

El enunciado hipotético de Ga 3,21 establece implícitamente una relación de consecuencia lógica entre el hecho de vivificar y la justicia: si hay vivificación, hay justicia. Tal relación ayuda a aclarar la interrogante planteada a partir del estudio de 2 Co 3,7—9, a saber: cómo la justicia pueda ser asociada al Espíritu. En efecto, por el hecho de adjudicarse un poder vivificador al Espíritu (2 Co 3,6), se le puede adjudicar también una justicia derivante (2 Co 3,7.9)[13].

Por otro lado, si bien se concluye una estrecha relación entre el hecho de vivificar y el de la justicia, a la Ley se le niega una asociación positiva con ambas cosas: no vivifica y por ende no da la justicia. Consiguientemente, se intuye un concepto paulino de la justicia diverso del común (considerar a la justicia como un producto de la ley y sin ser asociada a una acción de vivificar).

Más bien, de la relación entre Ga 3,21a y Ga 3,21b resulta que implícitamente se considera a la justicia como derivante de las promesas; y de la confrontación con otros textos —en especial Ga

13 Cf. Dunn, *Galatians*, 193: «*That is to say, 'righteousness' describes the status before God of one who has been 'made alive' by his Spirit*».

3,11— el hecho de vivificar parece tener que entenderse en sentido pleno, distinguiéndolo de un simple mantener una vida ya existente.

2.2 Romanos 5

La relación entre la vida y la justicia aparece de nuevo en Rm 5 en tres ocasiones (5,17.18.21) siendo ésta presentada de manera *explícita*, a diferencia del enunciado negativo o irreal de Ga 3,21. Un estudio de estos versículos es por lo tanto necesario para una mejor comprensión de la relación entre la justificación y la vida, y consiguientemente con el Espíritu.

2.2.1 Contexto y delimitación

La posición y función del c.5 en la carta a los Rm ha sido una cuestión muy discutida[14], si bien la mayoría de los comentadores se inclinan por asociar el c.5 con los sucesivos (6—8) y no con los precedentes (1—4). Nos limitamos a señalar solamente que la presencia del vocabulario de δικαιοσύνη que aparece de forma repetida a partir de 3,20 indica una conexión del c.5 con los precedentes; y la presencia del vocabulario asociado a θάνατος/ἀποθνήσκω, ἁμαρτία y ζωή que aparece en el c.5 y continúa en los c.6—8 indica una conexión del c.5 con ellos:

14 Cf. J.N. Aletti, *Comment Dieu est-il juste?* Clefs pour interpréter l'épître aux Romains (Paris 1991) 38; J.D.G. Dunn, *Romans 1—8* (WBC 38A; Dallas, TX 1988) 242; D.J. Moo, *The Epistle to the Romans* (NICNT; Grand Rapids MI 1996) 32; U.Wilckens, *Der Brief an die Römer* (EKKNT; Neukirchen-Vluyn 1978) VI/1,17.

δικαιοσύνη:	1,17; 3,5.21.22.25.26; 4,3.5.6.9.11.11.13.22; *5,17.21*; 6,13.16.18.19.20; ...
δικαιόω:	2,13; 3,4.20.24.26.28.30; 4,2.5; *5,1.9*; 6,7; ...
δίκαιος:	1,17; 2,13; 3,10.26; *5,7.19*; 7,12...
θάνατος:	1,32; *5,10.12.12.14.17.21*; 6,3.4.5.9.16..21.23; 7,5.10.13.13.24; 8,2.6.38
ἀποθνήσκω:	*5,6.7.7.8.15*; 6,2.7.8.9.10.10; 7,2.3.6.10; 8,13.34; 14,7...
ἁμαρτάνω:	2,12.12; 3,23; *5,12.14.16*; 6,15
ἁμαρτῆμα:	3,25
ἁμαρτία:	3,9.20; 4,7.8; *5,12.12.13.13.20.21*; 6,1.2.6.6.7.10.11.12.13.14.16.17.18.20..22.23; 7,5.7.7.8.8.9.11.13.13.13.14.17.20.23.25; 8,2.3.3.3.10; 11,27; 14,23
ἁμαρτωλός:	3,7; *5,8.19*; 7,13
ζῶ:	1,17; 6,2.10.10.11.13; 7,1.2.3.9; 8,12.13.13; 9,26...
ζωή:	2,7; *5,10.17.18.21*; 6,4.22.23; 7,10; 8,2.6.10.38; 11,15

Por lo que se refiere a la unidad del c.5 en sí, ésta es indicada por el vocabulario asociado a δικαιοσύνη y los vocablos ἀποθνήσκω y θάνατος mencionados antes, los vocablos Ἰησοῦς y Χριστός, así como por la repetición de la expresión πολλῷ μᾶλλον:

Ἰησοῦς:	... 3,26; 4,24; *5,1.11.15.17.21*; 6,3.11.23...
Χριστός:	... 3,24; *5,1.6.8.11.15.17.21*; 6,3.4.8.9.11...
πολλῷ μᾶλλον:	*5,9.10.15.17*

y la inclusión hecha con ...διὰ τοῦ κυρίου ἡμῶν Ἰησοῦ Χριστοῦ (5,1) y ...διὰ Ἰησοῦ Χριστοῦ τοῦ κυρίου ἡμῶν (5,21).

Y en cuanto a la división del c.5, hay que ver una entre 5,1—11 y 5,12—21 siendo ella sugerida por un cambio en el uso de persona (la 1a. pl. que predomina en 5,1—11 desaparece en 5,12—21), así como por la presencia de los vocablos ἄνθρωπος, εἷς, οὕτως y el vocabulario de ἁμαρτία en 5,12—21 (cf. tabla 3, p. 88).

Una ulterior división entre 5,12—14 y 5,15—21 es a su vez sugerida por el uso de la construcción comparativa ὡς/ὥσπερ... οὕτως καί... (5,15.18.19.21) así como por la presencia de los vocablos παράπτωμα, πολύς, ζωή y el vocabulario asociado a δικαιοσύνη y χάρις (cf. tabla 3).

	cap. 5													
	10	11	12	13	14	15	16	17	18	19	20	21	1	2
ἁμαρτάνω			1		1									
ἁμαρτία			2	2							1	1	1	1
ἁμαρτωλός										1				
ἄνθρωπος	1		2		1			1				1		
εἷς			1			2	2	3	2	2				
οὕτως			1			1			1	1		1		
ὡς/ὥσπερ						1			1	1		1		
παράπτωμα						2	1	1	1		1			
πολύς	1					3	1	1		2				
ζωή	1							1	1			1		
δικαίωμα							1		1					
δικαιοσύνη								1				1		
δικαίωσις									1					
δίκαιος										1				
χάρις						2		1			1	1	1	
χάρισμα						1	1							

Tabla 3: Vocabulario relevante en 5,12—21[15]

En cuanto a la temática, si bien no hay un consenso entre los comentadores por lo que se refiere al c.5[16], los indicios de vocabulario

15 Los versículos 5,10—11 y 6,1—2 han sido añadidos para una mejor apreciación de los límites de la sección.

16 Cf. Cranfield, *Romans I,* 255.

señalados antes revelan como importantes los temas en torno a Cristo, la justicia/justificación, el pecado y la muerte.

Por lo que se refiere en particular a la composición de la sección 5,15—21, la repetición estructurante de la expresión ὡς/ὥσπερ... οὕτως καί... (5,15.18.19.21) indica la presentación de una comparación entre dos cosas como el hilo conductor de la sección; más precisamente, una comparación que pone en relieve la diferencia de situaciones entre dos cosas: παράπτωμα y χάρισμα (5,15), siendo estas dos realidades aludidas de diversas formas, sea bajo la mención de ἁμαρτία como de χάρις, δωρεά y δώρημα:

5,15: Ἀλλ᾽ οὐχ ὡς τὸ παράπτωμα,	οὕτως καὶ τὸ <u>χάρισμα</u>
εἰ γὰρ τῷ... παραπτώματι...	πολ. μᾶλ...ἡ <u>δωρεὰ</u> ἐν <u>χάριτι</u>
5,16: καὶ οὐχ ὡς δι᾽ ἑνὸς ἁμαρτήσαντος	τὸ <u>δώρημα</u>
5,20: ἵνα πλε. τὸ παράπτωμα...ἡ ἁμαρτία,	ὑπερεπερίσ. ἡ <u>χάρις</u>
5,21: ἵνα ὥσπερ... ἡ ἁμαρτία...	οὕτως καὶ ἡ <u>χάρις</u>

A partir de la diferencia de cualidad entre esas dos realidades, la serie de razonamientos *a fortiori* (εἰ γάρ ... πολλῷ μᾶλλον... 5,15.17) lleva a concluir una mayor abundancia (ἐπερίσσευσεν) o beneficio (ἐν ζωῇ βασιλεύσουσιν) resultante del elemento positivo.

De las múltiples cuestiones que suscita el texto, nos concentraremos solamente en el estudio de la relación entre los temas de la vida y la justicia en estos versículos.

2.2.2 *Justicia y vida en Rm 5,17*

2.2.2.1 *El don de la justicia*

La justicia es mencionada en el v.17 acompañada de otros sustantivos formando una llamativa expresión: τὴν περισσείαν τῆς χάριτος καὶ τῆς δωρεᾶς τῆς δικαιοσύνης[17]. Esta construcción que sorprende

17 El texto presenta diversas variantes, debido a la secuencia de los genitivos:

por su tamaño, es mejor entendida si se considera la relación del v.17 con los vv. 15 y 16 pues ella constituye en realidad una derivación de lo dicho en ellos:

Dado que la *«gracia dada»* (χάρισμα 5,15) o *«don»* (δώρημα 5,16)[18], partiendo de muchos delitos, resulta en *«justificación»* (δικαίωμα v.16), tal *«don gratuito»* (τῆς χάριτος καὶ τῆς δωρεᾶς 5,17)[19] puede caracterizarse como *«de la justicia»* (τῆς δικαιοσύνης 5,17), sea en el sentido de que el don mismo es la justicia[20] (como lo sugiere 5,17), sea en el sentido de un don que resulta en justificación[21] (como lo sugiere 5,16); mas ambas interpretaciones lejos de

τὴν περισ. τῆς χάρ. καὶ τῆς δωρεᾶς	τῆς δικ.	$\mathfrak{P}^{46}$ ℵ A C D G K P 33.81^{vid} 181 614 *Byz Lect* d e f g bo fay ar
τὴν περισ. τῆς χάρ. καὶ τὴν δωρεὰν	τῆς δικ.	6.88.104.330.1984 Or^{lat} Thphyl
τὴν περισ. τῆς χάρ. καὶ τῆς δωρεᾶς καὶ τῆς δικ.		Ψ 0221.365.2495 lat sy Theod
τὴν περισ. τῆς χάρ. καὶ	τῆς δικ.	B Ir^{lat} sa Amb Agu Ephr
τὴν περισ. τῆς χάρ. καὶ τῆς δωρεᾶς		C

La primera lectura es favorecida por la crítica externa, y se presenta también como *lectio difficilior*, a la vez que explica mejor a las demás a causa de su secuencia de genitivos: las otras lecturas habrían surgido como mejoras estilísticas, añadiendo un καί, cambiando el gn en ac (τὴν δωρεάν), o bien omitiendo palabras (τῆς δωρεᾶς καί), o bien como una asimilación al v.15 al omitir τῆς δικαιοσύνης.

18 Estos dos vocablos (χάρισμα, δώρημα) viene a denotar una misma cosa, como lo sugiere su posición en la frase (5,16) y la hendíadis de τῆς χάριτος καὶ τῆς δωρεᾶς en 5,17.

19 La expresión τῆς χάριτος καὶ τῆς δωρεᾶς en 5,17 es semitizante (hendíadis: figura en la que dos palabras denotan una misma cosa); cf. Rm 3,24; Wilckens, *Römer*, VI/1,322 n.1077 . Sobre la figura de hendíadis, se puede ver p.e.: E.W. Bullinger, *Figures of Speech Used in the Bible* (Grand Rapids, MI 1898) 657—671; Zerwick, *Graecitas* §460.

20 Es decir, entender el gn. τῆς δικαιοσύνης de 5,17 como epexegético. Cf. Cranfield, *Romans I*, 284; Wilckens, *Römer*, VI/1,325. En este caso, es probable que δωρεά haya sido añadido para poder poner τῆς διακιοσύνης, pues con χάρις no se da nunca un gn. de contenido o epexegético.

21 Es decir, entender el gn. τῆς δικαιοσύνης de 5,17 como denotando un resultado

oponerse, constituyen en práctica una misma cosa. Consiguientemente, la expresión ἡ χάρις... καὶ ἡ δωρεά... ἐπερίσσευσεν del v.15 puede ser expresada como un τὴν περισσείαν τῆς χάριτος καὶ τῆς δωρεᾶς τῆς δικαιοσύνης en el v.17[22].

Por lo demás, el interpretar el don gratuito como «don de la justicia», recibe un apoyo en la contraposición de δικαίωμα con παράπτωμα en 5,18 y de δίκαιος con ἁμαρτωλός en 5,19:

5,18: ὡς δι' ἑνὸς παραπτώματος... οὕτως καὶ δι' ἑνὸς δικαιώματος...
5,19: ὥσπερ... ἁμαρτωλοὶ κατεστάθησαν...οὕτως καὶ...δίκαιοι κατ.

siendo que παράπτωμα es contrapuesta a χάρισμα en 5,15, y ἁμαρτία es contrapuesta a χάρις en 5,20.21:

5,15: οὐχ ὡς τὸ παράπτωμα, οὕτως καὶ τὸ χάρισμα
5,20: οὗ δὲ ἐπλεόνασεν ἡ ἁμαρτία, ὑπερεπερίσσευσεν ἡ χάρις
5,21: ἵνα ὥσπερ ἐβασίλευσεν ἡ ἁμαρτία... οὕτως καὶ ἡ χάρις βασ.

Es decir, que en contraposición a la idea del pecado (ἁμαρτία, ἁμαρτωλός, παράπτωμα), se menciona tanto la idea de la gracia (χάρις, χάρισμα) como la de la justicia (δίκαιος, δικαίωμα).

Por otro lado, tal don en la gracia mencionado en 5,15, y precisado como don de la justicia en 5,17, es de asociarse a Dios y a Jesucristo: así lo indica la frase de 5,15b: ἡ χάρις τοῦ θεοῦ καὶ ἡ δωρεὰ ἐν χάριτι τῇ τοῦ ἑνὸς ἀνθρώπου Ἰησοῦ Χριστοῦ, entendiendo los genitivos τοῦ θεοῦ y τοῦ ... Ἰησοῦ Χριστοῦ como genitivos subjetivos.

(como p.e. el gn. en Jn 6,35: ὁ ἄρτος τῆς ζωῆς [cf. 6,33]).

22 Esta conexión del v.15 con el v.17 se percibe además en el hecho de que la mención de οἱ πολλοὶ ἀπέθανον en la prótasis del v.15, tenga una mejor correspondencia con la mención de ἐν ζωῇ βασιλεύσουσιν en la apódosis del v.17, y no con la de εἰς τοὺς πολλοὺς ἐπερίσσευσεν en la apódosis del v.15.

¿Cómo hay que entender la diferencia entre que ἡ χάρις sea asociada a Dios, y ἡ δωρεά a Cristo[23]? Tal vez haya que ver en la «*gracia*» la manera en que Dios actúa, y en el «*don*» a la manifestación de esa gracia[24]. De cualquier modo, una cosa es clara: el don gratuito (ἡ δωρεὰ ἐν χάριτι) es asociado a Jesucristo.

Ahora bien, esta concepción del don de la justicia asociado a Cristo, coincide con la presentada en Ga 2 en torno a la justificación, al ser ésta presentada como a partir de la fe en Jesucristo (Ga 2,16). En efecto, en Rm 5 se menciona un carácter de gratuidad y de don: el don de la justicia en *la gracia de Jesucristo*, y en Ga 2 una asociación con la fe: la justificación en virtud de *la fe en Jesucristo*; mas la fe presenta una afinidad con el aspecto de *gratuidad*, al ser disociada de un cumplimiento de los preceptos de la Ley (cf. Rm 4,13.16; 5,2; Ef 2,8—9).

2.2.2.2 *Justicia y vida*

1. *La relación entre justicia y vida*. La justicia es presentada en estrecha asociación con la vida: los que reciben el don de la justicia reinarán en vida (5,17b). Tal asociación empero es presentada en dependencia lógica de otro hecho: el que la muerte haya reinado por causa de uno (5,17a). La construcción *a fortiori* establece que si esto último mencionado acaeció, con mayor razón lo otro.

Si atendemos al primer enunciado (5,17a), se tiene que la asociación presentada es entre el delito de uno y la muerte resultante; más precisamente: el delito de uno como causa o medio[25] del que la muerte haya reinado[26]. Esta situación sugiere interpretar paralelamente la relación entre la recepción del don de la justicia y el

23 Es decir, el «*don*» (ἡ δωρεά), dado «*en la gracia de un hombre Jesucristo*» (ἐν χάριτι τῇ τοῦ ἑνὸς ἀνθρώπου Ἰησοῦ Χριστοῦ), leyendo χάριτι con lo que le sigue, como lo sugiere la mención de τῇ después de χάριτι (cf. Cranfield, *Romans I*, 285).

24 Moo, *Romans*, 335 n.96.

25 Interpretando el dativo τῷ παραπτώματι como un dativo de causa instrumental.

26 Cf. Rm 5,12: ...διὰ τῆς ἁμαρτίας ὁ θάνατος [εἰσῆλθεν].

reinar en vida (5,17b): el recibir el don de la justicia tiene como consecuencia un reinar en vida. La mención de ...διά δικαιοσύνης εἰς ζωὴν αἰώνιον en 5,21 apoya esta interpretación[27].

Por otro lado, esta relación entre la recepción del don de la justicia y el consiguiente reinar en vida, se encuentra en consonancia con la relación lógica implícita entre justicia y vida concluida a partir de Ga 3,21: si hay vivificación, hay justicia[28].

2. *Carácter vivificante.* Sin embargo hay una diferencia: en Ga 3,21 se habla de "vivificar"; en Rm 5,17 se habla de "reinar en vida" ¿Hay una referencia a una misma realidad?

Si se atiende al contexto, la respuesta es afirmativa: en efecto, en 5,17 en antítesis al ἐν ζωῇ βασιλεύσουσιν se tiene ὁ θάνατος ἐβασίλευσεν lo cual sugiere entender el *«reinarán en vida»* como una vivificación; ello es apoyado por la similitud con la situación antitética presentada en 5,15 asociada también al hecho de la transgresión (παράπτωμα): οἱ πολλοὶ ἀπέθανον.

Rm 5,15: ...εἰ γὰρ τῷ τοῦ ἑνὸς παραπτώματι <u>οἱ πολλοὶ ἀπέθανον</u>...
Rm 5,17: εἰ γὰρ τῷ τοῦ ἑνὸς παραπτώματι <u>ὁ θάνατος ἐβασίλευσεν</u>...

3. *El uso del futuro.* En fin, resta por añadir que la presencia del futuro βασιλεύσουσιν de 5,17 denotando una acción a realizarse en el futuro podría indicar entender dicha vida también referida al futuro; empero, la construcción lógica dada por el *a fortiori* impide determinar con certeza si hay un sentido sólo lógico o también temporal en ese futuro.

27 El hecho de que se añada el διὰ τοῦ ἑνὸς Ἰησοῦ Χριστοῦ al final del v.17 en relación al reinar en vida no se opone a esta suposición pues el don gratuito de la justicia (v.17), no es sino el don en la gracia de Jesucristo (v.15). Más bien esta precisión final viene a enfatizar el carácter de medio o causa de Jesucristo, en forma global: es por El que se obtiene tanto el reinar en la vida como el don o gracia que hace posible ello.

28 P. 85.

Ahora bien, si se atiende al contexto posterior, se tiene que en 5,21 se habla también de «reinar» así como de una «vida», mas siendo calificada como de «eterna»: εἰς ζωὴν αἰώνιον.

Rm 5,17: τῆς χάριτος...τῆς δικαιοσύνης λαμβάνοντες ἐν ζωῇ βασ.
Rm 5,21: ἡ χάρις βασιλεύσῃ διὰ δικαιοσύνης εἰς ζωὴν αἰώνιον...

El hecho de que en ambos versículos recurran temas similares: θάνατος, χάρις, βασιλεύω, δικαιοσύνη, διὰ Ἰησοῦ Χριστοῦ, y que el v.21 se presente como final de la sección, favorecen hacer una aproximación entre 5,17 y 5,21.

Asimismo, en Rm 6,23 se menciona una «vida eterna» asociada a la «gracia» en un contexto bastante similar:

Rm 6,23: τὰ γὰρ ὀψώνια τῆς ἁμαρτίας θάνατος,
τὸ δὲ χάρισμα τοῦ θεοῦ ζωὴ αἰώνιος ἐν Χριστῷ Ἰησοῦ.

Tanto en Rm 5,17 como en 5,21 y 6,23 la mención de la «vida» es puesta en contraposición con una muerte asociada al «delito» (5,17) o al «pecado» (5,21; 6,23), dos realidades similares.

Y también en el texto de Tt 3,7, si bien perteneciente a una carta contestada en cuanto a su autenticidad, es interesante por el hecho de mencionar en Tt 3,7 una «justificación» asociada a la «gracia» y una «vida eterna», temas que aparecen también en Rm 5,17.21, mas con la particularidad de que la vida eterna posee una connotación futura dada la mención de la «esperanza»[29] así como del ser «herederos»:

Tt 3,7: ἵνα δικαιωθέντες τῇ ἐκείνου χάριτι
κληρονόμοι γενηθῶμεν κατ' ἐλπίδα ζωῆς αἰωνίου.

29 La expresión en sí puede indicar el que la vida eterna sea considerada como «esperanza», o bien que los justificados llegen a ser constituidos herederos «en esperanza» (cf. G.W. Knight, *The Pastoral Epistles* (NIGTC; Grand Rapids MI 1992) 347); mas la expresión de Tt 1,2: ἐπ' ἐλπίδι ζωῆς αἰωνίου *«sobre [la] esperanza de vida eterna»* favorece la primera interpretación.

Sin embargo, tal connotación futura es puesta en cuestión, si se consideran los textos de Col 2,13 y Ef 2,1.5 los cuales presentan un contexto de «muerte» asociada a la «transgresión» o al «pecado», en antítesis a una situación de «vida» asociada a Cristo, similar a la de Rm 5,17:

Col 2,13: καὶ ὑμᾶς νεκροὺς ὄντας ἐν τοῖς παραπτώμασιν...
συνεζωοποίησεν ὑμᾶς σὺν αὐτῷ...

Ef 2,1: καὶ ὑμᾶς ὄντας νεκροὺς τοῖς παραπτώμασιν
καὶ ταῖς ἁμαρτίαις
Ef 2,5: καὶ ὄντας ἡμᾶς νεκροὺς τοῖς παραπτώμασιν
συνεζωοποίησεν τῷ Χριστῷ

Rm 5,17: εἰ γὰρ τῷ τοῦ ἑνὸς παραπτώματι ὁ θάνατος ἐβασίλευσεν...
...ἐν ζωῇ βασιλεύσουσιν διὰ τοῦ ἑνὸς Ἰησοῦ Χριστοῦ.

Estos dos últimos textos, si bien pertenecientes también a cartas contestadas en cuanto a su autenticidad, en especial la de Efesios, apoyan el ver una idea de «vivificación» implícita en la mención del «reinar en vida» de Rm 5,17 dado su contexto de antítesis con respecto a una muerte asociada al pecado.

Pero lo que nos interesa notar ahora es que en estos dos textos se usa un aoristo indicativo para denotar la vivificación (συνεζωοποίησεν), siendo que en Rm 5,17 el contexto es de una situación futura. Y si se consideran las recurrencias del verbo ζωοποιέω en futuro en Rm 8,11 y 1 Co 15,22, la diferencia parece más clara.

Esta observación nos lleva a formular entonces la siguiente suposición: al parecer, en el epistolario paulino y deuteropaulino se contempla el proceso de salvación entendida como vida, bajo diversos aspectos. En efecto, así como p.e. el verbo σῴζειν es usado en todos los tiempos: en presente (1 Co 1,18; 2 Co 2,15), en futuro (Rm 5,9; 1 Co 3,15; 5,5), en aoristo (Rm 8,24; Tt 3,5), en perfecto (Ef 2,5.8), indicando así que la salvación ha sido ya realizada, es actual, pero espera aún su consumación futura; se puede suponer la misma situación en relación a la vida recibida: ésta ha sido recibida ya en Cristo (Col 2,13; Ef 2,5), se posee en el presente (Rm 6,11) y debe ser continuada (Rm 6,4), en espera de llegar a su plenitud en el futuro (Rm 5,21; 8,11; 1 Co 15,22).

2.2.3 Justificación, vida y condenación en Rm 5,18

El v. 18 aparece como recapitulación de lo anterior a la vez que una continuación en el discurso; indicio de ello se tiene en el hecho de que el v.18 retome temas presentes en los vv. precedentes[30] tales como δι' ἑνός (5,12.16.17), παραπτώματος (5,15.16.17), εἰς πάντας ἀνθρώπους (5,12), εἰς κατάκριμα (5,16), δικαίωμα (5,16), ζωή (5,17), y los comparativos ὡς... οὕτως καί... (5,15), y en el hecho de que inicie de manera conclusiva (ἄρα οὖν).

En particular, el tema de la justicia aparece mencionado dos veces, una bajo la mención de δι' ἑνὸς δικαιώματος y otra en conexión con la vida: εἰς δικαίωσιν ζωῆς. Es propio esta doble mención de la justificación en 5,18 lo que llama la atención: se menciona una justificación de Cristo (δι' ἑνὸς δικαιώματος) y otra resultante (εἰς δικαίωσιν) la cual tiene como destinatarios a *«todos los hombres»* (εἰς πάντας ἀνθρώπους) y dando como fruto una situación de vida (ζωή) (cf. 5,17).

El estudio del v.18 nos ayuda a confirmar la relación entre la justificación y la vida deducida a partir del v.17[31], y nos proporciona mayor luz en torno al concepto de «reinar en vida», así como sobre su semejanza con el concepto de «vivificar»[32].

30 Cf. Dunn, *Romans 1—8*, 283.

31 De ello se tratará en los dos primeros incisos 2.2.3.1 y 2.2.3.2.

32 De ello se tratará en el tercer inciso 2.2.3.3.

2.2.3.1 *La justificación de Cristo*

Por lo que se refiere a la primera mención (δι' ἑνὸς δικαιώματος), es discutida la especificación del género de ἑνός ya que puede ser tomado como un masculino (*«por la obra de justicia de uno solo»*) o un neutro (*«por una sola obra de justicia»*), tanto en la expresión que nos concierne (δι' ἑνὸς δικαιώματος) como en la de la primera mitad del versículo (δι' ἑνὸς παραπτώματος). La presencia de variantes revela esta dificultad[33].

El contexto parece favorecer la primera opción pues tanto en el v.17 como en el v.18 el ἑνός es masculino, refiriéndose respectivamente a dos hombres: Adán (cf. 5,12.14) y Cristo (cf. 5,15.17)[34]. Por otra parte sin embargo, el hecho de que ἑνὸς vaya unido a διά favorece la segunda opción. De cualquier modo, el sentido en esencia no cambia, pues en ambos casos el contraste se mantiene entre εἶς / ἕν y πάντα.

Y en cuanto al significado de δικαίωμα, éste es todavía más discutido. Probablemente hay que entenderlo como el resultado de una acción (sufijo –μα) de justificar (verbo δικαιόω)[35]; algo así como un «cumplimiento» dado el paralelismo antitético con la «trasgresión» (παράπτωμα)[36] del v.18a, o como la «obediencia»

33 δι' ἑνὸς παραπτώματος...ο. κ. δι' ἑνὸς δικαιώματος A B C
δι' ἑνὸς ἀνθρώπου παραπτώματος...ο. κ. δι' ἑνὸς δικαιώματος ℵ* *pc*
δι' ἑνὸς τὸ παράπτωμα... ο. κ. δι' ἑνὸς τὸ δικαίωμα D G 69 sy^{p} co
δι' ἑνὸς τὸ παράπτωμα... ο. κ. δι' ἑνὸς καὶ δικαίωμα F
La primera lectura tiene mejor apoyo en los mss. y es la que mejor explica las otras lecturas: la segunda sería debida a un deseo de precisar el agente de la trasgresión, y la tercera y cuarta a un deseo de clarificación al evitar la sucesión de genitivos, y donde la adición de καί en la cuarta sería a causa de un error escribal debido al καί precedente.

34 Cf. Cranfield, *Romans I*, 289.

35 Cf. 5,16: εἰς δικαίωμα.

36 παράπτωμα: < παρα - πίπτω - μα; es decir: "caída, fallo, trasgresión, falta".

(ὑπακοή) del v.19b[37] en contraposición a la «desobediencia» (παρακοή) del v.19a:

5,18: ὡς δι' ἑνὸς παραπτώματος...
οὕτως καὶ δι' ἑνὸς δικαιώματος
5,19: ὥσπερ...διὰ τῆς παρακοῆς τοῦ ἑνός...
οὕτως καὶ διὰ τῆς ὑπακοῆς τοῦ ἑνὸς

es decir, como el resultado de una acción realizada según la voluntad de Dios[38] (cf. Rm 6,16).

Y a esto hay que añadir una connotación salvífica, dada la contraposición con la «condenación» (κατάκριμα) de 5,16 y que lleva a la muerte (cf. 5,17); es decir, hay que entender a δικαίωμα en el sentido del resultado de una acción según la voluntad de Dios, de un cumplimiento de un designio divino[39], y que tiene como consecuencia el dar vida.

Por otra parte, esta interpretación de δικαίωμα nos lleva a plantear otra cuestión: en la justificación de 5,18, ¿hay que ver una justificación realizada por Cristo[40], o bien una justificación de la cual ha sido objeto Cristo[41]?

El entender a la justificación en el sentido de un cumplimiento u obediencia, a primera vista favorece el considerar una justificación realizada por Cristo. Empero, dado que en otros textos se menciona a Dios como el agente de la justificación (Rm 3,30; 8,33; Ga 3,8), se podría pensar también en la segunda posibilidad mencionada, a saber: una justificación de la cual ha sido objeto Cristo.

37 Así Lagrange, *Romains*, 111. Cf. también: Moo, *Romans*, 341 n.127; Murray, *Romans*, 201; Schlier, *Römerbrief*, 173.

38 Cf. A. Leenhardt, *L'épître de Saint Paul aux Romains* (CNT; Genève 1995^{3}) 86.

39 Cf. G. Schrenk, "δικαίωμα", TWNT II, 226; Mt 3,15.

40 Es decir, si se toma a ἑνός como pronombre masculino, considerar el gn. en ἑνὸς δικαιώματος como subjetivo.

41 Es decir, si se toma a ἑνός como pronombre masculino, considerar el gn. en ἑνὸς δικαιώματος como objetivo.

En efecto, incluso en 1 Tm 3,16 se menciona el verbo justificar en forma pasiva y teniendo como sujeto a Cristo: ἐδικαιώθη[42] ἐν πνεύματι[43].

Y dado que en este texto la justificación de Cristo puede ser entendida como su resurrección (cf. Rm 1,4)[44], se podría pensar en interpretar de igual manera la justificación de Cristo mencionada en Rm 5,18: como su resurrección[45]; es decir: una justificación de la cual ha sido objeto Cristo.

En este sentido, es interesante notar que en Rm 4,25 se menciona a la resurrección de Cristo como realizada en vista de nuestra justificación:

Rm 4,25: ὃς παρεδόθη διὰ τὰ παραπτώματα ἡμῶν
καὶ ἠγέρθη διὰ τὴν δικαίωσιν ἡμῶν.

siendo que en Rm 5,18 la justificación de Cristo es presentada como causa de nuestra justificación.

42 Algunos manuscritos presentan un pronombre neutro (ὅ) como sujeto, sin embargo, la mejor atestación es para la lectura con el masculino (ὅς) aludiendo a Cristo: *«El... justificado en el Espíritu»*, lectura apoyada también por la crítica interna: el cambio de género la presenta como *lectio difficilior*, mas explicada como perteneciente a un texto hímnico o litúrgico [cf. W. Lock, *The Pastoral Epistles* (ICC; Edinburgh 1936) 44—45].

43 Cf. también 1 Co 6,11: ...ἐδικαιώθητε... ἐν τῷ πνεύματι τοῦ θεοῦ...; donde se expresa una justificación por medio del Espíritu, si bien en ese caso referida a los creyentes

44 Cf. Knight, *Pastoral*, 184—185; C. Spicq, *Les épîtres pastorales* (EB; Paris 1969) I, 472—473; B. Schneider, "Κατὰ Πνεῦμα Ἁγιωσύνης (Rm 1,4)", *Bib* 48(1967)359—387.

45 Si bien sin pertenecer al epistolario paulino, el texto de 1 P 3,18 presenta una similitud de expresiones con 1 Tm 3,16, de forma tal que el uso del verbo «justificar» en un texto y «vivificar» en el otro, sugiere una asociación entre justificación y vivificación de Cristo, y por ende entre justificación y resurrección:

1 Tm 3,16: ὃς ἐφανερώθη ἐν σαρκί, ἐδικαιώθη ἐν πνεύματι...
1 P 3,18: ...θανατωθεὶς μὲν σαρκὶ ζῳοποιηθεὶς δὲ πνεύματι...

Por lo demás, es significativo que la otra única recurrencia de δικαίωσις en el

Y si bien sin pertenecer al epistolario paulino, el texto de 1 P 3,18 presenta una similitud de expresiones con 1 Tm 3,16, de forma tal que el uso del verbo «justificar» en un texto y «vivificar» en el otro, sugiere una asociación entre justificación y vivificación de Cristo, y por ende entre justificación y resurrección:

1 Tm 3,16:	ὃς ἐφανερώθη	ἐν σαρκί,	ἐδικαιώθη	ἐν πνεύματι
1 P 3,18:	...θανατωθεὶς	μὲν σαρκὶ	ζῳοποιηθεὶς	δὲ πνεύματι

Esta asociación propuesta entre la justificación de Cristo y su resurrección, si bien al parecer desconcierta, tiene un apoyo en la estrecha relación que se ha encontrado entre justicia y vida: en efecto, la vida aparece como consecuencia de la justificación o bien identificada[46] con ella (Rm 5,18), de manera que la resurrección de Cristo (vivificación)[47] puede ser vista como consecuencia de su justificación o identificada con ella[48].

Sin embargo, en Rm 5,18 el paralelismo entre παράπτωμα y δικαίωμα favorece ampliamente la primera interpretación: la justificación mencionada en Rm 5,18 debe ser entendida en el sentido del resultado de una acción realizada por Cristo (i.e., la obediencia de Cristo)[49].

NT sea en un contexto de resurrección: ...καὶ ἠγέρθη διὰ τὴν δικαίωσιν ἡμῶν (Rm 4,25).

46 Sobre esto se tratará en el siguiente inciso.

47 Sobre esta asociación entre resurrección y vivificación, cf. 1 Co 15,22 donde si bien el verbo «vivificar» es referido no a Cristo sino a los cristianos, éste es usado con un claro significado de resurrección.

48 Es de notar que antes de la resurrección el cuerpo de Cristo es un ὁμοιώμα σαρκὸς ἁμαρτίας (Rm 8,3), mas la resurrección lo transforma en un σώμα τῆς δόξης (Flp 3,21); consiguientemente, tal transformación puede ser llamada una "justificación" (que toca el cuerpo de Cristo mas no su persona).

49 Por lo demás, hay que decir que este sentido dado a δικαίωμα en Rm 5,18 referido a Cristo, no contradice al sentido mencionado en relación a δικαίωμα en 1 Tm 3,16 pues ambos son indisociables teológicamente; en efecto, la resurrección de Cristo aparece como el resultado del cumplimiento de la voluntad

2.2.3.2 *La justificación de vida*

La segunda recurrencia presenta interés por el hecho de mencionar explícitamente a la justificación en estrecha asociación con la vida: δικαίωσις ζωῆς. La conexión está dada por un genitivo el cual puede ser interpretado como denotando un resultado[50], dada la relación causal deducida a partir de 5,17 entre la recepción del don de la justicia y el reinar en la vida, y la expresión de 5,21: διὰ δικαιοσύνης εἰς ζωὴν αἰώνιον[51]; o bien como un genitivo epexegético[52]: la justificación que consiste en vida. Mas en el fondo, ambas interpretaciones lejos de oponerse, constituyen una misma cosa[53].

2.2.3.3 *La condenación*

Lo que resulta novedoso en el v.18 es que a diferencia del v.17 en que es mencionado el reinar de la muerte como antítesis al reinar en la vida, aquí se menciona una condenación: κατάκριμα.

1. *Confrontación con Rm 8,1—2.* Tal vocablo (κατάκριμα) aparece en Rm solamente en esta sección (5,16.18) y en 8,1 donde el contexto resulta similar: se habla de una ausencia de condenación (κατάκριμα) para los que están en Cristo (8,1) dándose como explicación o razón de ello la liberación de «la ley del pecado (ἁμαρτία) y de la muerte (θάνατος)», gracias al «espíritu de la vida (ζωή) en Cristo Jesús (Χριστός Ἰησοῦς)» (8,2). Ahora bien, en 5,15—21 los temas de condenación (κατάκριμα), pecado (ἁμαρτία) y muerte

50 Como p.e. el gn. de Jn 6,35: ὁ ἄρτος τῆς ζωῆς (cf. Jn 6,33). Cf. Cranfield, *Romans I*, 289; Moo, *Romans*, 341 n.126; Murray, *Romans*, 202; Th.R. Schreiner, *Romans* (BECNT 6; Grand Rapids, MI 1998) 287; Spicq, "δικαίωμα", *Lexique*, 352.

51 El considerar a ζωή como un resultado, encuentra también apoyo en la consideración misma del sustantivo δικαίωσις, donde el sufijo –σις indica que se trata de una acción, resultando así un binomio acción—resultado: δικαίωσις (acción) ζωῆς (resultado).

52 Cf. Zerwick, *Analysis*, ad Rm 5,18.

53 Schlier, *Romans*, 296.

(θάνατος/ἀποθνῄσκω) aparecen en antítesis con los de justificación (δικαίωμα / δικαιοσύνη / δικαίωσις), vida (ζωή) y Jesucristo (Ἰησοῦς Χριστός).

Esta semejanza de situaciones entre 5,15—21 y 8,1—2 nos ayuda a entender mejor la mención de la vida en 5,18 que es nuestro punto en cuestión: si la condenación (κατάκριμα) mencionada en 5,18a es entendida como asociada a una esclavitud a la ley de la muerte (cf. 8,2), entonces la vida (ζωή) mencionada en 5,18b puede ser vista como una liberación de esa ley de la muerte (cf. 8,2). Es decir, un pasar de la muerte a la vida, y por ende un vivificar.

Luego entonces, la asociación entre el «vivificar» de Ga 3,21 y el «reinarán en vida» de Rm 5,17 asociados ambos al hecho de la justificación, parece confirmarse. En el fondo parece tratarse de una misma realidad pues la «vida» resultante en 5,18 que retoma el «reinarán en vida» de 5,17 lleva implícitamente la idea de una liberación de una ley de la muerte, según la confrontación con 8,1—2; i.e. una vivificación, como aparece en Ga 3,21.

2. *Confrontación con 2 Co 3,9.* Y si bien esta identificación entre vivificar y reinar en vida en Rm 5,17.18 es apoyada de manera sólo indirecta en el contexto de 8,1—2 donde la ausencia de condenación es vista como una liberación de la ley de la muerte, el texto de 2 Co 3,9 nos da una ulterior confirmación.

En efecto, ahí se da una situación muy similar a la de Rm 5,16—18: así como en Rm 5,16.18 se contrapone la condenación a la justificación, en 2 Co 3,9 se contrapone un ministerio de «la condenación» a uno de «la justicia», mas denominado al primero también como ministerio de «la muerte» (3,7) y al segundo como del «Espíritu» (3,8). Y lo que es importante: en ese texto se le adjudica explícitamente al Espíritu un poder vivificador: τὸ δὲ πνεῦμα ζῳοποιεῖ (3,6), de tal forma que el ministerio de «la justicia» (3,9) equivale implícitamente a caracterizarlo como de «vivificador»; la mención antitética del ministerio de «la muerte» (3,7) lo confirma.

Consiguientemente, si bien en Ga 3,21 se mencionaba una «vivificación» y en Rm 5,16—18 una situación de «vida», el texto de 2 Co 3 nos hace ver que esa situación de «vida» en 5,17.18 puede ser interpretada como una «vivificación». Luego entonces, la relación implícita entre justicia y vivificar de Ga 3,21 resulta confirmada por la relación de Rm 5,17.18: la justificación que resulta en vida.

2.2.4 Justicia y vida en Rm 5,21

El v.21 viene a confirmar aún más claramente la relación consecutiva entre justicia y vida deducida en los vv. 17.18: la vida como derivante de la justicia.

Lo dicho en este v. se encuentra en continuación con lo dicho en el v.20: señal de ello es la repetición de la conjunción ἵνα[54] y de los vocablos ἁμαρτία y χάρις. Y en contraposición a ese reinar del pecado en la muerte, se menciona un reinar de la gracia en vista de vida eterna.

La frase ἡ χάρις βασιλεύσῃ διὰ δικαιοσύνης εἰς ζωὴν αἰώνιον del v.21b se presenta bastante concisa, mas la frase del v.17b ayuda a comprender mejor lo dicho en ella: la metonimia[55] ἡ χάρις βασιλεύσῃ, equivale a decir οἱ τὴν περισσείαν τῆς χάριτος... λαμβάνοντες... βασιλεύσουσιν (v.17b). Y el complemento ...εἰς ζωὴν αἰώνιον del v.21b que denota un resultado o finalidad sin mayor precisión, puede ser entendido como denotando la esfera en la que se efectúa el reinar, como lo indica el complemento de estado en un lugar figurado del v.17b: ἐν ζωῇ βασιλεύσουσιν.

Y en fin, la especificación διὰ δικαιοσύνης del v.21b que denota *el medio* por el cual la gracia reina, debe ser entendida también en relación a la finalidad expresada εἰς ζωὴν αἰώνιον: *es gracias a la justicia que resulta la situación de vida;* el v.17b así lo

54 Cf. Dunn, *Romans 1—8*, 287.

55 Lo abstracto por lo concreto.

sugiere: el recibir la gracia de la justicia aparece como condición o medio del reinar en la vida[56]. Un apoyo a esta consideración de la justicia como medio con respecto a la vida, se tiene en Rm 8,10: τὸ δὲ πνεῦμα ζωὴ διὰ δικαιοσύνην.

En cuanto a la mención de διὰ Ἰησοῦ Χριστοῦ τοῦ κυρίου ἡμῶν al final del v.21 lejos de contradecir lo dicho, sugiere ver en Jesucristo al agente por el cual todo lo anterior acaece: el que la gracia reine por medio de la justicia y el que se obtenga una situación de vida es todo debido a Jesucristo. Es un énfasis similar al que se encuentra en el v.17 con la adición final διὰ τοῦ ἑνὸς Ἰησοῦ Χριστοῦ.

Por otro lado, una novedad que aporta el v.21b es la de presentar a la justicia como medio por el cual reine la gracia, pues anteriormente en el v.17b la justicia era presentada como gracia, y en el v.16b la justificación como resultante de la gracia. Y si se consideran los textos de Rm 3,24 y Tt 3,7[57] resulta que la gracia es el medio por el cual acaece la justificación.

Con toda esta compleja serie de relaciones, lo que se puede decir con certeza es que gracia y justificación están estrechamente asociadas. La expresión de Rm 5,17b es la que mejor expresa tal asociación: la justicia *es* un don gratuito.

2.2.5 *Conclusiones*

1. Si en Ga 3,21 aparecía una relación implícita entre justicia y vivificación, en Rm 5,18 se da una relación explícita en la expresión δικαίωσις ζωῆς: *«la justificación que resulta en vida»* o *«la justificación que es vida»* (Rm 5,18).

56 Cf. Moo, *Romans*, 350: *«[Paul] pictures righteousness as the 'gateway' to eternal life».*

57 Rm 3,24: δικαιούμενοι δωρεὰν τῇ αὐτοῦ χάριτι… ; Tt 3,7: ἵνα δικαιωθέντες τῇ ἐκείνου χάριτι…

Y además, el contexto así como la confrontación con otros textos, sugiere ver en la «vida» mencionada en Rm 5,17c.18.21 una idea paralela a la de «vivificación»:

a) En efecto, el «reinarán en vida» de Rm 5,17c tiene como situación antitética en 5,17a un "reinar de la muerte", que a su vez retoma la mención en 5,15 de "la muerte de muchos"; es decir, el «reinarán en vida» de 5,17c aparece como una vivificación. Asimismo, la vida que en Rm 5,21 es caracterizada como de «eterna», es puesta en 5,17—18 en contraposición a la condenación y a la muerte.

b) Además, a la luz de Rm 8,1—2 tal condenación puede ser interpretada como una esclavitud bajo una ley del pecado y de la muerte, por lo cual es posible interpretar la situación antitética de reinar en la vida mencionada en 5,17c.21 como una liberación de esa ley de la muerte, es decir, como una vivificación.

c) Y el texto de 2 Co 3 ofrece un apoyo más claro: la contraposición entre la condenación y la justificación «de vida» en Rm 5,18 encuentra un paralelo en la contraposición entre el ministerio de la condenación y el del Espíritu «vivificador» en 2 Co 3,9 (cf. 3,6).

2. La relación entre justificación y vivificación aparece como recíproca. La justificación implica que haya vivificación (Rm 5); y la presencia de una vivificación implica la de la justificación (Ga 3,21). Es decir, se trata de una relación *indisociable:* una no puede existir sin la otra.

3. Sin embargo, el *por qué* Pablo asocie justificación y vivificación es un punto que queda por resolver. Es necesario determinar las categorías que usa Pablo al hablar de justicia pues no parece tratarse del concepto habitual.

4. Y en fin, a partir de Rm 5,15 y 5,17 la justicia es considerada como don asociado a la gracia de Dios y Jesucristo.

2.3 Romanos 8

En los textos anteriormente estudiados de Ga 3,21 y Rm 5,17—21 era presente una relación estrecha entre la justicia y la vida: en el primero de manera *implícita* y en el segundo de manera *explícita*. Consideraremos ahora como tercer y último texto a Rm 8,10—11 el cual presenta un interés especial por el hecho de mencionar no sólo en asociación a la justicia y a la vida sino *también* al Espíritu, adjudicándole claramente un poder vivificador, en contraposición a una muerte asociada al pecado.

Por lo demás, el estudio de este texto nos ayuda también a precisar mejor la diferencia de vocabulario entre el «vivificar» de Ga 3,21 y el «reinar en vida» de Rm 5,17 asociados ambos a la justificación.

2.3.1 Contexto y delimitación

Después de haber presentado la angustiosa situación del hombre dominado por la ley del pecado y de la muerte en 7,14—25, Pablo pasa a presentar en 8,1—13 la situación antitética de vida y paz para los que están en Cristo movidos por el Espíritu, así como de filiación divina en 8,14—30.

El vocabulario da indicios de este cambio de temática: el vocabulario de νόμος y ἁμαρτία que era muy presente en el c.7 (23x y 15x respectivamente)[58] aparece sólo al inicio del c.8[59], y el vocablo πνεῦμα recurre abundantemente en el c.8 (21x); asimismo el vocabulario de Ἰησοῦς (5x), Χριστός (9x) θεός (18x) y σάρξ (13x) que había sido casi omitido en el c.7, reaparece en el c.8 (cf. tabla 4, p. 107).

58 νόμος: 7,1(2).2(2).3.4.5.6.7(3).8.9.12.14.16.21.22.23(3).25(2)
ἁμαρτία: 7,5.7(2).8(2).9.11.13(3).14.17.20.23.25

59 νόμος: 8,2(2).3.4.7
ἁμαρτία: 8,2.3(3).10

	cap. 7					cap. 8																													
	21	22	23	24	25	1	2	3	4	5	6	7	8	9	10	11	12	13	14	15	16	17	18	19	20	21	22	23	24	25	26	27	28	29	30
νόμος	1	1	3		2		2	1	1			1																							
ἁμαρτία			1		1		1	3							1																				
πνεῦμα							1		1	2	1			3	1	2		1	1	2	2							1			2	1			
Ἰησοῦς					1	1	1									1																			
Χριστός					1	1	1							1	1	1						1													
Θεός		1			2			1				2	1	1					2		1	1		1		1						1	1		
σάρξ					1			3	1	2	1	1	1	1			2	1																	
σῶμα				1											1	1		1										1							
ζάω																	1	2																	
ζωή							1				1				1																				
ζῳοποιέω																1																			
υἱός								1											1					1										1	
υἱοθεσία																				1								1							
τέκνον																					1	1				1									

Tabla 4: Vocabulario relevante de Rm 8,1—13

(Los vv. 7,21—25 y 8,14—30 han sido añadidos para una mejor apreciación de la sección)

Y en cuanto a la división al interno del c.8, el vocabulario de σάρξ/σῶμα y ζάω/ζῳοποιέω aparece respectivamente 16x y 7x en 8,3—13[60], y el vocabulario de υἱός/υἱοθεσία/τέκνον aparece 8x en 8,14—30 (cf. tabla 4, p. 107).

Por lo que concierne al desarrollo de la sección 8,1—13, ésta se abre afirmando decididamente una situación de ausencia de condenación para los que están en Cristo (8,1), dándose a continuación la razón de ello: la ley del Espíritu de la vida ha efectuado una liberación de la ley del pecado y de la muerte (8,2), cosa que era imposible a la Ley debido a la debilidad de la carne (8,3). A partir de esta acción positiva del Espíritu y negativa de la Ley, se establece una distinción entre 2 situaciones, una asociada al Espíritu y otra a la carne (8,4—13).

Ahora bien, es en esta contraposición de situaciones entre los que están «en el Espíritu» y los que están «en la carne», que Pablo menciona una condición de vida del Espíritu a causa de la justicia para los primeros, en oposición a una muerte asociada al pecado (8,10), precisando además una firme esperanza de vivificación gracias al Espíritu (8,11).

2.3.2 El Espíritu

La justicia, el Espíritu y la vida son mencionados en una frase sumamente densa al par que expresando una relación profunda: τὸ δὲ πνεῦμα ζωὴ διὰ δικαιοσύνην (Rm 8,10b). Ante todo, ¿de qué πνεῦμα se habla? La cuestión es discutida si bien la mayoría de los comentadores se inclinan por identificarlo con el Espíritu de Dios[61].

60 Esta situación desaconseja por lo tanto el colocar una división mayor entre 8,11 y 8,12, como hacen la mayoría de los comentadores. Además, como hace notar Moo, la antítesis entre carne y espíritu presente en 8,4—9, reaparece en 8,12—13 a manera de exhortación, desaconsejando así separar estos vv. de los precedentes (Moo, *Romans*, 472).

61 Cf.: C.K. Barrett, *The Epistle to the Romans* (HNTC; New York 1957) 159; B. Byrne, *Romans* (SP 6; Collegeville, MI 1996) 185; Dunn, *Romans 1—8*, 431; Moo, *Romans*, 492; Schreiner, *Romans*, 415.

2.3.2.1 *Interpretación antropológica*

En favor de una interpretación antropológica de τὸ πνεῦμα se tiene el paralelismo antitético de Rm 8,10: τὸ μὲν σῶμα... τὸ δὲ πνεῦμα.... Tal paralelismo favorece una interpretación antropológica de ambos elementos (cuerpo humano/espíritu humano)[62]. En este caso, el sentido de 8,10b sería: "el espíritu de los creyentes es vida gracias a la justicia".

En esta interpretación se considera al espíritu humano (πνεῦμα) designando al hombre bajo un aspecto particular: su voluntad, sus intenciones, sus sentimientos, su conocimiento, su sensibilidad al Espíritu divino, a la fuerza de la acción divina[63]. Es decir, la antítesis de 8,10 sería en el sentido de decir: "el yo carnal (σῶμα) está muerto, y el yo espiritual (πνεῦμα) está vivo"[64].

2.3.2.2 *Interpretación teológica*

En favor de una interpretación teológica se puede aducir el hecho de que se habla del Espíritu de Dios (πνεῦμα θεοῦ) que habita en el cristiano (v.9.11)[65] y que lo conduce (v.14). Y así como al

62 Cf. 1 Co 5,3. Cabe notar sin embargo que en el epistolario paulino la oposición es dada más bien entre σάρξ y πνεῦμα; cf: Rm 8,4—6.9.13; Ga 3,3; 5,16—17; 6,8; Col 2,5; cf. Schweizer, "πνεῦμα", TWNT VI, 425; por otra parte, el binomio σῶμα-πνεῦμα aparece a veces en una expresión que denota mas bien unidad o totalidad: 1 Co 7,34: ...καὶ τῷ σώματι καὶ τῷ πνεύματι; 1 Ts 5,23: ...καὶ ὁλόκληρον ὑμῶν τὸ πνεῦμα καὶ ἡ ψυχὴ καὶ τὸ σῶμα; cf. también Ef 4,4: ...ἓν σῶμα καὶ ἓν πνεῦμα.

63 Cf. Bultmann, *Theologie*, 207—209 (§18,3); E. Kamlah, "πνεῦμα", TBNT I, 485; K.H. Schelkle, *Theologie des Neuen Testaments* (Düsseldorf 1968) I, 146; Ga 6,18.

64 Wilckens cita de De Wette, una posible paráfrasis de una tal interpretación antropológica: «*Cuando el Espíritu de Cristo está en vosotros, entonces participáis a la vida (v.6) pero solamente con el espíritu, pues el cuerpo está entregado a la muerte*» (Wilckens, *Römerbrief*, VI/2, 132 n.543); cf. también CorpHerm 1,15: καὶ διὰ τοῦτο παρὰ πάντα τὰ ἐπὶ τῆς γῆς ζῷα διπλοῦς ἐστιν ὁ ἄνθρωπος, θνητὸς μὲν διὰ τὸ σῶμα, ἀθάνατος δὲ διὰ τὸν οὐσιώδη ἄνθρωπον.

65 Cf. 1 Co 3,16; 2 Tm 1,14.

Espíritu en 8,10b se le califica como vida (ζωή)[66], al Espíritu de Dios se le adjudica un poder vivificador (ζῳοποιήσει) en 8,11, y en 8,2 se menciona a *«el Espíritu de la vida»* (con artículo: τὸ πνεῦμα τῆς ζωῆς) el cual no se refiere al espíritu del hombre.

Por el contrario, el espíritu del hombre es claramente precisado en 8,16 por medio de un pronombre sin dar lugar a confusión (τῷ πνεύματι ἡμῶν)[67] y distinguido de otro espíritu (con artículo: τὸ πνεῦμα), el cual es calificado en 8,15 como de filiación y que el cristiano "recibe"[68], siendo que en Rm 5,5 se dice que el Espíritu Santo "ha sido dado"[69].

2.3.2.3 Niveles asociados

Esta situación ambivalente en relación a un posible sentido antropológico o bien teológico de τὸ πνεῦμα radica tal vez en la estrecha conexión que existe en el uso paulino entre el sentido teológico de τὸ πνεῦμα y el antropológico.

En efecto, en Rm 8,9 se da una estrecha relación entre el hecho de que "el Espíritu de Dios habite en uno" (πνεῦμα θεοῦ οἰκεῖ ἐν ὑμῖν), y el de "estar en espíritu" (ἐν πνεύματι), independientemente de que la expresión ἐν πνεύματι sea tomada en sentido

66 El hecho de que la afirmación *«el Espíritu es vida»* (8,10b) dependa de la condición *«si Cristo está en ustedes»* (8,10a), podría desfavorecer la interpretación teólogica ya que el Espíritu de Dios es vida aún cuando Cristo no estuviera en ciertas personas. Mas hay que notar que el complemento *«en ustedes»* (ἐν ὑμῖν), vale también para la afirmación de 8,10b; i.e., lo que se afirma es que *«el Espíritu es vida [en ustedes]»*.

67 Generalmente Pablo menciona al espíritu del hombre precisándolo por medio de un pronombre evitando así confusión (cf. Rm 1,9; 1 Co 5,4; 14,14; 16,18; 2 Co 2,13; 7,13; Ga 6,18; Ef 4,23; Flp 4,23; 2 Tm 4,22; Flm 1,25) o bien en un contexto que es claro al respecto (cf. 1 Co 2,11; 5,3; 7,34; 2 Co 7,1; Col 2,5; 1 Ts 5,23).

68 Cf. Ga 4,6.

69 Cf. 1 Ts 4,8.

antropológico o teológico. Es en razón (εἴπερ)[70] de que el Espíritu de Dios resida en el cristiano, que éste se encuentra *«en espíritu»* (ἐν πνεύματι):

> Rm 8,9: ὑμεῖς δὲ οὐκ ἐστὲ ἐν σαρκὶ ἀλλὰ ἐν πνεύματι,
> εἴπερ πνεῦμα θεοῦ οἰκεῖ ἐν ὑμῖν

Luego entonces, aún en el caso de que la primera mención del espíritu *«estar... en espíritu»* (ἐστέ... ἐν πνεύματι) se tomara en un sentido antropológico (sugerido por el paralelismo ἐν σαρκί... ἐν πνεύματι...), resulta una estrecha relación entre el *«estar en espíritu»* y el que *«el Espíritu de Dios habite»* en uno[71].

Si Pablo habla del cristiano que se encuentra en un nivel espiritual (ἐν πνεύματι), es porque el Espíritu reside en él[72]. Estas dos situaciones son inseparables. Si se alude a una, se supone la otra, de ahí que a veces sea difícil distinguir a veces entre un sentido antropológico y uno teológico en relación a πνεῦμα[73], o bien que se encuentren ambos sentidos en una misma frase, como podría ser el caso de Rm 8,9: ἐν πνεύματι... πνεῦμα θεοῦ...

70 La traducción de εἴπερ es un tanto discutida en cuanto a si hace referencia a una condición («si es verdad que»; vg: *si tamen*) o a un hecho («puesto que»; it: *si quidem*); cf. BDF § 454,2. El contexto favorece esta última posibilidad (cf. el uso de εἴπερ en Rm 3,30; 8,17; 2 Ts 1,6). Mas de cualquier manera, la diferencia no atañe a la relación lógica entre el estar en el Espíritu y el que el Espíritu habite en uno, sino a la actitud de Pablo ante los Romanos (advertencia o constatación de un hecho); cf. Cranfield, *Romans I*, 388; Lagrange, *Romains*, 197—198.

71 En el caso de tomar una interpretación teológica en la primera mención de ἐν πνεύματι, la relación entre el "estar en el Espíritu" y el que "el Espíritu de Dios habite en uno" no crea problema, en el sentido de que siempre se hace referencia al Espíritu divino.

72 Cf. E. Schweizer, "πνεῦμα", TWNT VI, 431.

73 P.e.: Ga 3,3; 5,16—17; 6,8; Rm 8,4—5.13

2.3.2.4 La antítesis entre σῶμα y πνεῦμα

Precisado esto, se puede decir entonces que dada la conexión entre el sentido antropológico y teológico de πνεῦμα, la designación de πνεῦμα en Rm 8,10 bien puede poseer una connotación primordial teológica (los argumentos son mayores en su favor)[74] así como una connotación antropológica asociada y que permite establecer una antítesis con σῶμα.

En efecto, si bien πνεῦμα posee un sentido primordialmente teológico en 8,10, también subyace un sentido antropológico pues se da una participación *del cristiano* a la vida de Cristo resucitado, a la vida del Espíritu.

Y una cosa análoga se puede decir de σῶμα: si bien σῶμα posee un sentido primordialmente antropológico[75] en 8,10, ése no es el único: en efecto, en realidad el cuerpo no está muerto, sino que participa a la muerte *de Cristo* (cf. Rm 6,6)[76].

Probablemente la dificultad de precisar a σῶμα y πνεῦμα en Rm 8,10 radica en la estrecha conexión de los niveles teológico y antropológico. En realidad, la expresión de Pablo tiene en mente tanto la situación de Cristo como la del cristiano.

74 Como hace notar Fee, en el caso de referirse al espíritu humano, sería de esperar la expresión τὸ πνεῦμα ζῇ «el espíritu vive», y no «el espíritu es vida» (Fee, *Empowering*, 551 n.227).

75 Cabe añadir que el concepto más amplio que caracteriza al ser humano en Pablo, es el de σῶμα, aunque al mismo tiempo sea el más complicado y de comprensión más difícil (Bultmann, *Theologie*, 193 (§ 17,1); cf. W. Pesch, "Leib", BW, 897—900).

76 Cf. R. Penna, *Lo Spirito di Cristo*. Cristologia e pneumatologia secondo un'originale formulazione paolina (SRivB 7; Brescia 1976) 254. Esta cuestión se tratará en el inciso siguiente (p. 113—116).

En conclusión, el sentido de Rm 8,10 sería: "si Cristo está en uno, el yo guiado por la carne está muerto a causa del pecado, mas el Espíritu es [fuente de] vida[77] a causa de la justicia"[78]. En efecto, si Cristo está en uno (8,10), también está en uno el Espíritu que da la vida (cf. 8,11).

Si Pablo expresamente habla en Rm 8,10 de un *«cuerpo muerto»* (σῶμα νεκρόν), hay que suponer que la vida asociada a τὸ πνεῦμα no es de orden natural (humano), sino sobrenatural (divino), es decir, una vida del Espíritu.

2.3.3 Vida y muerte

Una vez precisado el πνεῦμα de 8,10 como el Espíritu de Dios, se tiene que éste es presentado como *«vida»* gracias a la *«justicia»*. La frase es sumamente breve mas la idea que parece sugerirse es que el Espíritu aparece o actúa como vida en el interior del hombre gracias a la justicia; i.e., la «vida» mencionada en 8,10 significa en realidad «fuente de vida»[79]. Tal interpretación es apoyada por la mención en 8,11 de la «vivificación» a realizarse por medio del Espíritu.

Dicha vida sin embargo aparece en contemporaneidad con una muerte: τὸ μὲν σῶμα νεκρὸν διὰ ἁμαρτίαν (8,10) dándose así una situación paradójica, que por lo demás no es rara en Pablo[80]. La muerte es referida al cuerpo y presentada como debida al pecado; la vida en cambio es presentada como característica o efecto del Espíritu en 8,10.

77 Scil. "en uno" pues el ἐν ὑμῖν vale tanto para la frase inicial como para la final de 8,10; no se trata de una consideración del Espíritu como fuente de vida, tomada en sentido absoluto.

78 Cf. Bultmann, *Theologie*, 209 (§ 18,3).

79 Cf. A. Viard, *Saint Paul: Épître aux Romains* (SB; Paris 1975) 175.

80 Cf. Rm 6,11; Ga 2,19.

¿Cómo entender esa contemporaneidad? La comprensión de ésta depende en gran parte de la interpretación de la especificación de *«muerto»* referida al cuerpo en 8,10. Ahora bien, sobre ella se pueden plantear dos interpretaciones posibles:

Una consiste en entender la especificación de «muerto» como indicando el fin al que necesariamente tiende el cuerpo debido al pecado[81] (cf. Rm 6,16.21.23; 7,5), es decir una situación de muerte aún por cumplirse más enunciada como ya realizada (cf. 7,11.13). Se trataría de un uso proléptico de νεκρόν en 8,10. Y la frase de 8,10 se podría tal vez parafrasear como: "aunque el cuerpo está avocado a la muerte por causa del pecado...".

Una objeción contra esta interpretación sin embargo, radica en el hecho de que en el v.11 sea mencionado el caso futuro de una situación de vida debida al Espíritu (ζῳοποιήσει καί... διὰ τοῦ... πνεύματος), lo cual establece una distinción con la situación del v.10 ubicada en el presente (τὸ δὲ πνεῦμα ζωή), y consiguientemente sugiere ubicar la situación de muerte del v.10 (νεκρόν) también en el presente[82]. Además, resultaría un tanto incoherente el asociar en 8,10 un hecho positivo: la presencia de Cristo en uno; con uno negativo: la situación final de muerte del cuerpo.

Otra posibilidad es entenderla a la luz de Rm 6,6—11: el cristiano participa a la muerte de Cristo y el «cuerpo del pecado» queda aniquilado[83]; es decir, el nivel del hombre sujeto al pecado queda muerto[84]. Esta interpretación es apoyada por el hecho de

81 Cf. P. Boylan, *St. Paul's Epistle to the Romans* (Dubin 1947) 136; Dunn, *Romans 1—8*, 431; H.A.W. Meyer, *The Epistle to the Romans* (CECNT; Edinburgh 1881) 55; Moo, *Romans*, 491; Schreiner, *Romans*, 414.

82 Y es de notar además la diferencia de términos: con νεκρόν se significa no la condición mortal (θνητόν 8,11) del cuerpo, sino el estar muerto del cuerpo (cf. Wilckens, *Römerbrief*, VI/2, 133).

83 Rm 6,6: ...ὁ παλαιὸς ἡμῶν ἄνθρωπος συνεσταυρώθη, ἵνα καταργηθῇ τὸ σῶμα τῆς ἁμαρτίας... Cf. Wilckens, *Römerbrief*, VI/2, 132. Es la posición seguida por la mayoría de los Padres de la Iglesia (cf. K.H. Schelkle, *Paulus, Lehrer der Väter*. Die altkirchliche Auslegung von Römer 1—11 (Düsseldorf 1956) 270—273), así como de los comentadores modernos.

84 Cf. Ga 5,24: οἱ δὲ τοῦ Χριστοῦ [Ἰησοῦ] τὴν σάρκα ἐσταύρωσαν...

que tanto en Rm 6 como Rm 8, dicha situación acaece en virtud de una unión a Cristo (Rm 6,3.5.6.8; 8,10), de tal manera que las expresiones de Rm 6,6 y 8,10 parecen referirse a una misma realidad: el pecado y la muerte del cuerpo:

Rm 6,6: ...ἵνα καταργηθῇ τὸ σῶμα τῆς ἁμαρτίας[85]...
Rm 8,10: ...τὸ μὲν σῶμα νεκρὸν διὰ ἁμαρτίαν...

Además, esta interpretación que considera la situación de muerte en el presente, aparece apoyada por la presencia de mss. (F G lat; Ambst Spec) que han añadido el verbo "ser" al presente: τὸ μὲν σῶμα ἐστὶν νεκρὸν...[86].

Sin embargo, una objeción a esta posición radica en la mención de διὰ ἁμαρτίαν: la muerte es presentada como debida al pecado y no como una ruptura con el pecado, en cuyo caso quedaría mejor el uso de un dativo (τῇ ἁμαρτίᾳ cf. 6,11)[87]. Empero, tal objeción no es mayor pues en Ga 2,19, Pablo, hablando de la muerte, usa dos casos sucesivamente: ἐγὼ γὰρ διὰ νόμου νόμῳ ἀπέθανον; a la vez que muere *por medio de la ley*, muere también *a la ley*. Consiguientemente, el que en Rm 8,10 se mencione solamente una muerte a causa del pecado, ello no implica necesariamente el que ésta no ocurra también en relación al pecado.

Por otro lado, el contexto de Ga 2,19 refleja en varios aspectos el contexto de Rm 6,6—11: se da una crucifixión con Cristo, una situación de muerte, y un vivir para Dios:

Rm 6,6: ...ὁ παλαιὸς ἡμῶν ἄνθρωπος συνεσταυρώθη...
Rm 6,11: ...λογίζεσθε ἑαυτοὺς εἶναι νεκρούς...
Ga 2,19: ἐγώ... ἀπέθανον... Χριστῷ συνεσταύρωμαι

85 El gn. τῆς ἁμαρτίας califica al cuerpo como bajo el poder del pecado (BDF § 165: "gn. de cualidad"), i.e., el παλαιός ἄνθρωπος (Rm 6,6).

86 Es de retener la lectura que omite ἐστίν por tener mucho mejor atestación en los mss. y por presentarse como *lectio brevior*.

87 Cf. Cranfield, *Romans I*, 389; Dunn, *Romans 1—8*, 431.

Rm 6,11: ...ζῶντας... τῷ θεῷ...
Ga 2,19: ...ἵνα θεῷ ζήσω.

Y el hecho de que en Ga 2,19—20 se precise a la vida contrapuesta a la muerte, como vida de Cristo en uno (ζῇ... ἐν ἐμοὶ Χριστός), y de que en Rm 8,10 la vida contrapuesta a la muerte sea precisada como debida al Espíritu (τὸ... πνεῦμα ζωή), no constituye un obstáculo a la aproximación hecha entre ambos textos, pues la presencia de Cristo en el creyente es concomitante con la del Espíritu (πνεῦμα θεοῦ οἰκεῖ ἐν ὑμῖν... Χριστὸς ἐν ὑμῖν... Rm 8,9—10). Es decir, ambas situaciones de muerte y vida descritas en Rm 8,10 y Ga 2,19—20 resultan similares. El texto de Rm 6,11 va en el mismo sentido: νεκροὺς μέν... ζῶντας δὲ... ἐν Χριστῷ Ἰησοῦ.

En conclusión, de las dos interpretaciones propuestas, la segunda parece preferible.

2.3.4 *Justicia y vida*

La mención de *«a causa de la justicia»* (διὰ δικαιοσύνην) que indica que es la justicia la causa de que el Espíritu sea vida en el hombre es importante, ya que esta asociación entre justicia y vida resultante era presente de manera implícita en Ga 3,21 (si hay vivificación, hay justicia) y explícita en Rm 5,17.18.21 (una situación de vida como resultante de la justicia o incluso identificada con ella).

Ga 3,21: εἰ... ἐδόθη νόμος ὁ δυνάμενος ζῳοποιῆσαι...
ὄντως ἐκ νόμου ἂν ἦν ἡ δικαιοσύνη
Rm 5,17: τῆς δωρεᾶς τῆς δικαιοσύνης λαμβάνοντες ἐν ζωῇ βασιλ.
Rm 5,18: ...δικαίωσιν ζωῆς
Rm 5,21: ...διὰ δικαιοσύνης εἰς ζωὴν αἰώνιον...

Rm 8,10: ...τὸ δὲ πνεῦμα ζωὴ διὰ δικαιοσύνην

¿Cómo entender esta relación causal entre justicia y vida? Desde un contexto judío, la relación entre justicia y vida podría entenderse en el sentido de que la justicia, siendo la suma de los cumplimientos de la Ley y obras buenas, le merecería al judío la recompensa en el juicio final, es decir, la participación a la vida eterna[88].

Sin embargo, el texto de Rm 8,10 habla de una vida en el presente, lo cual constituye un aspecto relevante: para Pablo, se da ya una participación a una vida sobrenatural (la vida del Espíritu de Dios) desde el momento presente.

Mas esta situación de vida hay que verla como en germen o por desarrollarse, pues como se vio antes, la vida mencionada en 8,10 es de entenderse como "fuente de vida". Ello es confirmado por lo dicho en 8,11 donde por medio del mismo Espíritu divino que habita en los creyentes, ha de realizarse la vivificación de los cuerpos mortales en el futuro.

Luego entonces, si se tiene en consideración lo dicho en Rm 8,11, resulta que en realidad se dan dos situaciones de vida en el creyente: una presente referida al Espíritu (8,10), y otra futura referida al cuerpo mortal (8,11). En el primer caso tiene como sujeto al Espíritu mismo (*«el Espíritu es vida»*, 8,10) y en el segundo es el cuerpo mortal quien obtiene una situación de vida realizada por Dios por medio del mismo Espíritu (*«[Dios] vivificará también*[89] *vuestros cuerpos mortales por medio*[90] *de su Espíritu que habita en*

88 Cf. Mt 25,46: ...οἱ δὲ δίκαιοι εἰς ζωὴν αἰώνιον; también Mt 13,43.49; Lc 14,14; Jn 5,29.

89 Algunos mss. omiten la conjunción καί (ℵ A 326.630.1739.1881 Epiph^{pt}), mas la lectura que la incluye tiene mejor atestación y se presenta como *lectio difficilior*. Por otro lado, la mención del καί no hay que entenderla en el sentido de que: "no sólo el espíritu del hombre vive, sino también el cuerpo vivirá", pues como se ha visto, hay que entender al πνεῦμα de 8,10 como el Espíritu divino; mas bien hay que entenderla en el sentido de que: "así como Cristo fue resucitado, así también (καί) los cuerpos mortales de los creyentes serán vivificados" (cf. Cranfield, *Romans I*, 391; Wilckens, *Römerbrief*, VI/2, 134); la mención precedente de ...τοῦ ἐγείραντος τὸν Ἰησοῦν ἐκ νεκρῶν... y de ...ὁ ἐγείρας Χριστὸν ἐκ νεκρῶν... (8,11) así lo sugiere.

90 Desde el punto de vista de la crítica externa, el texto es incierto: tanto la

vosotros» 8,11b).

Y ambas situaciones deben ser entendidas en asociación a la justicia, pues si es *«a causa de la justicia»* (διὰ δικαιοσύνην) que el Espíritu es vida (8,10), es por medio de ese mismo Espíritu que habita en los creyentes (διὰ τοῦ ἐνοικοῦντος αὐτοῦ πνεύματος ἐν ὑμῖν), que se realiza la vivificación del cuerpo mortal en el futuro (8,11). Es decir, *a causa de la justicia* resulta para el creyente una situación de vida *actual* y otra contemplada en el *futuro*, siendo ambas asociadas al Espíritu.

Ahora bien, la «vivificación» de los «cuerpos mortales» mencionada en 8,11 es de entenderse como refiriéndose a una resurrección; en efecto, el texto de 1 Co 15,22 usa el mismo verbo de «vivificar» (...ἐν τῷ Χριστῷ πάντες ζῳοποιηθήσονται) en relación a la resurrección final[91].

lectura en acusativo (διὰ τὸ ἐνοικοῦν αὐτοῦ πνεῦμα B D F G Ψ 33.1739.1881 𝔐 lat sy^p Ir^lat Or), como en genitivo (διὰ τοῦ ἐνοικοῦντος αὐτοῦ πνεύματος ℵ A C(*) P^c 81.104.1506.2495 *l* 249 f m sy^h CyrJ Hipp Chr Cl Bas Epiph) tienen buen apoyo en los mss; sin embargo, la asociación de B con D G debilita su valor, resultando en un ligero mejor apoyo por la lectura en gn. la cual es atestiguada por diversos tipos o familias (cf. B.M. Metzger, *A Textual Commentary on the GNT* (Stuttgart 1971[1]) ad Rm 8,11).

La crítica interna favorece igualmente la lectura en gn: el paso al ac. se podría explicar por asimilación al v.10, o bien por la inclinación en el helenismo tardío a usar el ac. en lugar del gn. (cf. Robertson, *Grammar*, 506; Wilckens, *Römerbrief*, VI/2, 134 n.551), mientras que el paso de ac. al gn. es difícil de explicar. En fin, la lectura con el gn. («por medio de») concuerda mejor con la consideración del v.10: «el Espíritu es vida», que la lectura con el ac. («a causa de») (cf. Cranfield, *Romans I*, 391—392).

91 También la semejanza de expresiones en Rm 4,17 y 2 Co 1,9 apoyan el interpretar la vivificación como resurrección:

Rm 4,17: ...θεοῦ τοῦ ζῳοποιοῦντος τοὺς νεκρούς...

2 Co 1,9: ...θεῷ τῷ ἐγείροντι τοὺς νεκρούς.

Asimismo, esta vivificación es de entenderse como refiriéndose, a una vida futura y por ende eterna[92]; una confrontación con Rm 5—6 y Ga 6 lo apoya:

En efecto, habiéndose encontrado una semejanza de situaciones entre el texto de Rm 8,10 y el de Rm 6,11[93], se tiene que en Rm 5—6 se encuentra repetidas veces una contraposición entre una situación de muerte y otra de vida, en la que además de hacerse referencia a una vida ubicada en el presente (6,11.13):

Rm 6,11: λογίζεσθε ἑαυτοὺς εἶναι... ζῶντας...τῷ θεῷ...
Rm 6,13: παραστήσατε ἑαυτοὺς τῷ θεῷ ὡσεὶ ἐκ νεκρῶν ζῶντας...[94]

se menciona una vida calificada como de «eterna» y vista como una alusión a la vida futura, como lo sugiere la mención de εἰς en 5,21 y de τέλος en 6,22:

5,21: ἐβασίλευσεν ἡ ἁμαρτία ἐν τῷ θανάτῳ...
ἡ χάρις βασιλεύσῃ διὰ δικαιοσύνης εἰς ζωὴν αἰώνιον...
6,21-22: τὸ γὰρ τέλος ἐκείνων θάνατος...
τὸ δὲ τέλος ζωὴν αἰώνιον.
6,23: τὰ γὰρ ὀψώνια τῆς ἁμαρτίας θάνατος,
τὸ δὲ χάρισμα τοῦ θεοῦ ζωὴ αἰώνιος ἐν Χριστῷ Ἰησοῦ...

Es decir, la situación de vida futura presentada en Rm 8,11 como realizada por el Espíritu, coincide con la situación de vida eterna que se menciona en Rm 5,21; 6,22.23 como derivante de la justificación y de la gracia de Dios.

92 Cf.: 2 M 7,9: ...εἰς αἰώνιον ἀναβίωσιν ζωῆς ἡμᾶς ἀναστήσει
Dn 12,2: ...ἀναστήσονται...εἰς ζωὴν αἰώνιον...
SalSl 3,16: ...οἱ δὲ φοβούμενοι τὸν κύριον ἀναστήσονται εἰς ζωὴν αἰώνιον
cf. también: 1 Hen 10,10; 37,4; 40,9.

93 La situación presente de vida atribuida al Espíritu, por causa de la justicia en Rm 8,10, aparece en consonancia con la situación de vida en Cristo mencionada en Rm 6,11.

94 Cf. Moo, *Romans*, 386: «...*"being alive" is obviously the state of the believer in this life*»; BDF §337 (1). Por lo demás, la connotación *precisa* de la acción indicada por el ipv. aor. παραστήσατε (v.13b) es discutida: la presencia del

Y el texto de Ga 6,8 favorece el ver implícita la idea de «vida eterna» en la vivificación de Rm 8,11 pues en ambos casos el Espíritu aparece al origen de una situación de vida:

Ga 6,8:	ὁ δὲ σπείρων εἰς τὸ πνεῦμα ἐκ τοῦ πνεύματος[95] θερίσει ζωὴν αἰώνιον
Rm 8,11:	ζῳοποιήσει καὶ τὰ θνητὰ σώματα ὑμῶν διὰ τοῦ ἐνοικοῦντος αὐτοῦ πνεύματος

Con esta consideración hecha en torno a la «vivificación» de los «cuerpos mortales» y su correspondencia con la «vida eterna», se desemboca en la concepción judía antes mencionada, pues lo que los judíos esperaban alcanzar por medio de la justicia, era en efecto la vida eterna. Sólo que a partir de Rm 8,10—11, la participación a la vida a causa de la justicia, es presente ya desde ahora para el creyente, si bien espera su plenitud en el futuro[96].

Por lo demás, este aspecto referente a la relación entre justicia y vida, y que constituye una diferencia notable entre el concepto judío y el paulino de la justicia, va unido a otro hecho importante: cuando Pablo habla de la justificación por la fe en Cristo, la justificación es presentada generalmente como un hecho realizado y no

ipv. prs. en 6,13a (μηδὲ παριστάνετε) que indica la prohibición de la continuación de un acto, podría apoyar el considerar un sentido ingresivo en el ipv. aor de 6,13b (παραστήσατε), i.e., el inicio de una nueva forma de vida en contraste con la precedente (cf. Cranfield, *Romans I*, 318,305).

95 Si bien es discutida la interpretación de la primera recurrencia de la palabra «espíritu» (τὸ πνεῦμα), los comentadores en general concuerdan en ver en la segunda recurrencia (ἐκ τοῦ πνεύματος) al Espíritu de Dios; cf: Betz, *Galatians*, 308; Burton, *Galatians*, 342—243; Dunn, *Galatians*, 280—281; A. Pitta, *Lettera ai Galati* (Bologna 1996) 386—387.

96 A este respecto, es significativo el texto de Tt 3,7 el cual asocia una situación de justificación con una esperanza de vida eterna:

Tt 3,7 : ἵνα δικαιωθέντες τῇ ἐκείνου χάριτι κληρονόμοι γενηθῶμεν κατ' ἐλπίδα ζωῆς αἰωνίου.

futuro, a diferencia de los judíos que esperaban una justificación al momento del juicio final. Pablo nunca duda de haber sido ya justificado en Cristo[97].

2.3.5 La presencia de Cristo

La situación de vida del Espíritu en el creyente a causa de la justicia, tiene como condición la presencia de Cristo en él. Así lo indica la construcción condicional de la frase: εἰ δὲ Χριστὸς ἐν ὑμῖν... τὸ δὲ πνεῦμα ζωὴ διὰ δικαιοσύνην (Rm 8,10).

Y es de notar que si en 8,10 se menciona el hecho de que Cristo "esté en uno" (Χριστὸς ἐν ὑμῖν), en 8,1 se habla de "estar en Cristo" (τοῖς ἐν Χριστῷ Ἰησοῦ), y en 8,9 de "pertenecer a Cristo" (ἔστιν αὐτοῦ), todo lo cual sugiere entender estas situaciones como concomitantes o inseparables. La frase de 8,9 en relación al Espíritu así lo sugiere: estar en el Espíritu tiene como razón de ser el que el Espíritu esté en uno (ὑμεῖς... ἐστὲ... ἐν πνεύματι, εἴπερ πνεῦμα θεοῦ οἰκεῖ ἐν ὑμῖν). Además, el "tener el Espíritu de Cristo", que es similar al que "Cristo esté en uno", implica el "pertenecer a Cristo" (cf. 8,9). En suma, todas estas expresiones se refieren a un solo hecho: la unión íntima entre Cristo y el creyente.

Por otro lado, la presencia de Cristo en el creyente aparece como indisociable de la del Espíritu (πνεῦμα θεοῦ οἰκεῖ ἐν ὑμῖν... Χριστὸς ἐν ὑμῖν... Rm 8,9—10). En efecto, es de notar en Rm 8,9—11 la mención sucesiva del *«Espíritu de Dios»* (πνεῦμα θεοῦ), *«Espíritu de Cristo»* (πνεῦμα Χριστοῦ), y *«Cristo»* (Χριστός)[98], en lo que se refiere a su presencia en el hombre. Si bien se da una distinción entre Cristo y el Espíritu (εἰ δὲ Χριστός... τὸ δὲ πνεῦμα...), la sucesión de expresiones antes mencionada, unida a la coordinación de las frases, sugiere considerar como intercambiables o equivalentes

97 Cf. p. 172—174.

98 Cf. también la mención en 8,11 de: *«el Espíritu del que resucitó a...»* (τὸ πνεῦμα τοῦ ἐγείραντος...), y *«...de su Espíritu que habita...»* (τοῦ ἐνοικοῦντος αὐτοῦ πνεύματος).

al *«Espíritu de Dios»*, el *«Espíritu de Cristo»* y *«Cristo»*, en lo que se refiere a su presencia en el hombre[99]; como si la presencia del Espíritu fuera la manera de ser presente de Cristo en uno[100].

De cualquier manera, es en una situación de comunión con Cristo, que se da la situación de vida del Espíritu en el creyente; es lo que parece sugerir también la expresión de 8,2: *«el Espíritu de la vida en Cristo Jesús»* (τοῦ πνεύματος τῆς ζωῆς ἐν Χριστῷ Ἰησοῦ).

Y dado que esto ocurre *«a causa de la justicia»* (διὰ δικαιοσύνην), se podría entender a la justicia, como la causa que hace posible esta comunicación de vida sobrenatural (vida del Espíritu) al creyente.

Pero independientemente de esta última consideración, es claro que hay entender a la justicia como asociada a una situación de vida debida al Espíritu, y a una presencia de Cristo en el creyente; una situación un tanto similar a la presentada en Ga 2,20, por el hecho de que ese texto se sitúa al interno de un discurso sobre la justificación[101].

99 Cf. W. Schmithals, *Der Römerbrief.* Ein Kommentar (Gütersloh 1988) 270; Schweizer, "πνεῦμα", 431. Una asociación entre Cristo y el Espíritu se percibe también en 1 Co 15,45: ἐγένετο... ὁ ἔσχατος Ἀδὰμ εἰς πνεῦμα ζῳοποιοῦν. Cabe notar además que la estrecha asociación entre el Espíritu de Dios y Cristo es una característica de la pneumatología del NT (vislumbrada ya en el AT; cf. Is 11,1—4).

100 Cf. Boylan, *Romans*, 135—136; Cranfield, *Romans I*, 389 I. Hermann, *Kyrios und Pneuma.* Studien zur Christologie der paulinischen Hauptbriefen (SANT 2; München 1961) 98; P.v.d. Osten-Sacken, *Römer 8 als Beispiel paulinischer Soteriologie* (FRLANT 112; Göttingen 1975) 238; Penna, *Spirito*, 255—256, 292, 298; Crisóstomo: *«No está presente el Espíritu sino está presente Cristo. Pues donde una Persona de la Trinidad está presente, toda la Trinidad está presente»* (Οὐ γὰρ ἔστι Πνεύματος παρόντος, μὴ καὶ Χριστὸν παρεῖναι. Ὅπου γὰρ ἂν μία τῆς Τριάδος ὑπόστασις παρῇ, πᾶσα πάρεστιν ἡ Τριάς PG 60, 519).

101 Sobre esta cuestión se volverá más adelante, en las p. 137—150.

Por lo demás, la asociación entre Cristo, la vida y la justicia, parece ser presente también en Rm 5,18 donde si bien no es explícita la mención de Cristo, el contexto lleva a verlo implícito en el ἑνός[102]:

5,18: ...δι' ἑνὸς δικαιώματος εἰς πάντας ἀνθρ. εἰς δικαίωσιν ζωῆς

Y en fin, el que la justicia y la justificación sean presentadas en unión indisoluble con Cristo, es un hecho repetido y enfatizado por Pablo (Ga 2,16.21; 5,4; Rm 3,21—26; Flp 3,9).

2.3.6 Conclusiones

1. La mención del Espíritu, la vida y la justicia en Rm 8,10 revela una *distinción* entre la justicia y el Espíritu. Si bien a partir de Rm 5 se concluía una situación de vida como resultante de la justificación o bien identificada con ella, en Rm 8 se da una distinción: mientras que la vida es en realidad debida al Espíritu pues es El quien da la vida, la justicia aparece como la causa (διὰ δικαιοσύνην) por la cual esta situación de vida del Espíritu acaece.

Luego entonces, la justicia no se identifica con la recepción del Espíritu mas sí aparece como indisociable de ella, pues es el Espíritu quien da la vida, y la vida es un resultado distintivo de la justicia (cf. Ga 3,21; Rm 5,18).

2. El Espíritu de Dios que es el principio de vida, aparece como correlativo con el Espíritu de Cristo o con Cristo mismo, en lo que concierne a su presencia en el hombre: la presencia de uno implica la del otro. De esta forma, la vida en el hombre a causa de la justicia, puede ser considerada como una vida debida al Espíritu o a Cristo, y puede ser denominada como vida en el Espíritu o en Cristo.

102 Independientemente de que ἑνός sea tomado como masculino o neutro, la justificación mencionada es de entenderse en referencia a Cristo; así lo sugiere el paralelismo entre Cristo y Adán presente en Rm 5,15—21.

3. Se concluye la presencia en el cristiano, de una situación de vida producida por el Espíritu de Dios. Esta situación es presentada como debida a la justicia. Y aunada a esta situación presente de vida, se contempla una futura de vivificación a causa del mismo Espíritu, teniendo como objeto el mismo cuerpo mortal.

2.4 Conclusiones de Ga 3 y Rm 5 y 8

Como se vio en el c.1, el estudio de Ga 2—3, 2 Co 3 y 1 Co 6 en el c.1 sugiere la presencia de una estrecha relación entre la justificación y el Espíritu.

Ahora bien, esta relación que a partir del texo de 2 Co 3 es sugerida como realizándose a través del tema de la vivificación, resulta confirmada y mejor precisada ahora en el c.2 gracias al estudio de los textos de Ga 3, así como de Rm 5 y 8. Las conclusiones son las siguientes:

1. La justificación aparece como causa de una situación de vida (Rm 5; 8), y la presencia de vivificación aparece como señal de justificación (Ga 3)[103].

Consiguientemente, la relación entre justificación y vivificación aparece como recíproca. La justificación implica que haya vivificación (Rm 5,17—21); y la presencia de una vivificación implica la de la justificación (Ga 3,21). Es decir, se trata de una relación *indisociable:* una no puede existir sin la otra.

2. La situación de vida es presentada a su vez como debida al Espíritu de Dios que mora en el hombre (Rm 8).

103 Bultmann caracteriza la conexión entre justicia y vida como una relación de condición (justicia) y consecuencia (vida) (Bultmann, *Theologie*, 272 [§ 28,1]).

3. La obtención de la justicia no se identifica con la recepción del Espíritu mas si es inseparable de ella en el sentido de que el Espíritu da la vida y la vida es un indicio o señal de la justicia (cf. Ga 3,21).

4. Justificación, recepción del Espíritu y situación de vida aparecen como inseparables o correlativos: la presencia de una implica necesariamente la de las otras.

5. La situación de vida en el justificado presenta una doble dimensión: una actual, presente en el interior del hombre[104], y otra referida al futuro, teniendo como objeto al mismo cuerpo mortal (Rm 8).

104 El texto de Ga 2,20 es el que mejor describe esta situación.

3. La fe

La consideración del tema de la fe, elemento común tanto a la justificación como a la recepción del Espíritu, permite una confirmación del resultado concluido en el capítulo precedente: la relación entre la justificación y el Espíritu acaece a través del tema de la vivificación. En efecto, la fe, común a la justificación y al Espíritu, aparece asociada a una vivificación.

Por lo que concierne a los textos a considerar, se tiene que en el epistolario paulino (así como en las cartas deuteropaulinas), la fe aparece asociada 31 veces a la justicia o justificación (cf. tabla 5, p. 128—130)[1] y 9 veces al Espíritu (cf. tabla 6, p. 131)[2]. Y de estas recurrencias del tema de la fe, la mayor parte ocurren en Rm y Ga: fe y Espíritu aparecen 5 veces en Ga; y fe y justicia aparecen 20 veces en Rm y 7 veces en Ga. Y más precisamente, las recurrencias en Rm y Ga se concentran sobre todo en Rm 3,21—5,1 (14 veces fe y justicia) y Ga 2,16—3,24 (6 veces fe y justicia; 3 veces fe y Espíritu).

Ahora bien, es en los textos de Ga 2—3; 5; Rm 4 y Flp 3 donde la fe aparece asociada al tema de una vida nueva resultante o de una vivificación.

1 Es de notar además el uso tan variado de preposiciones en relación a la fe asociada a la justicia/justificación (cf. tabla 5, p. 128—130): el don de la justicia o de la justificación para Pablo, es recibida o hecha presente ἐκ πίστεως «de [la] fe», o bien διὰ [τῆς] πίστεως «por medio de [la] fe», mas sin que se dé una distinción rígida entre ambas expresiones (cf. Ga 2,16; Rm 3,30). Asimismo se habla de la justicia ἐπὶ τῇ πίστει «sobre la fe» (Flp 3,9), siendo ella sin embargo tal vez también similar a las precedentes (cf. Rm 3,28; 5,2: [τῇ] πίστει). Toda esta situación lleva probablemente a explicar el porque Pablo use simplemente la expresión δικαιοσύνη [τῆς] πίστεως «justicia de [la] fe» (Rm 4,11.13).

2 Por lo que se refiere al Espíritu, se habla de recibir el Espíritu ἐκ πίστεως «a partir de [la] fe», o bien διὰ τῆς πίστεως «por medio de la fe» (cf. tabla 6, p. 131).

Tabla 5: Recurrencias del vocabulario de justicia asociado a la fe en el epistolario paulino (incluyendo las cartas deuteropaulinas)

	δικαιόω/δικαιοσύνη/δίκαιος con:
	a) con πίστεως:
Rm 4,11:	καὶ σημεῖον ἔλαβεν περιτομῆς σφραγῖδα τῆς *δικαιοσύνης* τῆς <u>πίστεως</u>...
Rm 4,13:	...τὸ κληρονόμον αὐτὸν εἶναι κόσμου... διὰ *δικαιοσύνης* <u>πίστεως</u>
	b) con ἐκ πίστεως:
Rm 1,17:	*δικαιοσύνη* γὰρ θεοῦ ἐν αὐτῷ ἀποκαλύπτεται <u>ἐκ πίστεως</u> εἰς πίστιν...
Rm 1,17:	...καθὼς γέγραπται, Ὁ δὲ *δίκαιος* <u>ἐκ πίστεως</u> ζήσεται
Rm 3,26:	...εἰς τὸ εἶναι αὐτὸν δίκαιον καὶ *δικαιοῦντα* τὸν <u>ἐκ πίστεως</u> Ἰησοῦ
Rm 3,30:	...ὁ θεός ὃς *δικαιώσει* περιτομὴν <u>ἐκ πίστεως</u>...
Rm 5,1:	*δικαιωθέντες* οὖν <u>ἐκ πίστεως</u>...
Rm 9,30:	... ἔθνη τά... κατέλαβεν δικαιοσύνην, *δικαιοσύνην* δὲ τὴν <u>ἐκ πίστεως</u>...
Rm 10,6:	ἡ δὲ <u>ἐκ πίστεως</u> *δικαιοσύνη* οὕτως λέγει...
Ga 2,16:	...ἵνα *δικαιωθῶμεν* <u>ἐκ πίστεως</u> Χριστοῦ...
Ga 3,8:	προϊδοῦσα δὲ ἡ γραφὴ ὅτι <u>ἐκ πίστεως</u> *δικαιοῖ* τὰ ἔθνη ὁ θεός...
Ga 3,11:	...ὁ *δίκαιος* <u>ἐκ πίστεως</u> ζήσεται
Ga 3,24:	...ἵνα <u>ἐκ πίστεως</u> *δικαιωθῶμεν*
Ga 5,5:	ἡμεῖς γὰρ πνεύματι <u>ἐκ πίστεως</u> ἐλπίδα *δικαιοσύνης* ἀπεκδεχόμεθα

c) con διὰ [τῆς] πίστεως:

Rm 3,22: *δικαιοσύνη* δὲ θεοῦ <u>διὰ πίστεως</u> Ἰησοῦ Χριστοῦ...
Rm 3,25: ὃν προέθετο ὁ θεὸς ἱλαστήριον <u>διὰ</u> τῆς <u>πίστεως</u>... εἰς ἔνδειξιν τῆς *δικαιοσύνης* αὐτοῦ...
Rm 3,30: ...ὁ θεός ὃς *δικαιώσει*... ἀκροβυστίαν <u>διὰ</u> τῆς <u>πίστεως</u>...
Ga 2,16: εἰδότες δὲ ὅτι οὐ *δικαιοῦται* ἄνθρωπος... ἐὰν μὴ <u>διὰ πίστεως</u> Ἰησοῦ Χριστοῦ...
Flp 3,9: ...ἔχων... *δικαιοσύνην*... τὴν <u>διὰ πίστεως</u> Χριστοῦ...

d) con πίστει:

Rm 3,28: λογιζόμεθα γὰρ *δικαιοῦσθαι* <u>πίστει</u> ἄνθρωπον χωρὶς ἔργων νόμου

e) con ἐπὶ τῇ πίστει:

Flp 3,9: ...ἔχων... τὴν ἐκ θεοῦ *δικαιοσύνην* <u>ἐπὶ τῇ πίστει</u>

f) con πιστεύω + ἐπί:

Rm 4,5: τῷ δὲ μὴ ἐργαζομένῳ <u>πιστεύοντι</u> δὲ <u>ἐπὶ</u> τὸν *δικαιοῦντα* τὸν ἀσεβῆ...

g) εἰς + δικαιοσύνην con πίστις/πιστεύω:

Rm 4,3:	...<u>ἐπίστευσεν</u> δὲ Ἀβραὰμ τῷ θεῷ καὶ ἐλογίσθη αὐτῷ *εἰς δικαιοσύνην*
Rm 4,5:	...λογίζεται ἡ <u>πίστις</u> αὐτοῦ *εἰς δικαιοσύνην*
Rm 4,9:	...Ἐλογίσθη τῷ Ἀβραὰμ ἡ <u>πίστις</u> *εἰς δικαιοσύνην*
Rm 10,4:	τέλος γὰρ νόμου Χριστὸς *εἰς δικαιοσύνην* παντὶ τῷ <u>πιστεύοντι</u>
Rm 10,10:	καρδίᾳ γὰρ <u>πιστεύεται</u> *εἰς δικαιοσύνην*...
Ga 3,6:	καθὼς Ἀβραὰμ <u>ἐπίστευσεν</u> τῷ θεῷ, καὶ ἐλογίσθη αὐτῷ *εἰς δικαιοσύνην*

h) con πιστεύω:

Rm 4,11:	...εἰς τὸ εἶναι αὐτὸν πατέρα πάντων τῶν <u>πιστευόντων</u>... ...εἰς τὸ λογισθῆναι καὶ αὐτοῖς τὴν *δικαιοσύνην*

i) con πίστιν:

1 Tm 6,11:	...δίωκε δὲ *δικαιοσύνην* εὐσέβειαν <u>πίστιν</u>...
2 Tm 2,22:	...δίωκε δὲ *δικαιοσύνην* <u>πίστιν</u> ἀγάπην...

Tabla 6: Recurrencias del vocablo espíritu asociado a la fe en el epistolario paulino (incluyendo las cartas deuteropaulinas)

	πνεῦμα con πίστις/πιστεύω:
	a) con la preposición ἐκ:
Ga 3,2:	...ἐξ ἔργων νόμου τὸ *πνεῦμα* ἐλάβετε ἢ ἐξ ἀκοῆς πίστεως;
Ga 3,5:	ὁ οὖν ἐπιχορηγῶν ὑμῖν τὸ *πνεῦμα*... ἐξ ἔργων νόμου ἢ ἐξ ἀκοῆς πίστεως;
Ga 5,5:	ἡμεῖς γὰρ *πνεύματι* ἐκ πίστεως ἐλπίδα δικαιοσύνης ἀπεκδεχόμεθα
	b) con la preposición διά:
Ga 3,14:	...ἵνα τὴν ἐπαγγελίαν τοῦ *πνεύματος* λάβωμεν διὰ τῆς πίστεως
	c) otras recurrencias:
1 Co 12,9:	ἑτέρῳ πίστις ἐν τῷ αὐτῷ *πνεύματι*...
2 Co 4,13:	ἔχοντες δὲ τὸ αὐτὸ *πνεῦμα* τῆς πίστεως...
Ga 5,22:	ὁ δὲ καρπὸς τοῦ *πνεύματός* ἐστιν ἀγάπη... ἀγαθωσύνη, πίστις...
2 Ts 2,13:	...ὅτι εἵλατο ὑμᾶς ὁ θεὸς... εἰς σωτηρίαν ἐν ἁγιασμῷ *πνεύματος* καὶ πίστει ἀληθείας
	d) con el verbo πιστεύω:
Ef 1,13:	...πιστεύσαντες ἐσφραγίσθητε τῷ *πνεύματι* τῆς ἐπαγγελίας τῷ ἁγίῳ

3.1 Gálatas 2

El tema de la fe es presente en la sección Ga 2,15—21 donde aparece además el tema de la justificación. Más precisamente, el vocabulario de la fe aparece en el v.16 y en el v.20. Procederemos a estudiar estas recurrencias, completando lo ya dicho en el c.1 sobre estos versículos.

3.1.1 Gálatas 2,16

3.1.1.1 Estructura de Ga 2,16

En el c.1 se había visto[3] como el v.16 posee una vistosa estructura concéntrica que pone al centro la afirmación de la justificación a partir de la fe, al par que presenta una oposición entre ἔργων νόμου y πίστεως ['Ιησοῦ] Χριστοῦ como complementos contrapuestos a la acción de justificar.

Desde el punto de vista lógico o gramatical, la estructura consta de una principal enunciativa, la cual rige a dos subordinadas de primer orden (una participal y una final) y éstas a su vez a otras dos subordinadas de segundo orden (una objetiva y una causal):

εἰδότες δὲ .... participal circunstancial 1°
ὅτι οὐ δικαιοῦται ἄνθρ. ἐξ ἔργων νόμου .... objetiva enunciativa 2°
ἐὰν μὴ διὰ πίστεως Ἰησοῦ Χριστοῦ, ... con doble complemento
καὶ ἡμεῖς εἰς Χρ. Ἰησοῦν ἐπιστεύσαμεν, ..PRINCIPAL enunciativa
ἵνα δικαιωθῶμεν ἐκ πίστεως Χριστοῦ .... final enunciativa 1°
καὶ οὐκ ἐξ ἔργων νόμου, ...con doble complemento
ὅτι ἐξ ἔργ. νόμ. οὐ δικαιωθήσεται πᾶσα σάρξ. causal enunciativa 2°

3 P. 29—30.

La mención de πιστεύω como verbo de la proposición principal, indica ya la importancia del tema de la fe en este versículo. El complemento objeto es bien precisado: Χριστὸν Ἰησοῦν. Esto llevó a interpretar el genitivo en la expresión πίστις [Ἰησοῦ] Χριστοῦ como objetivo: fe en Jesucristo[4].

Y al acto de fe, sugerido como un evento preciso a causa del uso del aoristo indicativo (ἐπιστεύσαμεν), tiene una finalidad clara: ser justificados (ἵνα δικαιωθῶμεν). El hecho de que se añada el complemento ἐκ πίστεως Χριστοῦ, muestra un evidente relieve dado a la fe: se cree para ser justificados, y la justificación deriva de la fe[5].

Por otra parte, se da también una insistencia en la negación de las obras de la Ley en cuanto a ser consideradas como origen de tal justificación: ello es repetido 3x, y mencionándose al inicio y al final de la estructura del v.16.

Habiéndose establecido la estructura lógica del versículo, se tratará ahora de profundizar en la comprensión de esta insistencia en la fe, al par que en la negación de las obras de la Ley, en lo que se refiere a la obtención de la justificación.

3.1.1.2 La contraposición fe y obras de la Ley

El uso de la preposiciones. La estructura de la frase presenta una oposición entre ἔργων νόμου y πίστεως [Ἰησοῦ] Χριστοῦ como complementos contrapuestos a la acción de justificar:

...οὐ δικαιοῦται ἄνθρωπος		ἐξ	ἔργων νόμου
	ἐὰν μὴ	διὰ	πίστεως Ἰησοῦ Χριστοῦ
...ἵνα δικαιωθῶμεν		ἐκ	πίστεως Χριστοῦ
	καὶ οὐκ	ἐξ	ἔργων νόμου

4 P. 31.

5 Se provee así con uno de los principios de la dependencia humana de Dios (cf. J.D.G. Dunn, *The Theology of Paul the Apostle* (Grand Rapids, MI 1998) 372.

Por lo que respecta a la diferencia en el uso de las preposiciones διὰ πίστεως y ἐκ πίστεως en Ga 2,16, se encontró que el paralelismo sinonímico entre las 2 proposiciones desaconseja establecer una distinción rígida: la justificación es considerada indistintamente como obtenida a partir de (ἐκ) o por medio de (διά) la fe.

Hay que añadir ahora que en el uso de ambas preposiciones, la preposición ἐκ es mayormente utilizada en 2,16 (4x) con respecto a διά (1x). Tal insistencia denota un interés sobre todo en la cuestión del origen o fundamento de la justificación, es decir, el interés versa sobre el nivel más fundamental del hombre en vistas a su justificación[6].

La exclusión entre fe y obras. La confrontación entre la fe y las obras de la ley es repetida dos veces, precediendo y sucediendo a la proposición principal. En la primera confrontación, el sentido de la relación depende del sentido que se dé a ἐὰν μή en la proposición objetiva enunciativa de 2°. En sí, ella tiene un sentido exceptuativo ("a excepción de" cf. Ga 1,19), aunque puede también tener uno adversativo (=ἀλλά "mas" cf. Ga 1,7; 1 Co 7,17).

Otro problema a resolver es el determinar si tal locución hace referencia a todo lo precedente (οὐ δικαιοῦται ἄνθρωπος ἐξ ἔργων νόμου) o bien sólo a la parte principal (οὐ δικαιοῦται ἄνθρωπος).

Sosteniendo un sentido exceptuativo, el sentido sería: 1. en el caso de hacer referencia a todo lo precedente: "no es justificado el hombre a partir de las obras de la Ley, a excepción de que sea por medio de la fe en Jesucristo" (es decir, las obras de la Ley no son excluidas si éstas van acompañadas por la fe); 2. en el caso de hacer referencia sólo a la parte principal: "no es justificado uno excepto que por la fe" (es decir, la sola posibilidad es por la fe).

Por su parte, en el caso de sostener un sentido adversativo[7], la referencia sería posible sólo en relación al otro complemento, quedando el sentido como: "no a partir de las obras de la Ley, mas por

6 Cf. Vanhoye, *Galati*, 21—22. Por el contrario, en St 2,14—26 el problema se sitúa en otro nivel: si las obras son necesarias o no para el creyente.

7 Así: Zerwick, *Analysis*, ad Ga 2,16; cf. BDF § 448(8).

medio de la fe". El sentido dado en este caso resultaría igual al segundo del párrafo precedente.

Ahora bien, dado que Pablo nunca contempla la posibilidad de que sea uno justificado a partir de las obras de la Ley, si ello es acompañado por la fe[8], es de sostener el sentido adversativo[9], o bien el exceptuativo[10] pero refiriéndolo a la parte principal de la proposición.

Tal exclusión entre fe y obras de la Ley aparece más clara en la segunda confrontación, presente en la segunda mitad del versículo: ...ἵνα δικαιωθῶμεν ἐκ πίστεως Χριστοῦ καὶ οὐκ ἐξ ἔργων νόμου...

Esta exclusión entre fe y obras de la Ley, sugiere ya un aspecto de la fe asociada a la justificación: la gratuidad. La mención de *«no anulo la gracia* (χάρις) *de Dios»* en 2,21a lo confirma.

El contexto. Y en fin, es de notar que la afirmación de Pablo se ubica en un contexto preciso. No se trata de una discusión abstracta, sino que responde a una situación muy concreta: la tensión debida a los puntos de vista judaizantes que quieren mantener un esquema farisaico sobre la justificación por las obras de la Ley[11] en relación a los gentiles[12].

Pablo aborda en Ga (y Rm) el problema de la justificación por la fe y no por las obras de la Ley mosaica[13]. La posición de Pablo no es por lo tanto contra las obras de la Ley en sí, sino en

8 Cf. la parte final de 2,16: ...ἐξ ἔργων νόμου οὐ δικαιωθήσεται πᾶσα σάρξ.

9 Cf. Ga 3,2.5; Pitta, *Galati*, 144.

10 Cf. Burton, *Galatians*, 121; M.J. Lagrange, *Épître aux Galates* (EB; Paris 1950), 47. En este caso sería necesario traducir: *«sino sólo...»* para evitar confusión (cf. Burton).

11 Cf. M.G. Cordero, *Teología de la Biblia* (BAC 335; Madrid 1972) II, 611.

12 Cf. G. Howard, *Paul: Crisis in Galatia.* A Study in Early Christian Theology (SNTSMS 35; Cambridge 1990[2]) 46,65.

13 Cordero, *Teología*, II, 614. Por el contrario, el discurso de St 2,14—26 se ubica en un contexto más general.

que éstas sean consideradas como medio (διά) u origen (ἐκ) de la justificación[14]. Esto es importante de precisar pues de lo contrario no se entendería como Pablo se refiera positivamente a la Ley en otros textos[15].

3.1.1.3 La fe en Jesucristo

El objeto de la fe concierne un título mesiánico: se trata de la fe en Jesús, el Cristo (πίστεως Ἰησοῦ Χριστοῦ)[16]; o bien, dicho de otro modo, implícitamente se trata de creer que: "Jesús es el Cristo"[17], siendo precisado también más adelante como "Hijo de Dios" (Ga 2,20)[18], o bien como "Señor" (Ga 1,3; 6,14.18).

Esta observación en torno al objeto de la fe asociada a la justificación, si bien puede parecer obvia, tiene su importancia pues en el fondo se encuentra la idea de la resurrección y exaltación de Jesús; en efecto, es por su resurrección y exaltación, *«que Dios ha*

14 Cf. Ga 5,4. El hecho de que en la proposición principal Pablo mencione solamente la fe, sin decir nada sobre las obras de la Ley como p.e.: *«y hemos abandonado las obras de la Ley»* es significativo al respecto (cf. Vanhoye, *Galati*, 26).

15 Cf. Ga 5,14; Rm 7,14; 13,8—10.

16 En la fórmula de Ga 2,16: πίστεως Ἰησοῦ Χριστοῦ, se da una variante en lo que se refiere al orden de los dos últimos vocablos. Es de preferir el orden Ἰησοῦ Χριστοῦ el cual tiene mejor atestación (𝔓[46] ℵ C D F G H Ψ 𝔐 lat sy), con respecto a la lectura Χριστοῦ Ἰησοῦ (A B 33 vg[mss]), siendo además que la expresión πίστεως Χριστοῦ Ἰησοῦ no aparece en ningún otro lugar del epistolario paulino. En cambio, la expresión πίστεως Ἰησοῦ Χριστοῦ aparece en Ga 3,22 y en Rm 3,22.

Por el contrario, en la expresión sucesiva: εἰς Χριστὸν Ἰησοῦν ἐπιστεύσαμεν donde se da también una variante en lo que se refiere al orden de Χριστός y Ἰησοῦς, la mejor atestación es para la lectura Χριστὸν Ἰησοῦν (ℵ A C D F G Ψ 𝔐 lat). Esta lectura es favorecida por la estructura quiástica del versículo: πίστεως Ἰησοῦ Χριστοῦ... Χριστὸν Ἰησοῦν ἐπιστεύσαμεν... Pero de cualquier modo, el orden de los vocablos no altera el sentido del texto en ambos casos.

17 Cf. Betz, *Galatians*, 117.

18 La afirmación de que Jesús es el Cristo, el Hijo de Dios, ocupa un lugar de primera importancia en la predicación evangélica (cf. Jn 20,31).

constituido Señor y Cristo» a Jesús (Hch 2,32—36; cf. Rm 1,4). Ahora bien, según Rm 4,25 la resurrección de Jesús aparece como causa de nuestra justificación (Rm 4,25).

Más aún, en Rm 4 Pablo describe a la fe del creyente por la que es justificado, como una fe en Dios que *«resucitó de entre los muertos a Jesús Señor nuestro»* (Rm 4,24); y la fe de Abraham, como una fe en *«Dios que da vida a los muertos»* (Rm 4,17). Asimismo, en Ga 3,25 Pablo personifica a la fe asociada a la justificación y presenta su venida como un acontecimiento preciso[19] y que hay que entender en relación a la muerte y resurrección de Cristo.

Es decir, la fe a partir de la cual (ἐκ) o por medio de la cual (διά) se obtiene la justificación, parece ser asociada en el fondo a la resurrección de Jesús, al poder vivificador de Dios, y por ende a su Espíritu.

Y si bien es cierto que en el texto de Ga 2,16 esta idea resta implícita, basada en el título de Jesús como Cristo, así como en los resultados obtenidos en los capítulos anteriores, la idea merece un estudio más atento debido a sus repercusiones con el tema del presente trabajo. El estudio de los textos de Ga, Rm y Flp que serán considerados en el resto de este capítulo, ayudará a verificar la hipótesis planteada en torno al objeto de la fe asociada a la justificación y al don del Espíritu; i.e., una fe en Dios capaz de vivificar.

3.1.2 Gálatas 2,19—20

Después de haber insistido en el tema de la justificación a partir de la fe y no de la Ley en 2,16, y de argumentar contra posibles objeciones de sus oponentes en 2,17—18, Pablo define su propia situación (paradigma de la del creyente)[20] en 2,19—20, para luego concluir de nuevo con la cuestión de la justificación.

19 Cf. los aoristos ἐλθεῖν, ἀποκαλυφθῆναι (3,23) y ἐλθούσης (3,25).

20 Cf. BDF § 281.

Ahora bien, en la descripción de 2,19—20, el tema de la vida es fuertemente presente (ζάω 5x). ¿Por qué esta insistencia en el tema de la vida, al interno de un discurso sobre la justificación a partir de la fe?[21]. Y más precisamente: ¿por qué se habla de una vida en la fe?

3.1.2.1 Situación de muerte y vida (Ga 2,19)

La situación presentada por Pablo en 2,19—20, situación de quien busca la justificación en Cristo (2,17), es descrita de dos maneras: primero negativamente, refiriéndose a la Ley (2,19a): Pablo ha muerto a ella; luego en modo positivo, refiriéndose a Dios (2,19b): Pablo vive para El[22]. Y la razón de esta doble situación es dada en 2,19c: la condición de comunión con Cristo crucificado (Χριστῷ συνεσταύρωμαι). Esta concisa frase de Pablo (2,19c), da luz sobre lo dicho antes: su condición de muerte y vida (2,19a—b).

En efecto, dado que Cristo murió condenado por la Ley[23], la Ley no tiene ya ningún poder sobre él pues la Ley tiene valor sólo mientras uno vive[24]; luego entonces, en este sentido se puede decir que Cristo murió a la Ley por medio de la Ley misma[25]. Consiguientemente, Pablo, uniéndose a Cristo en su muerte, se puede considerar así mismo también como muerto a la Ley por medio de la Ley. Esta interpretación que se apoya en el hecho de la muerte

21 Cf. L. Cerfaux, "Justice. S. Paul", DBS IV, 1492: *«Paul insère le thème "vie" au milieu d'un développement sur la justice (Ga 2,19—20)».*

22 Los dativos paralelos νόμῳ y θεῷ son de considerarse con un valor de relación: se muere con respecto a la Ley, y se vive con respecto a Dios (cf. Pitta, *Galati*, 151 n.352; Vanhoye, *Galati*, 39).

23 Cf. Jn 19,7: *«Nosotros tenemos una Ley y según esa Ley debe morir»*. Pablo no dice esto explícitamente, más lo da a entender al decir que Dios mandó a su Hijo en una existencia sometida a la Ley (Ga 4,4), y que su muerte fue considerada como una maldición por la Ley (cf. Ga 3,13) (cf. Vanhoye, *Galati*, 38).

24 Cf. Rm 7,1.

25 Esta interpretación permite resolver el problema de la determinación de νόμος en Ga 2,19: la ley de que se habla es siempre la Ley mosaica (cf. Vanhoye, *Galati*, 39).

de Cristo en la cruz, es confirmada por Rm 7,4: *«también ustedes quedaron muertos a la Ley por medio del cuerpo de Cristo»*, donde el cuerpo crucificado de Cristo constituye el medio por el que los creyentes han muerto a la Ley[26].

Por otro lado, Cristo no murió para permanecer en la muerte sino para resucitar a una vida nueva, la cual no se sitúa ya más en relación a la carne sino en relación a Dios; Cristo resucitado vive "para Dios" (cf. Rm 6,10)[27]. Luego entonces, Pablo uniéndose a Cristo, también puede considerarse como vivo para Dios[28]. Este segundo aspecto de vida es desarrollado por Pablo en 2,20.

Sin embargo, se da una diferencia cualitativa entre la situación de Cristo y la de Pablo: para Cristo, la muerte y la vivificación son reales; para Pablo en cambio se dan a nivel espiritual. Para Pablo, la situación de muerte en relación a la Ley es de entenderse como un dejar de tener relación con ella[29], como un ser liberado de ella[30]; y la situación de vida, como el tener una relación personal con alguien[31].

¿Cuándo acaece tal situación descrita por Pablo? Sobre esta cuestión se ha discutido mucho, centrándose sobre todo el debate en una posible alusión al bautismo, interpretando Ga 2,19 a la luz de Rm 6,1—11. A favor de una tal alusión[32], se aduce el hecho de

26 Cf. Col 1,22; 2,14; Schlier, *Galaterbrief*, 101.

27 Vanhoye, *Galati*, 39.

28 Hay que notar que si bien Ga 2,19 puede parecer un texto antilegalista por antonomasia (cf. Burton, *Galatians*, 134), inclusive blasfemo para un judío: morir a la Ley para vivir para Dios (cf. Dt 30,16; Mussner, *Galaterbrief*, 180), en realidad no lo es. Para Pablo, la Ley misma es sólo un medio: *«yo, por medio de la Ley* (διὰ νόμου)*, morí...»*, que tiene un resultado positivo: vivir para Dios. El problema con la Ley es sólo cuando ésta adquiere un valor absoluto, convirtiéndose en enemiga de Cristo (cf.: Ga 5,4; Flp 3,18; Mt 12,10; Mc 3,2; Lc 6,7; 13,14; 14,3; Jn 5,16; 7,23).

29 Cf. Rm 6,2.11; Burton, *Galatians*, 132; Longenecker, *Galatians*, 91.

30 Cf. Rm 6,7; 7,6.

31 Cf. Rm 14,7—8; 2 Co 5,15

32 En su mayoría, autores de confesión católica: Kertelge, *Rechtfertigung*, 239—242; Lagrange, *Galates*, 52; Mussner, *Galaterbrief*, 180—181; Schlier, *Galaterbrief*, 99—100.

que el tema de la "unión a Cristo", así como la terminología de la "fe" y de "morir/vivir" presente en Ga 2,19—20, es usada en relación al bautismo en Rm 6,3—11 y Col 2,12—13. Y en contra de tal alusión[33], se aduce el hecho de que en Ga 2,19—20 no sea mencionado el bautismo, o bien de que cuando se menciona el bautismo en Ga 3,27, no se menciona la idea de "morir junto con Cristo".

De estas dos interpretaciones, nos parece más plausible la primera en razón de Rm 7,4:

Ga 2,19: *«...yo por la ley he muerto a la ley* (νόμῳ),
a fin de vivir para Dios (θεῷ);
con Cristo (Χριστῷ) *estoy crucificado»*
Rm 7,4: *«...vosotros quedásteis muertos respecto de la ley*(νόμῳ)[34]
por el cuerpo de Cristo (Χριστοῦ)[35]
...a fin de que fructificáramos para Dios (θεῷ)[36]»

siendo que Rm 7,4 evoca numerosos temas de Rm 6,1—11 donde se habla del bautismo, y que la continuidad temática entre Rm 6 y 7 es indicada por numerosos vocablos[37].

33 En su mayoría, autores de confesión protestante: Betz, *Galatians*, 123; Bonnard, *L'épître de Saint Paul aux Galates* (CNT; Neuchâtel—Paris 1972) 56; Fung, *Galatians*, 124.

34 Cf. Rm 6,14: *«...ya no estáis bajo la ley...»*.

35 Cf. Rm 6,6: *«...nuestro hombre viejo fue crucificado con él»*
6,8: *«...hemos muerto con Cristo»*.

36 Cf. Rm 6,11: *«...vivos para Dios en Cristo Jesús»*.

37

ἁμαρτία:	Rm 6,1.2.6(2).7.10.11.12.13.14.16.17.18.20.22.23; 7,5.7(2).8(2).9.11.13(3).14.17.20.23.25...
θάνατος:	Rm 6,3.4.5.9.16.21.23; 7,5.10.13(2).24...
ἀποθνῄσκω:	Rm 6,2.7.8.9.10(2); 7,2.3.6.10...
ζῶ:	Rm 6,2.10(2).11.13; 7,1.2.3.9...
κυριεύω:	Rm 6,9.14; 7,1
καταργέω:	Rm 6,6; 7,2.6
καινότης:	Rm 6,4; 7,6
παλαιότης:	Rm 6,6; 7,6

Además: a) la secuencia temática de "morir/vivir", es comprensible desde la perspectiva del bautismo[38]; b) el verbo συσταυρόομαι «*estar crucificado con*» aparece en el epistolario paulino sólo en Ga 2,19 y en Rm 6,6 donde se habla del bautismo; c) y en fin, cuando Pablo habla del bautismo en Ga 3,27, usa el aoristo (ἐβαπτίσθητε, ἐνεδύσασθε) como es el caso de Ga 2,19 (ἀπέθανον)[39].

Pero a reserva de una tal interpretación, lo que interesa a nuestro estudio, es notar el uso del aoristo tanto en 2,16 (ἐπιστεύσαμεν) como en 2,19 (ἀπέθανον); el desarrollo del discurso sugiere ver la referencia a un *mismo* evento temporal[40]: la muerte de Pablo a la Ley se sitúa en el momento de su adhesión a Cristo por la fe[41]. Y consecuentemente, su vivir para Dios (ἵνα θεῷ ζήσω) es de entenderse también en relación a ese momento denotado por el aoristo ingresivo[42] de 2,16: ἐπιστεύσαμεν. Un apoyo a esta interpretación se tiene en 2,20 donde la vida es asociada precisamente a la fe.

3.1.2.2 La vida de Cristo (Ga 2,20a)

De las dos situaciones aludidas en 2,19, Pablo se interesa sobre todo en desarrollar la de la vida en 2,20; así lo indica la repetición del verbo ζάω (4x).

así como el sintagma ἐκ τῶν νεκρῶν ἐγειρεῖν: Rm 6,4.9; 7,4 (cf. J.M. Díaz-Rodelas, *Pablo y la ley*. La novedad de Rm 7,7—8,4 en el conjunto de la reflexión paulina sobre la ley (ISJ 28; Estella, Navarra 1994) 75).

38 Cf. Pitta, *Galati*, 152.

39 Cf. Vanhoye, *Galati*, 40.

40 Cf. Mussner, *Galaterbrief*, 179 n.58; E. Stauffer, "ἐγώ", TWNT II, 355.

41 Cf. Vanhoye, *Galati*, 40.

42 Cf. E.W.Burton, *Syntax of the Moods and Tenses in New Testament Greek* (Edinburgh 1898^{3}) 20; Robertson, *Grammar*, 834 Turner, *Syntax*, III, 71; Zerwick, *Graecitas*, § 250.

2,19b: ἵνα θεῷ ζήσω

2,20a: ζῶ δὲ οὐκέτι ἐγώ,
ζῇ δὲ ἐν ἐμοὶ Χριστός·

2,20b: ὃ δὲ νῦν ζῶ ἐν σαρκί,
ἐν πίστει ζῶ τῇ τοῦ υἱοῦ τοῦ θεοῦ
τοῦ ἀγαπήσαντός με καὶ παραδόντος ἑαυτὸν ὑπὲρ ἐμοῦ

Este hecho por un lado indica que Pablo se interesa sobre todo en presentar el aspecto positivo de la situación del creyente; por otro lado parece apoyar la idea de una relación entre justificación y vida.

1. Cambio de sujeto. La posición de la negación en Ga 2,20a es de notar[43]: Pablo no dice οὐκέτι ζῶ, lo cual sería falso, sino οὐκέτι ἐγώ; Pablo admite que vive, mas precisa que el sujeto de esa vida no es más (οὐκέτι) él; en su vida, alguien más ha tomado el lugar principal. Hay que concluir por ende dos niveles en la vida de Pablo: uno físico, el cual no es negado, y otro espiritual. El primer nivel es indicado más adelante en 2,20b como un "vivir en la carne" (ζῶ ἐν σαρκί), mientras que el otro como un "vivir en la fe" (ἐν πίστει ζῶ). Pablo se interesa sobre todo por este segundo nivel espiritual[44].

2. Presencia de Cristo. La segunda proposición *(«vive en mí Cristo»)* viene a completar lo dicho en la primera. En la vida de Pablo, quien ha tomado el lugar principal es Cristo.

La idea de que Cristo sea presente como vida en el creyente no es exclusiva de Pablo. Ella aparece también en otros escritos del NT. En 1 Jn se lee por ejemplo:

43 Cf. Lightfoot, *Galatians*, 119; Vanhoye, *Galati*, 42—43.

44 Cf. Flp 1,21.

1 Jn 5,11—12: «*...Dios nos ha dado vida eterna y esta vida está en el Hijo. Quien tiene al Hijo, tiene la vida; quien no tiene al Hijo, no tiene la vida*»

Sin embargo, en el texto de Ga 2,20 el tono no es impersonal sino personal y apasionado, describiendo la propia situación personal de Pablo, pero también la de todo creyente, dada la posición del discurso en la argumentación. Y tal afirmación de Pablo no es única; en Flp declara: «*para mi la vida es Cristo*» (Flp 1,21a)[45].

Ahora bien, dado que lo dicho en 2,20a: «*vive en mí Cristo*», continúa lo dicho en 2,19: «*estoy crucificado con Cristo*»[46], hay que suponer que Pablo presupone implícitamente el hecho dela resurrección de Cristo, pues no caracteriza esa situación de concrucifixión como una situación de muerte.

Si Pablo alude a Cristo en su crucifixión *(«estoy crucificado con Cristo»)*, la referencia a Cristo como vida en él *(«vive en mí Cristo»)* implica el que Cristo sea considerado también en su condición de resucitado.

Y hay que añadir que es en base a su condición de resucitado, que la equivalencia o intercambiabilidad entre El y su Espíritu, tiene lugar en el interior del hombre[47]. Y a este respecto, es de notar que en Rm 8,10 se habla de una presencia de Cristo en el creyente, asociada a una vida del Espíritu, a causa de la justicia:

Rm 8,10: εἰ δὲ Χριστὸς ἐν ὑμῖν... τὸ δὲ πνεῦμα ζωὴ διὰ δικαιοσύνην

45 Cf. también Col 3,4: «*...Cristo, vida vuestra...*».

46 El primer δέ coordina el Χριστῷ συνεσταύρομαι con ζῶ... οὐκέτι ἐγώ (cf. Burton, *Galatians*, 137; Longenecker, *Galatians*, 92). El hecho de que Χριστῷ συνεσταύρομαι no tenga conexión con la frase precedente, apoya tal interpretación (cf. Vanhoye, *Galati*, 42).

47 Cf. Burton, *Galatians*, 137.

Pero lo que es importante subrayar ahora es que si en Ga 2,16—20 se asocia una situación de justificación (2,16) con una presencia de Cristo (2,20), en Rm 8,10 se asocia también una presencia de Cristo con una situación de justicia[48].

3.1.2.3 La vida en la fe (Ga 2,20b)

Lo dicho en la segunda parte (2,20b) mira a explicar mejor lo dicho en la primera parte (2,20a). Esta intención se refleja en el hecho de que Pablo no emplee expresiones paradójicas ni antítesis como en 2,20a.

La vida en la carne. La primera frase relativa: *«lo que ahora vivo en la carne»* (ὃ δὲ νῦν ζῶ ἐν σαρκί), viene a precisar mejor lo dicho en la primera frase de 2,20a: *«y vivo no más yo»* (ζῶ δὲ οὐκέτι ἐγώ)[49]. Pablo admite de vivir aún *«en la carne»* (ἐν σαρκί), mas en seguida pasa a precisar cualitativamente ese vivir: lo vive *«en la fe»* (ἐν πίστει).

La frase inicia con un pronombre relativo neutro acusativo (ὅ), que ha sido interpretado diversamente: a) refiriéndolo a la "vida"[50]; b) al límite de esa vida, en contraste de la vida futura: "lo vivido hasta ese momento"[51]; c) refiriéndose a la carne: "lo que vivo en la carne"[52]. De cualquier modo, lo que queda claro es que se trata de un acusativo de contenido[53] del verbo ζῶ. Precisar aún más su significado, resulta difícil.

48 Sobre la presencia del Espíritu se tratará más adelante (p. 149—150).

49 Al igual que el primer δέ de 2,20a, se trata de un δὲ con valor continuativo (cf. Longenecker, *Galatians*, 93; Turner, *Syntax*, III, 331—332).

50 Cf. Burton, *Galatians*, 138: *«The relative... simply puts into sustantive form the content of the verb* ζῶ*»*.

51 Cf. Lightfoot, *Galatians*, 119: *«So far as I live now in the flesh»*.

52 Cf. Bauer, "ὅς" 7.c.: *«The life that I now live in the flesh»*

53 Cf. Rm 6,10; Turner, *Syntax*, III, 245—246.

El adverbio temporal νῦν hace referencia al tiempo posterior al ἀπέθανον y es contemporáneo al ζῇ δὲ ἐν ἐμοὶ Χριστός[54]; es decir, alude a su existencia cristiana[55].

En fin, la expresión ἐν σαρκί, si bien algunas veces es usada con una connotación ética, como un vivir en el pecado (cf. Rm 8,8—9), en Ga 2,20 es de entenderse en el sentido llano de significar la vida física[56], como p.e. Flp 1,22: τὸ ζῆν ἐν σαρκι. Es decir, la expresión *«en la carne»* hace alusión al cuerpo mortal[57].

La vida en la fe. En la proposición principal de la segunda parte (2,20b), Pablo precisa el modo en el que vive su vida terrena: *«en la fe»* (ἐν πίστει). Y dado que primero había dicho Pablo: *«vive en mí Cristo»* (2,20a), hay que suponer que esa situación de comunión se da gracias a la fe; es en ella que la vida de Cristo se hace presente en Pablo. Consiguientemente, la fe no es considerada como un mero acto intelectual, sino como el acoger la vida de otro: de Cristo[58].

Esto tiene particular importancia para nuestro estudio, pues lo dicho en Ga 2,20 se ubica al interior de un discurso sobre la justificación a partir de la fe. Es decir, la fe asociada a la justificación, se presenta como un *acoger la vida de Cristo.*

Por otra parte, esta primacía de la vida de Cristo en Pablo, implica para Pablo un cambio: su vida no se apoya ya en su ἐγώ, sino en Cristo[59]. Esta situación de renuncia a su propio yo, está en consonancia con lo dicho en Ga 2,16: la justificación no se da a

54 Cf. Longenecker, *Galatians*, 93.

55 Cf. Ga 3,3; 4,9; Betz, *Galatians*, 125 n.98; Lagrange, *Galates*, 54.

56 Cf. Lagrange, *Galates*, 52.

57 En 2 Co 10,2—3 son presentes las dos connotaciones: ...κατὰ σάρκα περιπατοῦντας.᾿Εν σαρκί γὰρ περιπατοῦντες...

58 Cf. Vanhoye, *Galati*, 46; Ef 3,17a: *«Que Cristo habite por la fe en sus corazones».*

59 Consiguientemente, Cristo aparece como Señor de su vida, de modo que Pablo vive para El; cf. Rm 7,4; 14,8; 2 Co 5,15.

partir de o por medio de las obras *de uno mismo* en relación a la Ley, sino a partir de la fe *en otro*, en Cristo[60].

Y en fin, resta por notar que la situación de inhabitación de Cristo en Pablo, no es entendida como una posesión o una inspiración taumatúrgica, ampliamente extendida en el ambiente judío y helenista, pues el responsable de la acción es Pablo; la presencia de Cristo en la vida de Pablo, no desconecta por así decir a Pablo de su ser ni lo transforma en un sujeto pasivo.

Pablo continúa a ser el sujeto de su vida (ζῶ), sólo que dejando que Cristo viva en él de manera primordial o principal (δὲ οὐκέτι ἐγώ... ζῇ δὲ ἐν ἐμοὶ Χριστός 2,20a). Lo dicho en 2,20b confirma esta interpretación: Pablo continúa a vivir (ὃ δὲ νῦν ζῶ ἐν σαρκί), sólo que su vivir lo realiza en la fe (ἐν πίστει ζῶ).

La fe en el Hijo de Dios. La fe tiene un objeto bien preciso: se trata de la fe en el Hijo de Dios (ἐν πίστει... τῇ τοῦ υἱοῦ τοῦ θεοῦ)[61]. El genitivo es de entenderse como objetivo[62].

La interpretación del título de *«Hijo de Dios»* en Pablo, ha sido objeto de discusión: mientras que algunos ven en tal título, sólo un sentido mesiánico[63], otros ven en él una consideración del Resucitado constituido Señor y que vive junto a Dios[64]. Sin embargo,

60 Es decir, como dirá Pablo en Rm 4, la justificación acaece no en razón de un trabajo, sino como don gratuito.

61 Si bien varios manuscritos importantes atestan la lectura τῇ τοῦ θεοῦ καὶ Χριστοῦ (𝔓[46] B D* F G (b); MVict), es de preferir la lectura τῇ τοῦ υἱοῦ τοῦ θεοῦ (ℵ A C D[1] Ψ 0278.33.1739.1881 𝔐 lat sy co arm got aeth; Cl) sobre todo por razones de crítica interna: el acento en Ga 2,16—21 es sobre todo en Cristo (Χριστός 8x) y al cual se refiere el τοῦ ἀγαπήσαντός με καὶ παραδόντος ἑαυτόν que le sigue. La inserción de καὶ Χριστοῦ pudo haberse debido a una omisión previa de τοῦ υἱοῦ al pasar un copista del primer τοῦ al segundo (Metzger, *Commentary*, ad Ga 2,20).

62 Cf. p. 31.

63 Cf. J. Eckert, *Die urchristliche Verkündigung im Streit zwischen Paulus und seinen Gegnern nach dem Galaterbrief* (BU 6; Regensburg 1971) 177 n.2.

64 Cf. P. Stuhlmacher, *Das paulinischen Evangelium* (FRLANT 95; Göttingen 1968) I, 81.

es preferible ver un sentido amplio en tal designación, abarcando tanto la dimensión terrestre como la celeste[65]. En efecto: mientras que en Ga 1,16 y 2,19—20 aparece referida a Cristo Resucitado quien ha sido revelado en Pablo (1,16) y que vive en él (2,19); en Ga 2,20 y 4,4 aparece referida a Cristo en su entrega sacrificial (2,20), y visto como enviado por Dios, nacido de mujer y sometido a la Ley (4,4).

Por otra parte, la designación de Cristo como Hijo de Dios, ayuda a explicar la frase de 2,19: *«vivir para Dios»* (ἵνα θεῷ ζήσω). En efecto, Cristo, como Hijo de Dios, vive en una relación perfecta con Dios[66]: vive realmente para El; luego entonces, al acoger el creyente la vida de Cristo en él, su vida se encuentra también dirigida hacia el Padre, de modo que "vive para Dios".

Además, la mención de la filiación divina de Cristo en Ga 2,20, se encuentra en sintonía con la atribución de la filiación a los creyentes mencionada en Ga 3,26: πάντες γὰρ υἱοὶ θεοῦ ἐστε διὰ τῆς πίστεως ἐν Χριστῷ Ἰησοῦ. En efecto, es en la fe que Cristo vive en uno (Ga 2,19—20), y es por la fe en El que se es hijo de Dios (Ga 3,26).

La entrega de Cristo. Los complementos participales atributivos *«que me amó y se entregó por mí»* (τοῦ ἀγαπήσαντός με καὶ παραδόντος ἑαυτὸν ὑπὲρ ἐμοῦ) añadidos al final del v.20, vienen a precisar mejor el sustantivo *«Hijo de Dios»* (τοῦ υἱοῦ τοῦ θεοῦ), completándolo.

Ha sido discutida la posibilidad de un origen prepaulino de tal fórmula (2,20)[67]; mas es difícil dar una respuesta a ello. Ciertamente la sustancia de la afirmación es un dato tradicional: aparece en el anuncio kerigmático de 1 Co 15,3b: Χριστὸς ἀπέθανεν ὑπὲρ τῶν

65 Cf. Mussner, *Galaterbrief*, 86 n.43.

66 Cf. Jn 14,9.11; 16,32; 17,21—23.

67 Cf. G. Berényi, "Ga 2,20: a PrePauline or a Pauline Text?", *Bib* 65 (1984) 490—537.

ἁμαρτιῶν ἡμῶν κατὰ τὰς γραφάς, así como en la fórmula evangélica de Mt 20,28 y Mc 10,45 sobre el Hijo del hombre que da (δοῦναι) su propia alma por muchos[68]. Mas la índole paradójica de la expresión παραδόντος ἑαυτόν sugiere considerarla como paulina, en la forma tal como aparece en Ga 2,20.

A ello se puede añadir el hecho de que el tono personal empleado en Ga 2,20 (...με ...ἐμοῦ) que concuerda con el tono del relato autobiográfico de Ga 1,15—2,14 en primera persona, sugiere considerarla también como paulina.

En cuanto a los verbos "amar" y "entregarse" usados en la forma de participios aoristos, éstos hacen referencia a un mismo acontecimiento: la pasión y muerte de Cristo. En efecto, el verbo παραδίδωμι es característico del anuncio y del relato de la pasión de Jesús[69]; y siendo aquí acompañado del pronombre reflexivo ἑαυτόν presenta a la pasión de Cristo como voluntaria, aceptada por los demás[70]. Y esta entrega es vista como una prueba de amor[71]: así lo sugiere el uso del ptc. aoristo ἀγαπήσαντος unido a παραδόντος y que denota la acción como un simple hecho[72].

En fin, en cuanto al significado de ὑπὲρ ἐμοῦ, ha sido discutido si traducir la expresión con el sentido de "en favor de" o bien "en

68 Vanhoye, *Galati*, 46.

69 Cf. Mt 17,22; 20,18.19; 26,2.16.21.23.25.45.46.48; 27,2.3.4.18.26.

70 Cf. Vanhoye, *Galati*, 46.

71 Por esta razón, no es usado el presente: *«me ama»*.

72 Cf. Burton, *Syntax*, 60: *«the Aorist Participle... conceives of the action denoted by it, not as in progress (Present), nor as an existing result (Perfect), but as a simple fact.»*

lugar de", pues si bien la preposición ὑπέρ es usada generalmente con el primer sentido, también es usada con el segundo[73]. Tal vez lo más adecuado sea considerar ambas connotaciones[74]. Lo que es claro es que no puede tomarse con la connotación de "sin mí"[75].

Lo dicho pues en 2,20 se presenta como una densa e impresionante formulación doctrinal existencial: el Hijo de Dios que me amó al punto de entregarse por mí. Ser consciente de tal realidad, ciertamente transformó la vida de Pablo.

Si bien en Ga 2,16 la fe era presentada como una *«fe en Jesucristo»*, lo dicho en 2,20 permite profundizar en tal objeto de fe: se trata de creer en *«el Hijo de Dios, que me amó y se entregó por mí»*. La fe asociada a la justificación, tiene como objeto tal hecho fundamental de nuestra redención.

3.1.2.4 ¿Relación con el Espíritu?

En Ga 2,15—21 si bien se menciona la fe y la justificación, el Espíritu no es mencionado. Sin embargo, lo dicho en Ga 2,16.20 evoca temas que están íntimamente ligados al de la presencia del Espíritu en el cristiano.

En efecto, si en Ga 2,20 la fe asociada a la justificación, se presenta como un acoger la vida de Cristo, se tiene que en Rm 8,10 la presencia de Cristo en uno va unida a la presencia del Espíritu como fuente de vida en uno, a causa de la justicia: εἰ δὲ Χριστὸς ἐν ὑμίν... τὸ δὲ πνεῦμα ζωὴ διὰ δικαιοσύνην. Es decir, la presencia de

73 Cf. Robertson, *Grammar*, 630—632.

74 Como hace notar Winner: *«In most cases one who acts in behalf of another takes his place»* (Winner - Thayer, *A Grammar of the Idiom of the NT* (1869) 382; citado por Robertson, *Grammar*, 630). En 1 Tm 2,6 es significativo el uso del prefijo ἀντί-, dada la presencia inmediata de la preposición ὑπέρ: ὁ δοὺς ἑαυτὸν ἀντίλυτρον ὑπὲρ πάντων...

75 Cf. Col 1,24: *«...completo lo que falta de las tribulaciones de Cristo en mi carne...»*.

Cristo en el creyente es concomitante con la del Espíritu (πνεῦμα θεοῦ οἰκεῖ ἐν ὑμῖν... Χριστὸς ἐν ὑμῖν... Rm 8,9—10)[76].

Esta presencia implícita del Espíritu en la situación de vida descrita en Ga 2,20, recibe un apoyo en el hecho de que a continuación, en Ga 3,2.5 se haga referencia explícita al hecho de la recepción del Espíritu a partir de la fe.

En realidad, la recepción del Espíritu presentada en Ga 3,2.5 no es independiente de la situación descrita en Ga 2,20: *«vive en mí Cristo»*, pues a partir de Rm 8,9—10 la presencia de Cristo en el hombre, equivale a la presencia de su propio Espíritu o bien del Espíritu de Dios, siendo ellas indisociables y con un resultado de vida.

Es decir, la fe asociada a la justificación (Ga 2,16), se presenta a la vez como una fe por la cual el creyente acoge la vida de Cristo (Ga 2,20), y también como una fe a partir de la cual el creyente recibe el Espíritu (Ga 3,2.5). Mas estas dos cosas están unidas pues Cristo vive en el creyente por la fe (Ga 2,20), y vive en el creyente por Su Espíritu (Rm 8,10).

Y otra manera de ver implícito el tema del Espíritu en Ga 2,20 es a través el tema de la filiación: en efecto, si en la fe acoge uno la vida de Cristo, Hijo de Dios (Ga 2,19—20), y por la fe en El uno es también hijo de Dios (Ga 3,26); se tiene que el Espíritu se recibe a partir de la fe (Ga 3,2.5) y el Espíritu aparece asociado a la idea de filiación:

Ga 4,6: ὅτι δέ ἐστε υἱοί, ἐξαπέστειλεν ὁ θεὸς τὸ πνεῦμα τοῦ υἱοῦ αὐτοῦ εἰς τὰς καρδίας ἡμῶν κρᾶζον, Αββα ὁ πατήρ

Rm 8,15: ἐλάβετε πνεῦμα υἱοθεσίας ἐν ᾧ κράζομεν, Αββα ὁ πατήρ

76 Cf. p. 121.

3.1.3 Gálatas 2,21

Un enunciado negativo asindético, conciso y tajante (2,21a), viene a concluir la sección 2,15—21, siendo éste a su vez explicado (γάρ) por medio de un razonamiento por reducción al absurdo (2,21b):

2,21a: οὐκ ἀθετῶ τὴν χάριν τοῦ θεοῦ
2,21b: εἰ γὰρ διὰ νόμου δικαιοσύνη,
ἄρα Χριστὸς δωρεὰν ἀπέθανεν

2,21a: *«no anulo*[77] *la gracia de Dios»*
2,21b: *«pues si [la] justicia [viene] por medio de [la] Ley, entonces Cristo murió en vano*[78]*»*

La conexión de lo dicho en 2,21 con lo dicho en 2,15—20 es indicado sobre todo por la presencia de los vocablos νόμος y δικαιοσύνη: la mención de διὰ νόμου corresponde al ἐξ ἔργων νόμου de 2,16, el sustantivo δικαιοσύνη describe lo que el acto de justificación (δικαιοῦσθαι) de 2,16.17 espera realizar, i.e.: la condición o cualidad de ser justos ante Dios[79], y el ἀπέθανεν evoca la entrega de Cristo aludida en 2,19.20.

Por lo que respecta más precisamente a la mención de τὴν χάριν[80] τοῦ θεοῦ en el enunciado negativo de 2,21a, ésta ha sido interpretada de dos maneras: refiriéndola a la Ley mosaica[81], i.e. considerándola como una gracia especial hecha a Israel[82]; o bien

77 El verbo ἀθετέω ("sin posición": α privativa + √ θε) significa: *«invalidar, anular»* (cf. Ga 3,15; Mc 7,9), *«rechazar»* (cf. Jn 12,48).

78 El adverbio δωρεάν (ac. de relación de δωρεά: "don") significa: *«gratuitamente»* (cf. Mt 10,8); mas en el contexto de 2,21 tiene el sentido de *«en vano»*.

79 Cf. Betz, *Galatians*, 126.

80 Χάρις denota la disposición de benevolencia que se expresa en generosidad desinteresada, fruto del amor; o bien el fruto mismo de esa disposición: el don o favor concedido (cf. Spicq, *Lexique*, 1644—1646).

81 Cf. Longenecker, *Galatians*, 94.

82 Cf. Rm 3,2.

refiriéndola a lo dicho antes (παραδόντος ἑαυτὸν ὑπὲρ ἐμοῦ 2,20)[83], i.e. aludiendo a la entrega redentora gratuita de Cristo, sin la Ley.

La primera interpretación, que considera a la Ley como una gracia especial hecha a Israel, se basa sobre todo en la suposición de que Pablo responde a una objeción hecha por los judaizantes. El problema sin embargo es que una tal acusación no es expresada en ninguna parte de la carta[84]. Además, cuando Pablo usa el vocablo "gracia", no lo refiere nunca a la Ley. Y en fin, no se explicaría bien en ese caso la coordinación lógica con la proposición sucesiva que le da razón: Pablo no rechaza la Ley (= gracia) (2,21a); la Ley no da la justicia (2,21b).

La segunda interpretación en cambio, proporciona una buena continuidad lógica con la frase sucesiva (2,21b), la cual constituye una ulterior explicación (γάρ) por reducción al absurdo (ἄρα) de lo dicho en 2,21a: la prueba de que Pablo no vanifique la gracia de Dios, es que no considera a la justicia como derivante de la Ley. La justicia deriva de la fe en Cristo, en el Hijo de Dios que se entregó gratuitamente por amor.

El texto de Ga 5,4 parece apoyar esta interpretación: *«...todos cuantos buscáis la justicia en la Ley, os habéis apartado de la gracia»*. Pablo anularía la gracia si buscara la justicia por la Ley[85].

Esta interpretación adoptada implica el considerar a la justicia como estrechamente asociada a la entrega de Cristo, como si la justicia derivara de esa entrega redentora gratuita. Mas ello aparece apoyado por los textos de Rm 3,24 y 5,17 donde Pablo menciona a la «gracia» (χάρις), en conexión con la justificación y la redención obrada por Cristo.

83 Cf. Mussner, *Galaterbrief*, 184.

84 Cf. Pitta, *Galati*, 156.

85 En el fondo el problema era que los gálatas estaban vanificando la gracia de Dios; cf. Ga 1,6; 5,4; 6,12—14; Betz, *Galatians*, 127.

Luego entonces, sosteniendo la segunda interpretación, resulta un contraste entre el sistema de las obras de la Ley y el de la gracia[86]. Consiguientemente, la fe asociada a la justificación, por el hecho de ser contrapuesta a las obras de la Ley, es de suponerla como asociada a la gracia. El texto de Rm 4,16 lo confirma: *«Por eso depende de la fe, para ser favor gratuito»* (διὰ τοῦτο ἐκ πίστεως, ἵνα κατὰ χάριν)[87].

La fe aparece por lo tanto como el medio que permite al hombre recibir la gracia de Dios (cf. Rm 5,2), la vida divina en él (Ga 2,20), la justificación (Ga 2,16; Rm 5,1), cosas todas ellas relacionadas estrechamente entre sí.

3.2 Gálatas 3

3.2.1 Gálatas 3,2—5

A diferencia de Ga 2,16 en donde se mencionaba la fe en relación con la justificación, en Ga 3,2.5 se menciona a la fe en relación a la recepción del Espíritu. Este cambio temático en el desarrollo de la argumentación había sido ya discutido en el c.1[88]. Trataremos de completar ahora lo dicho en ese capítulo.

3.2.1.1 La antítesis fe/obras (Ga 3,2.5)

En la serie de preguntas directas hechas en Ga 3,1—5, dos hacen referencia a la experiencia de la recepción del Espíritu por parte de los Gálatas (3,2.5). Dichas preguntas plantean a su vez dos posibles respuestas idénticas en ambos casos: ἐξ ἔργων νόμου τὸ πνεῦμα

86 Cf. Ga 5,4; Rm 6,14; 11,6.

87 Cf. Ef 2,8: *«Pues en la gracia habéis sido salvados mediante la fe...»*.

88 P. 37—42.

ἐλάβετε ἢ ἐξ ἀκοῆς πίστεως; La respuesta implícita a ambas preguntas retóricas es afirmativa en el caso de ἐξ ἀκοῆς πίστεως.

Con respecto a la expresión ἀκοή πίστεως, se había optado[89] por traducirla en el sentido de una *«escucha de fe»*, donde el genitivo puede ser interpretado como cualitativo ("escuchar con fe") o bien como objetivo ("la escucha que tiene como objeto la fe").

Pero lo que es importante, es que la fe aparece de alguna manera como condición para la recepción del Espíritu. El texto de Ga 3,14 que presenta la recepción de la promesa del Espíritu simplemente «por medio de la fe» (διὰ τῆς πίστεως) apoya una tal interpretación.

Probablemente la mención de ἀκοή en Ga 3,2.5 sea debida al hecho de enfatizar la antítesis entre fe y obras ya mencionada antes en Ga 2,16 en el sentido de que se trata de una antítesis entre un "escuchar" (asociado a la fe), y un "hacer" (asociado a las obras de la Ley)[90].

La consecuencia de ello es importante: en el caso de la *«escucha de fe»*, el recibir el Espíritu es de considerarse como un don; en el caso de las *«obras de la Ley»*, el recibir el Espíritu es de considerarse como un contracambio. Es decir, resulta una oposición implícita entre gracia y obras, oposición que por otra parte aparece repetidas veces en el epistolario paulino en referencia sobre todo a la justificación[91].

Consiguientemente, la fe asociada a la recepción del Espíritu, reviste un aspecto de gracia, al igual que en el caso de la fe asociada a la justificación.

89 P. 37.

90 Cf. Rm 9,12: οὐκ ἐξ ἔργων ἀλλ' ἐκ τοῦ καλοῦντος...

91 Cf Rm 3,24.27—28; 4,2—6.

3.2.1.2 La antítesis carne/espíritu[92] *(Ga 3,3)*

Buscando ahora profundizar en la idea de la fe presente en Ga 3,2.5, es útil hacer referencia a dos situaciones planteadas en 3,3b: *«Comenzando en [el] espíritu, ¿terminan ahora en [la] carne?»* (ἐναρξάμενοι πνεύματι νῦν σαρκὶ ἐπιτελεῖσθε;). El hecho de que esta pregunta se ubique entre las preguntas de 3,2 y 3,5, indica ya una conexión con las cuestiones planteadas ahí en forma de antítesis, a saber:

3,2:	escucha de fe	↔	obras de la Ley
3,3:	comenzar en el espíritu	↔	terminar en la carne
3,5:	escucha de fe	↔	obras de la Ley

En vez de la antítesis "fe en Jesucristo" y "obras de la Ley" de 2,16, o bien de la antítesis "escucha de fe" y "obras de la Ley" de 3,2.5, la antítesis presentada en 3,3 se da entre "comenzar en el espíritu" y "terminar en la carne". Sin embargo, el desarrollo del discurso sugiere considerarlas como formulaciones sinónimas de las anteriores[93]. En particular, la conexión entre 3,2 y 3,3 es reforzada por el hecho de que la pregunta formulada en 3,3 constituye una respuesta implícita a la formulada en 3,2: los gálatas comenzaron "en el espíritu".

92 La antítesis σάρξ/πνεῦμα en Pablo ha sido objeto de una larga investigación, mas realizada sobre todo a partir de una confrontación con el judaísmo helenístico, Qumrán y la gnosis (Para una panorámica, cf. R. Jewett, *Paul's Anthropological Terms*. A Study of Their Use in Conflict Settings (AGJU 10; Leiden 1971) 49—95).

93 Cf. Longenecker, *Galatians*, 103.

3.2.1.3 πνεύματι

¿Cómo entender la expresión πνεύματι? En cuanto al dativo[94], éste puede ser interpretado en sentido instrumental[95], o bien denotando una manera o cualidad (comienzo espiritual)[96], pero la distinción es más gramatical que substancial[97]. Es de mayor importancia precisar el sentido de πνεῦμα.

Dado que en 3,2 es claro que se trata de un πνεῦμα distinto del humano ya que éste lo recibe, se podría pensar en interpretar de igual modo el πνεῦμα de 3,3, más precisamente como el Espíritu de Dios[98]: *«comenzando en el Espíritu»* (ἐναρξάμενοι πνεύματι); y el hecho de que en 3,5 se vuelva a aludir al Espíritu por el cual acaecen milagros entre los gálatas, parece confirmar tal interpretación. Además, en Ga 5,18 se contrapone un "ser guiados por el Espíritu" a un "estar bajo la Ley". Y en fin, el asociar con el Espíritu el inicio de la experiencia de los gálatas como creyentes, resulta más fuerte que asociarlo con un nivel espiritual (antropológico). Por otro lado sin embargo, el paralelismo antitético πνεύματι... σαρκί... favorece una interpretación antropológica[99]: *«comenzando de manera espiritual»*.

La respuesta a este problema no es fácil; la mayoría de los comentadores se inclinan por ver al Espíritu de 3,2 en la mención de πνεύματι de 3,3: los argumentos en favor de una interpretación teológica parecen más fuertes que los que favorecen la interpretación antropológica.

94 El dativo es debido a la composición verbal: ἐν-άρχεσται, ἐπι-τελεῖσθαι (cf. Mussner, *Galaterbrief*, 209 n.22).

95 Burton, *Galatians*, 149; Schlier, *Galaterbrief*, 123.

96 Mussner, *Galaterbrief*, 209.

97 F.F. Bruce, *Galatians* (NIGTC; Grand Rapids, MI 1982) 150; Longenecker, *Galatians*, 103.

98 Cf. Betz, *Galatians*, 133; Burton, *Galatians*, 148; Lagrange, *Galates*, 59; Longenecker. *Galatians*, 103—104; Pitta, *Galati*, 169—170; Schlier, *Galaterbrief*, 123.

99 Cf. p. 108—109.

En efecto, por lo que se refiere a la objeción basada en la antítesis entre σάρξ y πνεῦμα, se tiene que ésta no forzosamente debe ser interpretada en sentido antropológico: en Rm 8,4b se da una antítesis entre σάρξ y πνεῦμα:

Rm 8,4b: μὴ κατὰ σάρκα περιπατοῦσιν ἀλλὰ κατὰ πνεῦμα
«que no caminamos según la carne sino según el espíritu»

mas en Rm 8,14a se habla de *«ser conducidos en el Espíritu de Dios»* (ὅσοι γὰρ πνεύματι θεοῦ ἄγονται...); ahora bien, el hecho de que la idea de "caminar" (περιπατοῦσιν 8,4) sea similar a la de "ser conducidos" (ἄγονται 8,14), sugiere interpretar el πνεῦμα de Rm 8,4b en el mismo sentido que el πνεῦμα de 8,14a.

Sin embargo, aún cuando la interpretación teológica parece más favorable, ello no excluye la interpretación antropológica; en efecto, como se vio antes[100], ambas interpretaciones están unidas indisociablemente. Es decir, optar por una supone optar por la otra implícitamente. En efecto, a partir de Rm 8,9a resulta que el estar en el espíritu tiene como razón de ser el que el Espíritu de Dios habite en uno[101].

3.2.1.4 σαρκί

En cuanto a la mención de la carne en Ga 3,3, se podría pensar en una alusión al rito de la circuncisión[102], dado que el elemento correspondiente en la serie de antítesis de Ga 3,2.3.5 parece ser "las obras de la Ley", y que la circuncisión —la cual era una prescripción de la Ley— es mencionada en 2,3 y en 5,2—6; 6,12—13, notando además que en esta última recurrencia se menciona a la circuncisión (3x) junto con la Ley (1x) y la carne (σαρκί 2x)[103].

100 P. 108—109

101 Rm 8,9a: ὑμεῖς δὲ οὐκ ἐστὲ ἐν σαρκὶ ἀλλὰ ἐν πνεύματι,
εἴπερ πνεῦμα θεοῦ οἰκεῖ ἐν ὑμῖν.

102 Betz, *Galatians*, 134; Jewett, *Anthropological*, 114.

103 Cf. Vanhoye, *Galati*, 58.

En este caso, se tendría entonces una metonimia, denotando a las obras de la Ley por el objeto sobre el que éstas estipulan algo (observancias alimenticias, purificaciones, circuncisión, etc.), es decir, se tendría una consideración "carnal" de la Ley[104]. Esto sin embargo no es dicho explícitamente por Pablo. Al contrario, mas tarde, en un contexto menos polémico, en Rm 7,14 precisa que *«la Ley es espiritual»*, mas añadiendo que *«yo soy de carne, vendido al poder del pecado»*; y en Rm 8,3 agrega que la Ley *«era impotente a causa de la carne»*. Es decir, en Rm 7,14 y 8,3 Pablo se preocupa de distinguir bien entre "carne" y "Ley". Luego entonces, la asociación sugerida en Ga 3,3 en el sentido de considerar a la Ley como carnal, habría que interpretarla en el sentido de que el recurso a la Ley significaba un regreso a la carne[105].

Empero, también cabe la posibilidad de considerar la referencia a la carne en sí misma, i.e. a la condición carnal del hombre[106]. Esta interpretación parece tener apoyo en Rm 8,10 donde una situación de muerte es contrapuesta a una presencia del Espíritu como vida a causa de la justicia, así como en Ga 3,21 donde Pablo expone la razón por la cual la Ley no puede dar la justicia: la Ley es incapaz de vivificar, situación que implica una condición de muerte en el hombre y que es temáticamente afín a la consideración carnal del hombre (cf. Rm 7,14.24).

Como consecuencia del interpretar σαρκί como la condición carnal del hombre, se tendría el que la posición de Pablo en torno a la Ley no sería tanto contra las obras de la Ley *per se*, sino en atención a la condición carnal del hombre[107], necesitando de una vivificación.

104 Cf. Hb 9,10.

105 Vanhoye, *Galati*, 58.

106 Cf. Ga 2,20; 4,14.23.29; 6,12.13.

107 Cf. Rm 7,14.

Consiguientemente, la asociación de la justificación con el don del Espíritu sería en razón de la necesidad del hombre de obtener una vivificación, cosa imposible de obtener a partir de las obras de la Ley.

Además, interpretando σαρκί como aludiendo a la condición carnal del hombre (y no de la Ley), resulta una antítesis más fuerte, si se interpreta también πνεύματι en el sentido antes expuesto, a saber, refiriéndose al Espíritu divino. En efecto, la antítesis tendría como elementos al Espíritu divino y a la condición carnal del hombre, i.e. la consideración del hombre en cuanto sujeto a la caducidad[108] y a las concupiscencias[109].

De estas dos interpretaciones sin embargo, el contexto favorece ampliamente la primera: el que los Gálatas terminen «en la carne» significa el que quieren poner su confianza en las obras de la Ley.

3.2.1.5 Comienzo, Espíritu y gratuidad

La antítesis hecha entre σάρξ y πνεῦμα, va acompañada de otra hecha con los verbos «comenzar» (ἐνάρχομαι) y «terminar» (ἐπιτελέω), formando una estructura quiástica que refuerza la antítesis:

Rm 8,3b:		ἐναρξάμενοι	πνεύματι
	νῦν	σαρκὶ	ἐπιτελεῖσθε;

Algunos estudiosos[110] han propuesto de ver en tal terminología, un sentido religioso técnico: la etapa inicial y final de un proceso religioso. Tal hipótesis es plausible.

108 Cf. Ga 4,14.

109 Cf. Ga 5,13.16.17.19.24.

110 Cf. Betz, *Galatians*, 133; Lightfoot, *Galatians*, 135.

Mas lo que nos interesa en particular, es que el contexto sugiere ver una conexión entre el ἐναρξάμενοι de 3,3 con el ἐλάβετε de 3,2[111]: la iniciación de los gálatas a la vida cristiana es concomitante con la recepción del Espíritu[112]. Y dado que Pablo al evocar la llamada al evangelio de Cristo hecha por Dios a los gálatas, la presenta como llevada a cabo "por la gracia de Cristo" (Ga 1,6), o bien que su propia llamada acaeció "por la gracia de Dios" (Ga 1,15), es de suponer también un aspecto de "gracia" en la llamada de los gálatas evocada en Ga 3,3: ἐναρξάμενοι πνεύματι...

Y el hecho de que en Flp 1,6 se presente a Dios como agente del inicio de "la buena obra" llevada a cabo en los Filipenses, apoya la asociación sugerida entre llamada y gracia: el inicio es debido a Dios[113].

3.2.1.6 La relación de Ga 3,1—5 con 2,15—21

Al inicio de este trabajo (c.1) se había mostrado como si bien Pablo en Ga 2,15—3,6 aparentemente alterna temas diversos aunque análogos, a saber: la justificación a partir de la fe en Cristo y disociada de las obras de la Ley (2,15—21), la recepción del Espíritu a partir de la escucha de fe y disociada de las obras de la Ley (3,1—5), la justificación a partir de la fe (3,6); en realidad había que suponer una asociación muy estrecha entre todos estos temas, al punto de considerarlos como equivalentes o intercambiables o bien indisociables[114].

Sin embargo, se había planteado la posibilidad de que tal alternancia de temas obedeciera más bien a una secuencia argumentativa particular, donde el desarrollo del tema expuesto en 3,1—5 permitiera retomar el tema de 2,15—21 pero a un nivel diferente

111 Cf. Mussner, *Galaterbrief*, 209.

112 Cf. Longenecker, *Galatians*, 103.

113 Es de notar que en el texto de Flp 1,6 se da la otra única recurrencia del verbo ἐνάρχομαι en el NT, así como el verbo ἐπιτελέω, si bien ahí con un complemento directo (ἔργον ἀγαθόν) y no en uso absoluto como en Ga 3,3.

114 P. 40.

(3,6s); es decir, una secuencia similar a la presente p.e. en 1 Co 12—14 donde el recurso a la caridad (1 Co 13) permite a Pablo dar una respuesta eficaz (1 Co 14) a la cuestión planteada en torno a los dones espirituales (1 Co 12).

Una primera respuesta había sido ya dada a tal objeción: el discurso que va de 2,15 a 3,6 presenta una subida retórica que desaconseja considerar a 3,1—5 como una sección temática diferente, pues de lo contrario la subida retórica perdería gran fuerza. El estudio de 2,15—3,5 hecho ahora tomando como punto principal la fe, nos permite completar mejor desde el punto de vista temático la respuesta a esa cuestión:

Al tratar el tema de la justificación a partir de la fe en 2,16.17.21, Pablo presenta a la fe como el medio por el cual se hace presente la vida de Cristo en el creyente (2,20); y a continuación, en 3,2.3.5, presenta la cuestión de la recepción del Espíritu a partir de la escucha de fe. Ahora bien, este último tema está íntimamente ligado al anterior pues el Espíritu da vida (2 Co 3,6); y más precisamente: el Espíritu es vida en el creyente, a causa de la justicia (Rm 8,10). Luego entonces, si la justificación es indisociable de una vida nueva (Ga 3,21), vida que es presentada como la del Hijo de Dios en uno (Ga 2,20), ello es realizado por el Espíritu recibido a partir de la fe (Ga 3,2.3.5), el cual es un Espíritu de filiación divina (Ga 4,6—7; Rm 8,15).

Por consiguiente, la alternancia de temas en 2,15—3,6 no representa un mero recurso retórico o temático secundario, sino que obedece a la esencia misma de lo que ellos significan: el don de la vida nueva de Cristo en el creyente. Los temas de la justificación a partir de la fe, y recepción del Espíritu a partir de la fe están estrechamente unidos entre sí.

3.2.2 Gálatas 3,6—29

En la sección Ga 3,6—29 donde la argumentación de Pablo recurre frecuentemente a la Escritura (7 citas), el vocabulario de la fe aparece repetidas veces (8x), siendo mencionado también el tema de la justificación (4x) y el del Espíritu (1x). Y es de notar las diversas asociaciones de la fe con otros temas, usando sea la preposición ἐκ o διά, a lo largo de todo el c.3:

Ga 3,2: ...ἐξ ἔργων νόμου τὸ πνεῦμα ἐλάβετε ἢ ἐξ ἀκοῆς πίστεως;
Ga 3,6: ...Ἀβραὰμ ἐπίστευσεν τῷ θεῷ, καὶ ἐλογίσθη αὐτῷ εἰς δικαιοσύνην
Ga 3,7: ...οἱ ἐκ πίστεως, οὗτοι υἱοί εἰσιν Ἀβραάμ
Ga 3,8: ...ἐκ πίστεως δικαιοῖ τα ἔθνη...
Ga 3,9: ...οἱ ἐκ πίστεως εὐλογοῦνται...
Ga 3,11: ...Ὁ δίκαιος ἐκ πίστεως ζήσεται
Ga 3,14: ...ἵνα τὴν ἐπαγγελίαν τοῦ πνεύματος λάβωμεν διὰ τῆς πίστεως
Ga 3,22: ...ἵνα ἡ ἐπαγγελία ἐκ πίστεως... δοθῇ...
Ga 3,24: ...ἵνα ἐκ πίστεως δικαιωθῶμεν
Ga 3,26: πάντες γὰρ υἱοὶ θεοῦ ἐστε διὰ τῆς πίστεως ἐν Χριστῷ Ἰησοῦ

Ga 3,2.5:	fe y Espíritu	(ἐκ)	no obras de la Ley
Ga 3,6.8.24:	fe y justificación	(ἐκ)	no obras de la Ley
Ga 3,7.26:	fe y filiación	(ἐκ, διά)	
Ga 3,9:	fe y bendición	(ἐκ)	
Ga 3,11:	fe y justicia	(ἐκ)	
Ga 3,14:	fe y promesa del Espíritu	(διά)	
Ga 3,22:	fe y promesa	(ἐκ)	no de la Ley

El panorama de recurrencias del vocabulario de la fe presenta múltiples relaciones. Pero de estos textos, sólo presentan un interés particular para el presente trabajo, el texto de Ga 3,6 dada la relación ahí presente entre justificación y fe, y el de Ga 3,11—12 dada la mención del tema de la fe y la vida.

3.2.2.1 Fe y justicia: la cita de Ga 3,6

Del elenco de recurrencias antes citado, es de notar que la justicia/justificación es asociada con la fe, trámite la preposición ἐκ (3,6.8.24). Ello indica que si bien se da una asociación entre fe y justicia, éstas no son idénticas.

El texto de Ga 3,6 donde Pablo cita a Gn 15,6 no contradice esta conclusión, pues lo que es mencionado ahí es sólo que la fe[115] sea "tomada por" o "considerada por"[116] justicia:

115 Si bien el el texto del Gn no es precisado el sujeto de ἐλογίσθη, el texto de Rm 4,9 indica que en la interpretación de Pablo el objeto es la "fe". En el TM faltando el sujeto del verbo, la cuestión ha sido discutida; cf. R.W.L. Moberly, "Abraham's Righteousness (Genesis 15,6)", *Studies in the Pentateuch* (ed. J.A. EMERTON) (VTS 41; Leiden 1990) 105—108.

116 En cuanto al significado del verbo λογίζομαι, generalmente se le adjudican dos significados básicos estrechamente emparentados: 1) "considerar", 2) "calcular", "acreditar"; pudiéndose unir traduciendo como: "tomar por" o "estimar" (cf. H.W. Heidland, *Die Anrechnung des Glaubens zur Gerechtigkeit.* Untersuchungen zur Begriffsbestimmung von חשב und λογίζεσθαι (Stuttgart 1936) 24: 1. "bedenken", 2. "berechnen"). Generalmente el segundo significado se adjudica sobre todo al griego secular o profano, y el primero a la LXX (cf. H.W. Bartsch, "λογίζομαι", EWNT II, 874—876; H.W. Heidland, "λογίζομαι", TWNT IV, 287—288).

En el caso que nos concierne, la construcción λογίζομαι + εἰς + ac. es usada en el NT casi siempre en referencia al texto de Gn 15,6b (Rm 4,3.5.9.22; Ga 3,6; St 2,23). Las otras recurrencias son: Rm 9,8 y Hch 19,27 donde claramente tiene el sentido de "considerar" o "tomar por": *«los hijos de la promesa son considerados por descendencia»* (...τὰ τέκνα τῆς ἐπαγγελίας λογίζεται εἰς σπέρμα Rm 9,8); *«el templo de la gran diosa Artemisa sea considerado en nada»* (τὸ τῆς μεγάλης θεᾶς Ἀρτέμιδος ἱερὸν εἰς οὐθὲν λογισθῆναι Hch 19,27); Rm 2,26 donde se usa una inversión en el orden (εἰς + ac. + λογίζομαι): *«¿no se tomará su incircuncisión por circuncisión?»* (οὐχ ἡ ἀκροβυστία αὐτοῦ εἰς περιτομὴν λογισθήσεται;); y 2 Co 12,6 donde la construcción es un poco diversa usando a continuación la preposición ὑπέρ: *«No sea que alguno me considere por algo superior a lo que me ve o escucha de mí»* (μή τις εἰς ἐμὲ λογίσηται ὑπὲρ ὃ βλέπει με ἢ ἀκούει τι ἐξ ἐμοῦ).

Gn 15,6: καὶ ἐπίστευσεν Αβραμ τῷ θεῷ,
καὶ ἐλογίσθη αὐτῷ εἰς δικαιοσύνην

Ga 3,6: καθὼς Ἀβραὰμ ἐπίστευσεν τῷ θεῷ,
καὶ ἐλογίσθη αὐτῷ εἰς δικαιοσύνην

El que la fe sea “tomada por” justicia implica el que la fe sea distinta de la justicia, de lo contrario no tendría sentido la acción de “tomar por”.

Por otra parte, el sentido de esa concisa expresión es iluminado a partir del contexto de la discusión: Pablo niega el que la justicia derive de las obras de la Ley. Ahora bien, tal posición sostenida por los judaizantes se podría apoyar en un texto tal como Dt 6,25:

וּצְדָקָה תִּהְיֶה־לָּנוּ כִּי־נִשְׁמֹר לַעֲשׂוֹת אֶת־כָּל־הַמִּצְוָה הַזֹּאת
לִפְנֵי יְהוָה אֱלֹהֵינוּ כַּאֲשֶׁר צִוָּנוּ

«Y justicia será para nosotros: que cuidemos de poner en práctica todos estos mandamientos ante Yahveh nuestro Dios como él nos ha prescrito»

En ese texto se da una metonimia de sujeto, al considerar a la justicia (la cualidad del justo) por la práctica de la Ley (el obrar del justo). La justicia es *tomada o considerada por* el comportamiento asociado a ella. Empero, por medio de la cita de Gn 15,6 Pablo postula una situación diversa: a Abraham, es su fe (no su obrar) lo que le es tomado por justicia.

Y dado que la noción de justicia implica un aspecto relacional, a saber: se trata de la condición de aquél que es “justo”, i.e. de aquél que es de acuerdo a una norma o algo establecido, resulta que en la interpretación de Pablo el énfasis es puesto en la relación *con una persona* (ἐπίστευσεν τῷ θεῷ). Consiguientemente, mientras

Las recurrencias de λογίζομαι + εἰς en la LXX son: Gn 15,6; 1 S 1,13; 1 Mc 2,52; Sal 105,31; Jb 41,24; Sab 2,16; 3,17; 9,6; Os 7,15; 8,12; Is 29,17; 32,15; 40,17; Lm 4,2.

la justicia paulina se abre a una relación, la justicia de los judaizantes se cierra en uno al poner el énfasis en el comportamiento de uno mismo.

Esta interpretación parece encontrar apoyo en Flp 3,9 donde se precisa a la «justicia apoyada en la fe» (...δικαιοσύνην ἐπὶ τῇ πίστει) como «justicia de Dios» (τὴν ἐκ θεοῦ δικαιοσύνην), y en Rm 10,3 donde la «justicia de Dios» (τὴν τοῦ θεοῦ δικαιοσύνην) es contrapuesta a «la propia justicia» (τὴν ἰδίαν δικαιοσύνην).

Siendo la justicia una cualidad del hombre que se encuentra en una adecuada relación con Dios, se entiende bien el que Pablo apele a la fe en asociación a la justicia pues la fe abre al hombre a una relación con Dios.

Además, el interpretar a la justicia paulina con un aspecto de relación con una persona, se encuentra en armonía con lo concluido a partir del estudio de Ga 2,15—21 donde la fe asociada a la justicia aparece como el acoger la vida de Cristo en uno, así como con lo concluido a partir de Ga 3,1—5 donde la fe aparece asociada al recibir al Espíritu.

3.2.2.2 Fe y vida: las citas de Ga 3,11—12

En Ga 3,11 Pablo sostiene como evidente el que nadie pueda ser justificado ante Dios en base a la Ley. La demostración es hecha en base a dos textos de la Escritura que tienen como palabra común el verbo ζήσεται «vivirá».

El primer texto es tomado de Hab 2,4 donde aparece el tema de la fe, la justicia y además la vida[117]:

Ga 3,11b:	ὁ	δίκαιος ἐκ πίστεως		ζήσεται
Hab 2,4:	ὁ δὲ	δίκαιος ἐκ πίστεώς	μου	ζήσεται

וְצַדִּיק בֶּאֱמוּנָתוֹ יִחְיֶה

Con respecto al TM que lee בֶּאֱמוּנָתוֹ, la LXX lee בֶּאֱמוּנָתִי y traduce ἐκ πίστεώς μου «de mi fidelidad», i.e. de la fidelidad de

117 Tal cita es hecha también en Rm 1,17 lo cual es indicio de su importancia.

Dios. Pablo empero suprime el pronombre, concentrando así la atención en ἐκ πίστεως[118].

El segundo texto es tomado de Lv 18,5b mas modificado por Pablo adaptándolo a su frase: suprime la mención de הָאָדָם/ἄνθρωπος y cambia el relativo plural neutro ἅ de la LXX que conecta con lo dicho en la primera parte del v. Empero el sentido de la frase no se altera:

Ga 3,12b:	ὁ	ποιήσας αὐτὰ	ζήσεται ἐν αὐτοῖς
Lv 18,5:	ἅ	ποιήσας ἄνθρωπος	ζήσεται ἐν αὐτοῖς

אֲשֶׁר יַעֲשֶׂה אֹתָם הָאָדָם וָחַי בָּהֶם

Pablo introduce la segunda cita por medio de la expresión: ὁ δὲ νόμος οὐκ ἔστιν ἐκ πίστεως (3,12a). Ahora bien, la precisión interpretativa οὐκ ἔστιν concierne a la expresión ἐκ πίστεως la cual aparece en el primer texto citado mas no en el segundo:

3,11-12: ὅτι δὲ ἐν νόμῳ οὐδεὶς δικαιοῦται παρὰ τῷ θεῷ δῆλον, ὅτι

Ὁ δίκαιος	ἐκ πίστεως	ζήσεται,
ὁ δὲ νόμος οὐκ ἔστιν	ἐκ πίστεως,	
ἀλλ' Ὁ ποιήσας αὐτὰ		ζήσεται ἐν αὐτοῖς

Ha sido discutido si unir ἐκ πίστεως con δίκαιος o bien con ζήσεται[119]. La cuestión tiene interés pues trae consecuencias para la interpretación de la argumentación escriturística de Pablo.

En efecto, en caso de unir ἐκ πίστεως con δίκαιος, se podría pensar que la argumentación mira a relevar la existencia de una relación entre fe y justicia por un lado (Hab 2,4), y ausencia de una relación entre Ley y justicia por otro (Lv 18,5). En favor de esta interpretación se tiene el énfasis dado a la asociación entre justicia y fe en el contexto: así la cita de Gn 15,6 en Ga 3,6; así como la

118 Mussner, *Galaterbrief*, 226.

119 Sobre la cuestión cf.: H.C. Cavallin, "The Righteous Shall Live by Faith. A Decisive Argument for the Traditional Interpretation", *ST* 32(1978) 33—43.

mención de una negación de una justicia ante Dios en base a la Ley en Ga 3,11a como introducción a las dos citas del A.T.

En caso de unir ἐκ πίστεως con ζήσεται, se podría pensar que el punto a relevar de su argumentación escriturística radicaría en las expresiones ἐκ πίστεως ζήσεται y ζήσεται ἐν αὐτοῖς. Mientras que en el primer caso, el vivir es ἐκ πίστεως ("a partir de la fe"), i.e. la situación de vida del justo es vista como un resultado pues deriva (ἐκ) de la fe (πίστεως); en el segundo el vivir es ἐν αὐτοῖς (i.e.: "en los mandamientos de la Ley"), i.e. la situación de vida de quien obra los mandamientos es vista solamente como la continuación de un estado[120]. Ciertamente la diferencia es muy sutil, basada en la presencia/ausencia de la preposición ἐκ, sin embargo, es de notar p.e. que en Ga 3,16 Pablo argumenta basándose sólo en una particularidad del texto: un singular (τῷ σπέρματι) en vez de un plural (τοῖς σπέρμασιν). Luego entonces, la argumentación escriturística miraría a relevar una vida resultante en el caso de la fe. En apoyo a esta interpretación se podría aducir el énfasis dado por Pablo a ἐκ πίστεως y la repetición de ζήσεται.

Estas dos interpretaciones sin embargo pueden complementarse. En efecto, se puede considerar a ἐκ πίστεως tanto en relación con δίκαιος como con ζήσεται: si la fe es la condición para que el justo obtenga (ἐκ) vida, la fe es entonces la condición para que sea justo[121]; o dicho de otro modo: lo que da la vida, da también la justicia[122]. Ahora bien, la Ley no se apoya en la fe (ὁ δὲ νόμος οὐκ ἔστιν ἐκ πίστεως) sino en el hacer (ὁ ποιήσας αὐτά)[123]. Luego entonces resulta una diferencia fundamental entre el sistema de la

120 Cf. la construcción ζῆν + ἐν en Rm 6,2 y Flp 1,22. Ver también lo dicho en p. 84.

121 Vanhoye, *Galati*, 80.

122 Cavallin, "Righteous", 40.

123 Luego entonces, los que viven en la Ley están bajo la maldición (3,10) y por ende no se justifican ante Dios (cf. Mussner, *Galaterbrief*, 231; Schlier, *Galaterbrief*, 134).

fe y el de la Ley, y dado que la justicia está asociada al sistema de la fe, no está asociada al de la Ley[124].

En apoyo de esta interpretación se puede aducir el hecho de que en Ga 3,21 Pablo asocia implícitamente a la justicia con la vivificación. Ahora bien, el considerar a la vida como un resultado (ἐκ πίστεως ζήσεται) constituye una situación similar a la de una vivificación: el justo de la fe, obtendrá vida a partir de la fe. Esta situación de vida resultante sin embargo, no es predicada de la Ley, situación que parece encontrar un eco en Ga 3,21 donde implícitamente se niega el que la Ley pueda vivificar. En cambio, en Rm 8,10 la situación que acaece por medio de la justicia, es la de la presencia del Espíritu como fuente de vida en uno.

En conclusión, en el sistema de la justicia asociada a la fe, la fe se presenta como origen de vida, lo cual se encuentra en armonía con la consideración de la fe asociada a la justicia en 2,16 y que aparece como un acoger la vida del Hijo de Dios en uno (2,20); así como el presentar a la fe en 3,2.5 asociada a la recepción del Espíritu, el cual es fuente de vida[125].

3.3 Gálatas 5

En el c.5 de la carta a los Gálatas, Pablo menciona a la fe en dos ocasiones relevantes para nuestro estudio: en 5,5 la presenta en relación al Espíritu y a «*[la] esperanza de [la] justicia*» (ἐλπίς δικαιοσύνης), y en 5,22 como fruto del Espíritu.

124 Cf. Vanhoye, *Galati*, 80.

125 Cf. Rm 8,2.10.11; 2 Co 3,6.

3.3.1 La fe y la esperanza de la justicia: Ga 5,5

3.3.1.1 El contexto

La delimitación de lo dicho en Ga 5,1—12 así como la determinación precisa de su posición o función en la carta ha sido objeto de diversas opiniones[126]. Sin embargo el hecho de que el vocabulario de la justicia/justificación no aparezca más después de 5,5 y de que a excepción de 5,1 falten los imperativos o exhortativos dirigidos a los destinatarios de la carta, los cuales aparecen de manera notable a partir de 5,13[127], sugiere el coligar lo dicho en 5,1—12 con lo precedente[128] mas que con lo sucesivo[129].

En cuanto a la temática, se tiene que en Ga 5,5 aparece por última vez el vocabulario de la justicia (δικαιοσύνη) el cual aparecía de manera notable a lo largo de la carta a partir de 2,16[130]; además, en ese mismo versículo aparecen temas importantes presentados antes: la fe (5,5) y el Espíritu (5,5). Y dado que en el contexto inmediato se expresa una negación de la justicia en la Ley (5,4) así como una valoración de la obra de Cristo (5,1.2.6), lo dicho en Ga 5,4—6 aparece como una síntesis de temas presentados en las secciones precedentes; lo apoya el estilo conciso de las frases presentadas como densas formulaciones doctrinales y que hace difícil su comprensión.

126 Cf. Pitta, *Galati*, 300.

127 Sin contar los imperativos de las citas de 4,27.30, los imperativos y exhortativos en Ga se distribuyen de la siguiente forma:
imperativos: 1,8.9; 3,7; 4,12.21; 5,1(2).13.15.16; 6,2.4.6.7.11.17
exhortativos: 5,25.26; 6,9.10

128 Cf. Pitta, *Galati*, 300.

129 La conexión de 5,1—12 con lo sucesivo es indicado por la mención del Espíritu (πνεῦμα 5,5.16.22; 6,2.8), del amor (ἀγάπη 5,6.13.14.22) y la antítesis entre la circuncisión y la incircuncisión (5,6; 6,15) (Pitta, *Galati*, 300).

130 δικαιοσύνη: 2,21; 3,6.21; 5,5
δικαιόω: 2,16(3).17; 3,8.11.24; 5,4
δίκαιος: 3,11

En fin, el γάρ inicial que introduce al v.5, presenta lo dicho en 5,5 como un argumento *e contrario* que apoya lo dicho en 5,4[131], resultando así una explicación positiva (v.5) que sigue a una negativa (v.4).

3.3.1.2 Espíritu y fe

La mención de πνεῦμα ha sido diversamente interpretada: para los Padres Griegos denota al Espíritu de Dios; sin embargo, para la mayoría de los Padres Latinos denota al espíritu humano[132].

Dado que la primera mención de πνεῦμα en la carta (3,2.5) hace referencia clara al Espíritu: lo más lógico es que Pablo se refiera a ese Espíritu recibido a partir de la fe[133] (3,2.5.14), en el cual los gálatas comenzaron (3,3), en el cual invocan a Dios como Padre (4,6), y en el cual son guiados[134] (5,18). Y si bien falta el artículo, en Ga 5,18 también es omitido mas es claro que ahí se trata del Espíritu (cf. Rm 8,14; Ga 3,3). Además la relación entre πνεύματι y ἐκ πίστεως aparece más convincente en el sentido de Ga 3,2.5 donde πνεῦμα denota al Espíritu divino.

Por otro lado, la mención precedente de ἡμεῖς en 5,5 favorece el considerar a πνεύματι refiriéndolo al hombre.

La cuestión es difícil de resolver. Tal vez lo mejor sea unir las dos interpretaciones, de modo que πνεύματι podría parafrasearse como: "en *nuestro* espíritu *vivificado* por el Espíritu *de Dios*" .

En cuanto al dativo πνεύματι, es de considerarse como un dativo instrumental que indica el medio por el que se realiza la acción de "aguardar" (ἀπεκδέχομαι).

Y por lo que concierne a la expresión sucesiva ἐκ πίστεως, ella indica el medio por el cual se aguarda la «esperanza de la justicia»; i.e., el πνεύματι sería el medio complementario al ἐκ

131 Burton, *Galatians*, 278.

132 Cf. Lagrange, *Galates*, 17.

133 Longenecker, *Galatians*, 229; A. Viard, *Épître aux Galates* (SB; Paris 1964) 106.

134 Mussner, *Galaterbrief*, 350.

πίστεως, referidos ambos a la acción denotada por ἀπεκδεχόμεθα. Luego entonces, mientras que el ἐκ πίστεως denotaría la condición subjetiva para alcanzar la esperanza de la justicia, el πνεύματι denotaría el medio objetivo por el cual es alcanzada[135].

Por otro lado, esta doble precisión de la acción de "aguardar" hecha por medio de los complementos πνεύματι y ἐκ πίστεως se puede explicar por el hecho de que siendo por la fe que se recibe el Espíritu en el cual se aguarda «la esperanza de la justicia», se puede decir también que por la fe se aguarda esa esperanza.

3.3.1.3 La esperanza de la justicia

La cuestión más importante a precisar es el sentido de la expresión ἐλπίς δικαιοσύνης *«[la] esperanza de [la] justicia»*: ¿Qué tipo de genitivo es δικαιοσύνης? Lo más aconsejable es considerarlo como un gn. subjetivo[136]: lo que la justicia espera[137], o bien la justicia que concierne a una esperanza, o bien la esperanza que deriva de la justicia[138].

En efecto, el considerarlo como un gn. objetivo o de contenido o apositivo o epexegético[139], si bien es gramaticalmente posible, es desaconsejable por el hecho de que Pablo presenta siempre la justi-

135 Cf. Burton, *Galatians*, 278; Lagrange, *Galates*, 137; Mussner, *Galaterbrief*, 350.

136 Cf. Lagrange, *Galates*, 137; *Romains*, 132.

137 Cf. Zerwick, *Graecitas*, § 46.

138 Cf. los genitivos en: Ef 1,18: ἡ ἐλπὶς τῆς κλήσεως αὐτοῦ *«la esperanza de su llamada»* (i.e. la llamada que concierne a una esperanza); Col 1,23: τῆς ἐλπίδος τοῦ εὐαγγελίου *«la esperanza del evangelio»* (i.e. la esperanza que deriva del evangelio).

139 Como p.e.: 1 Ts 5,8; Tt 1,2; 3,7; cf. también: 1 Ts 1,3; Rm 5,2.

ficación por la fe como ya realizada para el creyente; no duda de haber sido ya justificado[140].

El suponer la existencia de dos justificaciones[141], una ya actuada y otra por realizarse en el futuro (como sería eventualmente una interpretación de ἐλπίς δικαιοσύνης en Ga 5,5) no parece sostenible[142]. En efecto, una consideración de Rm 2,13; 3,30; 5,19; Ga 2,16; 5,5, textos que aparentemente apoyarían la hipótesis de una doble justificación, y por ende una justificación futura o en esperanza, muestran lo contrario:

1) Por lo que se refiere a Rm 2,13, ciertamente aparece ahí un ftr. con sentido temporal: δικαιωθήσονται; mas es propio el uso del ftr. lo que da la clave de interpretación de ese texto: la justificación es claramente ubicada en el futuro.

Ahora bien, lo que explica ese futuro es la determinación del interlocutor de Pablo: el discurso es dirigido a un interlocutor judío[143]. Luego entonces, si Pablo busca convencer a su interlocutor de que éste está en la misma situación del gentil pecador al que condena, lo más adecuado es que Pablo prefiera argumentar pero a

140 Cf. Rm 3,24; 5,1.9; 8,30; 1 Co 6,11.

141 C. Haufe, *Die sittliche Rechtfertigungslehre des Paulus* (Halle 1957) 64; H. Hofer, *Die Rechtfertigungsverkündigung des Paulus nach neuerer Forschung.* 37 Thesen (Gütersloh 1940) 54—56; J. Jeremias, “Paul and James”, *ExpTim* 66 (1954/5) 369.

142 Así p.e., se oponen a una doble justificación: K.P. Donfried, “Justification and Last Judgment in Paul”, *ZNW* 67 (1976) 95; Kertelge, *Rechtfertigung*, 151; Stuhlmacher, *Gerechtigkeit*, 228s.

143 La mayoría de los comentadores piensa que Pablo tenga en mente a un judío principalmente; así p.e.: Cranfield, *Romans I*, 142; C.H. Dodd, *The Epistle of Paul to the Romans* (MNTC; New York 1932) 30.32; Dunn, *Romans*, 79; F. Godet, *Commentaire sur l'épître aux Romains* (Genève 1968) 253; W. Hendriksen, *Romans* (NTC; Grand Rapids MI 1982) 88; Lagrange, *Romains*, 42; L. Morris, *The Epistle to the Romans* (Grand Rapids MI 1987) 107; Murray, *Romans*, 56; Sanday-Headlam, *Romans*, 53; Schlier, *Römerbrief*, 68; Weiss, *Römerbrief*, 101. Una opinión diversa es sostenida por: Kühl, *Römer*, 66; Zahn, *Römer*, 105—106.

partir de ideas judías. Consiguientemente, la mención de la justificación futura a partir del cumplimiento de la Ley en 2,13, se explica como una *tesis judía* y no como una tesis paulina[144]; de lo contrario, habría que concluir una contradicción entre Rm 2,13 y 3,20[145].

En realidad, se trata de dos justificaciones distintas: por las obras de la Ley (Rm 2,13)[146] y por la fe en Jesucristo (Rm 3,20). En Rm 2,13 Pablo sólo enuncia el hecho de la justificación por las obras mas sin dar ningún juicio valorativo; en Rm 3,20 sin embargo, niega el que dicha justificación sea la verdadera justificación.

Por lo tanto, el uso del ftr. δικαιωθήσονται se refiere a la justificación por las obras la cual era de ubicarse para los judíos en el futuro, i.e. en el juicio final, y no a la justificación por la fe en Cristo.

2) En cuanto a Rm 3,30 y Ga 2,16 ver p. 237 n.27.

3) En cuanto a Rm 5,19 el ftr. κατασταθήσονται es de considerarse no tanto en sentido temporal, sino lógico[147]. En efecto, si se usara el aor. *«fueron constituidos»* (κατεστάθησαν), el paralelismo entre

144 Así p.e. Sanders: *«I think that the best way to read Rm 1,18—2,29 is as a synagogue sermon... I find, in short, no distinctively Pauline imprint in 1,18—2,29, apart from the tag (day) in 2,16. Christians are not in mind, the Christian viewpoint plays no role, and the entire chapter is written from a Jewish perspective»* (E.P. Sanders, *Paul, the Law and the Jewish People* (Philadelphia 1983) 129; cf. también p.134 n.29).

145 La tensión que surge entre lo dicho en Rm 2,13 y 3,20 es notable. Snodgrass entre otros la hace notar claramente: *«How can Paul make such statements which seem to grant eternal life on the basis of good works? Do not his statements that "No flesh will be justified from works of the law" (e.g. Rm 3,20) exclude such a possibility?... Can he really have said "the doers of the law will be justified" (2,13)?»* (K.R. Snodgrass, "Justification by Grace to the Doers: an Analysis of the Place of Rm 2 in the Theology of Paul", *NTS* 32 (1986) 73). Sin embargo, hay que añadir que a diferencia de 3,20, el texto de 2,13 no dice ἐξ ἔργων νόμου.

146 Sobre la «justicia de la Ley», cf. p. 202—204, 255—257.

147 Zerwick, *Analysis*, ad Rm 5,18.

los dos οἱ πολλοί llevaría a concluir que todos los que fueron constituidos pecadores, fueron constituidos justos. Mas ello trae consigo un problema, pues la justificación obtenida por la fe en Cristo, es un don que respeta la libertad del hombre. Tal dificultad es evitada en cambio, entendiendo el ftr. κατασταθήσονται como expresión de una intención o posibilidad[148].

Luego entonces, interpretando la expresión ἐλπίς δικαιοσύνης *«[la] esperanza de [la] justicia»* como un gn. subjetivo, a saber: "los bienes esperados por la justicia", resulta que el Espíritu aparece como el medio por el cual el creyente espera apropiarse de los beneficios de la justicia, i.e., la vida eterna. (cf. Rm 8,23), o bien la salvación (cf. Rm 8,24; 1 Ts 5,8), o bien la gloria de Dios (Rm 5,2).

Esta interpretación que lleva a distinguir temporalmente entre la situación de justificación (δικαιοσύνη) y lo que ésta espera obtener (ἐλπίς δικαιοσύνης), aparece confirmada a partir de Rm 5,1—2 donde al par que se presenta una justificación como ya realizada, se da también una situación de esperanza mas *«de la gloria de Dios»*:

Rm 5,1—2: δικαιωθέντες οὖν ἐκ πίστεως... τῇ πίστει...
καυχώμεθα ἐπ' ἐλπίδι τῆς δόξης τοῦ θεοῦ.

En efecto, la acción indicada por el ptc. aor. δικαιωθέντες no puede ser ubicada en un tiempo posterior al presente ἔχομεν[149] que le sigue. Es decir, la justificación se presenta como ya realizada; en cambio, la situación de esperanza tiene como objeto la gloria de Dios.

Lo que el creyente espera[150], no es una justificación final (segunda justificación), sino la apropiación de los bienes a que da

148 Cf. Zerwick, *Graecitas*, § 277.

149 El texto es incierto: hay buena atestación para la lectura εχωμεν; sin embargo, se trata igualmente de un presente.

150 El uso de ἀπεκδέχομαι (intensificación de ἐκδέχομαι) (Ga 5,5) tiene un sentido marcadamente escatológico (Schlier, *Galaterbrief*, 233 n.1)

derecho la justicia. O dicho de otra manera: no es la justificación, sino los justificados los que esperan su plena realización[151]. La justificación para el creyente es ya presente[152] (Rm 5,1.9; 8,30; 1 Co 6,11) siendo ella asociada a la revelación de la justicia de Dios en Cristo (Rm 1,17; 3,21)[153].

3.3.2 La fe, fruto del Espíritu: Ga 5,22

3.3.2.1 El contexto

Al interno de la sección Ga 5,16—25[154] caracterizada por una confrontación entre la carne y el espíritu, Pablo presenta un elenco de *«obras de la carne»* (5,19—21) en antítesis con uno de *«fruto del Espíritu»* (5,22—23). La idea que sintetiza lo dicho en esa sección es enunciada al inicio: *«caminad según el Espíritu...»* (5,16).

Ahora bien, en el elenco del «fruto del Espíritu» (ὁ καρπὸς τοῦ πνεύματος) Pablo menciona la πίστις (5,22). Tal asociación entre πνεῦμα y πίστις es de interés para el presente trabajo pues si la fe es suscitada por el Espíritu, luego entonces, la acción del Espíritu comprendería más que la actuación de la justificación; en efecto, la acción del Espíritu precedería a la justificación. Un estudio de esta asociación en Ga 5,22 se presenta por lo tanto como necesario.

151 Kertelge, *Rechtfertigung*, 150.

152 Así Kertelge: *«Paulus kennt nur* eine *Rechtfertigung, die im Gegensatz zur jüdischen Rechtfertigungserwartung nicht eine noch ausstehende, mit dem Vergeltungsgericht verbundene ist, sondern die auf Grund der Heilstat Jesu Christi jetzt schon gegenwärtig ist»* (Kertelge, *Rechtfertigung*, 151).

153 Cf. Kertelge, *Rechtfertigung*, 154.

154 Si bien el inicio de la sección es indicado por la expresión λέγω δέ (cf. 4,1), el final no es fácil de precisar, pues no es claro si ésta termina en el v.24, en el v.25 o bien en el v.26 (cf. Pitta, *Galati*, 344).

3.3.2.2 El sentido de πνεῦμα

La mención de πνεῦμα en Ga 5,22 se ubica al interno de una serie de recurrencias del mismo vocablo: 5,16.17(2).18.22.25(2). ¿Se trata del πνεῦμα humano o divino? Si bien la mención antitética de la carne favorece la interpretación antropológica[155], es de preferir interpretar al πνεῦμα como divino[156] ya que así es presentado en todo el contexto anterior[157]. Además, la expresión de "ser guiados por el Espíritu" usada en Ga 5,18, es semejante a la que aparece en Rm 8,14 y donde explícitamente se habla del *«Espíritu de Dios»* (πνεῦμα θεοῦ).

3.3.2.3 El sentido de πίστις

Por el contrario, en lo que concierne a la πίστις, que es mencionada en séptimo lugar, si bien en Ga 2—4 πίστις denota la «fe» en Cristo, en el elenco del fruto del Espíritu tal sentido no es el adecuado sino el de "fidelidad"[158] (i.e. la virtud de carácter de alguien en quien puede uno confiar) o bien el de "confianza"[159], significados ambos que en el fondo están asociados pues confianza y fidelidad van unidas[160].

155 Cf. O'Neill, "The Holy Spirit and the Human Spirit in Galatians", *ETL* 71 (1995) 108.

156 Así lo consideran entre otros: Betz, *Galatians*, 286; Burton, *Galatians*, 297,312; Longenecker, *Galatians*, 245,259; Mussner, *Galaterbrief*, 385; Viard, *Galates*, 117; Schlier, *Galaterbrief*, 255—257.

157 Ga 3,2.3.5.14; 4,6.29; 5,5.

158 Cf. Mt 23,23; Rm 3,3; Tt 2,10; W. Barclay, *Flesh and Spirit.* An Examination of Galatians 5,19—23 (London 1962) 107—108; Burton, *Galatians*, 316; Betz, *Galatians*, 288; Longenecker, *Galatians*, 262; Pitta, *Galati*, 364; Mussner, *Galaterbrief*, 388.

159 Cf. 1 Co 13,7: [ἡ ἀγάπη] πάντα πιστεύει.

160 Cf. Lagrange, *Galates*, 153; Schlier, *Galaterbrief*, 260.

La razón de ello es que: 1) las palabras precedentes *«paciencia»*, *«afabilidad»*, *«bondad»* (μακροθυμία, χρηστότης, ἀγαθωσύνη) y sucesivas *«mansedumbre»*, *«dominio de sí»* (πραΰτης, ἐγκράτεια) denotan virtudes éticas; 2) la πίστις no tiene como objeto a Cristo ni es puesta en relación con la justificación, como es el caso en las recurrencias de Ga 2—4; 3) a diferencia de Ga 2—4 donde πίστις/πιστεύω tienen gran importancia, a la πίστις de 5,22 no le es dada gran importancia siendo mencionada en séptimo lugar.

Luego entonces, si bien en Ga 2—4 πίστις denota la «fe» en Cristo, en Ga 5,22 tal significado no concuerda con el contexto.

Tal interpretación por lo demás, aparece apoyada por 1 Co 12,9 donde la mención de πίστις como don del Espíritu, no significa la «fe» en Cristo.

En efecto, en 1 Co 12,8—10 Pablo hace un elenco de dones (δίδοται) espirituales, que son manifestación del Espíritu (ἡ φανέρωσις τοῦ πνεύματος v.7), siendo mencionada en tercer lugar la πίστις (v.9). Mas hay un consenso general en considerar a este don de la πίστις no en el sentido de la «fe en Cristo», pues sería absurdo pretender que la fe fuera un don reservado a uno u otro cristiano, sino en el sentido de una fe taumatúrgica[161]; algo así como un don de "fe" o "confianza" en Dios tal de poder manifestarse en milagros (cf. 13,2)[162].

El hecho de que sean mencionados a continuación los *«carismas de curaciones»* (χαρίσματα ἰαμάτων v.9b) y los *«poderes de milagros»* (ἐνεργήματα δυνάμεων v.10a) concuerda con la interpretación dada al don de la fe en el v.9a.

Por lo demás, se tiene que mientras el elenco de dones del Espíritu en 1 Co 12 se refiere a manifestaciones externas del Espíritu (ἡ φανέρωσις τοῦ πνεύματος v.7) y que no son dados a todos de forma igual, el elenco de frutos del Espíritu de Ga 5 denota más bien dones internos y concerniente a todos; en efecto, Pablo no

161 Cf. Barbaglio, *Corinzi*, 653; Barrett, *Corinthians*, 285; Robertson-Plummer, *Corinthians*, 266.

162 Cf. A. Vanhoye, *I carismi nel Nuovo Testamento* (PIB; Roma 1990) 68; Crisóstomo: πίστιν οὐ τὴν τῶν δογμάτων, ἀλλὰ τὴν τῶν σημείων [PG 61,245(3)].

dice en Ga 5 el que a uno le sea dado el ἀγάπη y a otro la πίστις, sino que en cada cristiano el Espíritu produce esos frutos[163].

3.3.2.4 La fe y el Espíritu

Pero si bien a partir de Ga 5,22 y 1 Co 12,8 no se puede concluir el considerar a la fe cristiana (i.e. la fe salvífica) como don del Espíritu, no por tal silencio se puede formular una conclusión negativa, a saber: el que la fe cristiana no sea un don del Espíritu. Al contrario, hay varios textos que indirectamente sugieren una asociación entre fe y Espíritu, o al menos sugieren considerar a la fe como un don de Dios u obra suya.

Así p.e. según 1 Co 12,3 toda confesión de fe en Jesús presupone la acción del Espíritu Santo[164]:

> 1 Co 12,3: *«Nadie puede decir: "¡Jesús es Señor!"*
> *sino en el Espíritu Santo»*[165].

Mas la confesión de fe está íntimamente ligada a la fe misma, según se desprende de la formulación de Rm 10,9 donde el confesar y el creer son puestos en paralelo sinonímico[166]:

> Rm 10,9: *«...si confiesas con tu boca que Jesús es Señor*
> *y crees en tu corazón que Dios le resucitó...»*

Y en 1 Co 2,12 se presenta al Espíritu de Dios como principio activo del conocimiento de las gracias que Dios ha otorgado:

163 Cf. Vanhoye, *Carismi*, 59.

164 Cf. Vanhoye, *Carismi*, 49.

165 Cf. Ga 4,6; Rm 8,15.

166 Cf. Barbaglio, *Corinzi*, 640.

1 Co 2,12: *«Y nosotros no recibimos el espíritu del mundo, sino el Espíritu de Dios, para conocer las gracias que Dios nos ha otorgado».*

Por otro lado, el texto de Flp 1,29 sugiere considerar el acto de fe en Cristo como don de Dios[167]:

Flp 1,29: *«...se os ha concedido la gracia de que por Cristo... no sólo creáis en él, sino también padezcáis por él»*

En fin, el texto de Ef 2,8 que pertenece a algo que puede ser considerado como una síntesis de ideas paulinas (Ef 2,8—10)[168], parece sugerir también el considerar a la fe como un don de Dios:

Ef 2,8: τῇ γὰρ χάριτί ἐστε σεσῳσμένοι διὰ πίστεως· καὶ τοῦτο οὐκ ἐξ ὑμῶν, θεοῦ τὸ δῶρον
«en la gracia habéis sido salvados mediante la fe y esto no viene de vosotros; es don de Dios»

La cuestión interpretativa radica en la determinación del prn. demostrativo τοῦτο: mientras que en la antigüedad[169] generalmente se interpretó como refiriéndola al vocablo precedente (πίστεως) y considerando por ende a la fe como un don de Dios, los autores modernos[170] en general la interpretan refiriéndola a toda la frase

167 Cf. G.F. Hawthorne, *Philippians* (WBC 43; Waco TX 1983) 61. Por lo demás, en los evangelios, la consideración del acto de fe como don u obra de Dios aparece más claramente: Mt 16,17; Jn 6,44; A. Vanhoye, "Notre foi, œuvre divine d'après le quatrième évangile", *NRT* 96 (1964) 337—354.

168 Cf. A.T. Lincoln, "Ephesians 2,8—10 —A Summary of Paul's Gospel?", *CBQ* 45 (1983) 617—630.

169 Cf. p.e. Crisóstomo, PG 62,33(8); Jerónimo, PL 26,500—501.

170 Cf. p.e. E. Best, *Ephesians* (ICC; Edinburgh 1998) 226; J. Gnilka, *Der Epheserbrief* (HTKNT 10/2; Freiburg 1971) 129; E. Haupt, *Der Brief an die Epheser* (MeyK 8; Göttingen 1902) 64—65; A.T. Lincoln, *Ephesians* (WBC 42; Dallas TX 1990) 112; R. Schnackenburg, *Der Brief an die Epheser* (EKKNT 10; Neukirchen 1982) 98; Schlier, *Der Brief an die Epheser*. Ein Kommentar (Düsseldorf 1971) 115.

precedente (τῇ γὰρ χάριτί ἐστε σεσῳσμένοι διὰ πίστεως) dado el paralelismo entre 2,8b y 2,9 y que aparecen como un comentario a 2,8a. En esta última interpretación, es todo el proceso de salvación (incluyendo a la fe como su medio) que es considerado como don de Dios. Mas resulta que tanto en una interpretación como en la otra, la fe misma es de entenderse como don o gracia de Dios[171].

En conclusión pues, la fe cristiana no sólo aparece como medio o causa del recibir el Espíritu, sino que ella misma parece ser obra del Espíritu (1 Co 12,3b). Consiguientemente, la acción del Espíritu parece comprender más que la justificación, por el hecho de que la fe de la cual deriva la justificación, es suscitada por el Espíritu.

Tal interdependencia entre fe y Espíritu si bien puede parecer un tanto extraña en el sentido de que una depende de la otra formando aparentemente un ciclo cerrado, se puede explicar a partir de la conexión entre la fe, la predicación y la palabra de Cristo:

Rm 10,17: ...ἡ πίστις ἐξ ἀκοῆς, ἡ δὲ ἀκοὴ διὰ ῥήματος Χριστοῦ.
«la fe [viene] de la predicación[172]*,*
y la predicación por medio de la palabra de Cristo»

siendo que la Palabra del Señor es *«Espíritu y vida»* (Jn 6,63). Luego entonces, la presencia de la Palabra de Cristo, que es ya la presencia del Espíritu, *suscita* la fe, y ésta a su vez, acompañada de la decisión humana[173] *acoge* la Palabra, al Espíritu.

171 Cf. Lincoln, *Ephesians*, 112; Schlier, *Epheser*, 115.

172 Si bien el sentido primario de ἀκοή es el de "escucha", su uso en Rm 10,16.17 sugiere traducirla mejor como denotando el objeto de la escucha: "la predicación". Sin embargo, tal traducción tiene el inconveniente de hacer perder la relación verbal con el verbo ἀκούω el cual es evidente en el griego (Rm 10,18) (cf. Vanhoye, *Galati*, 56).

173 La fe (que proviene de la palabra de Cristo), llega hasta uno "por el oído" *(fides ex auditu)*; pero se trata de un oír especial, un "oír" que corresponde a la llamada. En efecto, el kerigma de Cristo comporta siempre la exigencia de la

En fin, podemos suponer que para Pablo, la fe de Abraham fue suscitada por el Espíritu, y que la justicia contada a él tuvo por base la acción del Espíritu, aún cuando ésta no era manifiesta[174].

Conclusiones de Gálatas

1. Tanto la justificación (2,16.17) como la recepción del Espíritu (3,2.5.14) se obtienen por medio de la fe o a partir de ella, revistiendo por ende un aspecto de gratuidad o don.

conversión la cual no es un oír neutral, sino un escuchar con atención acompañado de una decisión libre [cf. J. Trütsch, "Theologische Explikation des Glaubens", *Mysterium Salutis I* (Köln 1965) 844].

Y a este respecto, es de notar que ὑπακοή es la forma intensiva del oír, pudiéndose traducir por "escuchar" en el sentido de "obedecer". Mas a su vez, la πίστις puede ser entendida como ὑπακοή a partir del paralelismo de expresiones en Rm 1,8 y 16,19:

Rm 1,8b: *«vuestra fe* (πίστις) *es anunciada en todo el mundo»*

Rm 16,19a:*«vuestra obediencia*(ὑπακοή)*se ha divulgado por todas partes»* de modo que ambos conceptos los puede unir Pablo en la expresión ὑπακοή πίστεως (Rm 1,5) para describir la meta de su apostolado (cf. Bultmann, *Theologie*, §35,1 p.315). Así pues, los elementos: "oír, escuchar, aceptar libremente", aparecen incluidos en *«la obediencia de la fe»* (ὑπακοή πίστεως Rm 1,5; 16,26) (cf. Trütsch, "Theologische", 844).

174 Al respecto es de notar que en el AT la acción del Espíritu se limitaba sólo a algunas personas y de manera temporal, en vista de la misión que debían cumplir (cf. Jc 3,10; 6,34; 11,29). Mas se tenía la esperanza de que Dios infundiría su Espíritu sobre todo su pueblo (Ez 37,14), sobre toda carne (Jl 3,1—2) (cf. Ph.H. Menoud, "Esprit Saint", VB, 94). Después de la muerte y resurrección de Cristo, nos encontramos en el tiempo de la manifestación de la obra de Dios (cf. Hch 2,3—4; Rm 16,25—26).

2. La fe asociada a la justificación (2,16.17) se presenta como un acoger la vida de Cristo en el creyente (2,20), siendo por otra parte que ello se realiza gracias a la presencia del Espíritu[175] en el creyente (cf. Rm 8,10) y que se recibe a partir de la fe (Ga 3,2.5).

3. La fe asociada a la justicia, aparece como un abrirse a una relación personal con Dios (2,20; 3,6.26), lo cual coincide con la recepción de la filiación adoptiva divina realizada por el don del Espíritu (4,6)[176].

4. El Espíritu recibido por la fe aparece como el medio por el cual el creyente espera apropiarse los beneficios de la justicia (Ga 5,5).

5. Dado que la fe aparece como suscitada por el Espíritu, la acción del Espíritu parece comprender más que la justificación ya que ésta deriva de la fe.

3.4 Romanos 4

El tema de la fe recurre abundantemente en la carta a los Romanos (πιστεύω 21x; πίστις 40x), apareciendo asociado al tema de la justificación también un gran número de veces (20x)[177], sobre todo en Rm 3,21—5,1 (14x).

175 Es de notar que la novedad que reviste la presentación del tema del Espíritu en el NT en comparación con el AT, es su fuerte asociación con Cristo, así como el hecho de que el Espíritu haga partícipe al hombre de la vida divina.

176 La comunicación de la filiación divina gracias al Espíritu, constituye igualmente otra novedad de la pneumatología del NT con respecto a la del AT.

177 Rm 1,17(2); 3,22.25.26.28.30(2); 4,3.5(2).9.11(2).13; 5,1; 9,30; 10,4.6.10.

Mas por lo que concierne al presente estudio nos limitaremos a considerar solamente las recurrencias de Rm 4,17—25 dado que ahí no sólo se asocia la fe y la justificación, sino que la fe es descrita como una fe en el poder vivificador de Dios, tema emparentado con el Espíritu.

3.4.1 El contexto

Por lo que se refiere al contexto y planteamiento general del c.4, se tiene que después de haber enfatizado Pablo al final del c.3 el hecho de que Dios justifica a todos por la fe, al inicio del c.4[178] hace recurso al ejemplo de Abraham[179] con el fin de consolidar su posición[180]: Dios justifica a partir de la fe y no de las obras de la Ley.

La referencia al caso de Abraham no podía ser más adecuada: como Pablo mencionó en 3,21, la justicia de Dios es atestiguada en la Escritura: la Ley y los Profetas. De estas dos partes sin embargo, Pablo continúa en el c.4 apoyándose sobre todo en la Ley (Gn 15)

178 Con la expresión τί οὖν ἐροῦμεν (cf. 6,1; 7,7; 8,31; 9,14.30) comienza un nuevo ciclo de discusión (cf. Wilckens, *Römerbrief*, VI/1, 260); ciclo que sin embargo forma parte de una sección mayor iniciada en 3,21. La continuidad del siguiente vocabulario así lo indica:

δικαιοσύνη:	3,21.22.25.26; 4,3.5.6.9.11(2).13.22; 5,17...
δικαιόω:	3,20.24.26.28.30; 4,2.5; 5,1...
πίστις:	3,22.25.26.27.28.30(2).31; 4,5.9.11.12.13.14.16(2).19.20; 5,1...
πιστεύω:	3,22; 4,3.5.11.17.18.24; 6,8...

179 Ἀβραάμ es un vocablo característico del c.4: 4,1.2.3.10.12.13.16; 9,7...

180 Desde el punto de vista retórico, el c.4 puede ser considerado como una *probatio* de la *propositio* contenida en 3,21—22a (Cf. Aletti, *Comment*, 99). El querer precisar aún más tal argumentación como un *midrash* está sujeto aún a discusión, dependiendo ello sobre todo del poder definir mejor tal término (Cf. Moo, *Romans*, 255 n.1).

pues le interesa mostrar que ésta precisamente excluye de la justificación, "las obras de la Ley"[181].

Tomando en cuenta el vocabulario, el c.4 puede ser dividido en dos partes: 4,1—12 caracterizada por el vocabulario de λογίζομαι, y 4,13—25 caracterizada por el vocabulario de ἐπαγγελία/ἐπαγγέλομαι, y σπέρμα (cf. tabla 7, p. 185).

Sin embargo, la consideración de otros vocablos sugiere una división más detallada: 4,2—8[182] (ἐργάζομαι, ἔργον), 4,9—12 (περιτομή, ἀκροβυστία), 4,13—17a[183] (νόμος), 4,17b—25 (πίστις, πιστεύω sin confrontación con el vocabulario precedente de ἔργον, περιτομή y νόμος) (cf. tabla 7, p. 185).

Por otro lado, la mención de Abraham como padre de los creyentes o de muchas naciones (cf. 4,1.11.12.16.17.18), y la referencia a Gn 15,5—6 (4,3.9.18.22.23) muestra una cohesión de lo dicho en 4,1—25.

Esta situación sugiere dividir la temática de 4,1—25 de la siguiente manera: en 4,1—3 Pablo hace presente el caso de Abraham y la justicia que le fue contada a partir de su fe; luego pasa a mostrar como su justificación es contada independientemente de las obras (4,4—8), independientemente de la circuncisión (4,9—12), e independientemente de la Ley mas asociada a la promesa (4,13—17a); y en fin pasa a describir la fe de Abraham en la promesa divina y que le fue contada por justicia (4,17b—22), y en consecuencia la del cristiano (4,23—25). Y todo ello mirando a mostrar la vinculación entre Abraham y los cristianos, como lo sugiere la mención repetida de Abraham como padre (cf. 4,1.11.12.16.17.18).

181 Wilckens, *Römerbrief*, VI/1, 280—281.

182 Los vv.7—8 constituyen una cita que es considerarse unida a lo que le precede.

183 El v.17a constituye una cita que es de considerarse unida a lo que le precede.

	cap. 4																								
	1	2	3	4	5	6	7	8	9	10	11	12	13	14	15	16	17	18	19	20	21	22	23	24	25
Ἀβραάμ	1	1	1						1			1	1			1									
πατήρ											1	2				1	1	1							
προπάτωρ	1																								
δικαιόω		1			1																				
δικαιοσύνη			1		1	1			1		2		1									1			
πίστις					1				1		1	1	1	1		2			1	1					
πιστεύω			1		1						1						1	1						1	
νόμος													1	1	2	1									
περιτομή									1	2	1	2													
ἀκροβυστία									1	2	2	1													
ἐργάζομαι				1	1																				
ἔργον		1				1																			
ἐπαγγελία													1	1		1				1					
ἐπαγγέλομαι																					1				
σπέρμα													1			1		1							
λογίζομαι			1	1	1	1		1	1	1	1														

Tabla 7: Vocabulario relevante de Rm 4

3.4.2 La fe de Abraham en Dios que vivifica (Rm 4,17b)

La descripción de la fe de Abraham sin embargo no empieza exactamente en Rm 4,17b pues ya desde 4,3 aparece repetidamente el vocabulario de la fe en el c.4. En efecto, de lo dicho en 4,1—17a se desprende el que la fe de Abraham aparezca disociada de las obras (4,3—8), anterior a la circuncisión (4,9—12), y contrapuesta a la Ley mas asociada a la promesa (4,13—17a).

Sin embargo, a partir de 4,17b el discurso se centra en la fe de Abraham en sí, sin confrontarla con el tema de las obras, la circuncisión o la Ley. Además, tal fe que le es contada por justicia, es descrita como una fe en *«Dios que vivifica a los muertos»* al par que es paragonada con la de los cristianos, a quienes les está también por ser contada su fe por justicia.

La fe de Abraham es presentada ante todo en 4,17b en referencia a quien está dirigida y de quien obtiene su realidad y fuerza (4,17b)[184]; su fe se dirigía y adhería a Dios que vivifica y llama del no ser al ser. Es decir, el carácter de la fe de Abraham aparece determinado por el carácter de Dios en quien creyó.

Ahora bien, la breve descripción que hace Pablo de Dios como aquél que *«vivifica a los muertos»* y *«llama a las cosas que no son como existentes»*, es familiar al judaísmo[185]. Consiguientemente, la caracterización que hace Pablo de la fe de Abraham resulta también consistente con la concepción judía de Yahveh, lo cual trae consecuencias retóricas: en efecto, al argumentar Pablo

184 Schlier, *Römerbrief*, 132.

185 La caracterización de Dios como aquél que *«vivifica a los muertos»* es el tema principal de la segunda de las 18 bendiciones (*«Bendito seas tú, oh Dios, que vivificas a los muertos»* בָּרוּךְ אַתָּה יְיָ מְחַיֵּה הַמֵּתִים [G. Dalman, *Die Worte Jesu* (Leipzig 1898) I,299]); SifDev 32,39; y la de que *«llama a las cosas que no son para que sean»* posee numerosos paralelos: 2 M 7,28: ...οὐκ ἐξ ὄντων ἐποίησεν αὐτὰ ὁ θεός...; Filón, *De Spec.Leg.* 4,187: τὰ γὰρ μὴ ὄντα ἐκάλεσεν εἰς τὸ εἶναι; *De Vita Mos.* 2,100; *De Migr. Abr.* 183; *De Leg. All.* 3,10; *Rer. Div.* 36; 2 Bar 21,4: *«llamaste a lo que aún no existía y te obedeció»*; 48,8: *«y con una palabra traes a la vida lo que no existe...»*; 2 Hen 24,2: *«...todo lo que creé a partir de lo que no existía, y las cosas visibles de lo invisible»*.

utilizando concepciones familiares al judaísmo, su argumentación tiene mayor solidez ante interlocutores judíos[186] que postulaban una justificación a partir de las obras (cf. 4,2).

En particular, la caracterización de Dios como aquél que *«vivifica a los muertos»* (τοῦ ζῳοποιοῦντος τοὺς νεκρούς), es de relevar ya que el vocabulario relativo a la vivificación y a la muerte es retomado repetidamente a lo largo de la descripción de la fe hecha en 4,17b—25. En efecto, la mención de νενεκρωμένον y de νέκρωσις en 4,19, de νεκρῶν en 4,24, de ἐγείραντα en 4,24, y de ἠγέρθη en 4,25 así lo indica.

Por otro lado, es de notar también que el carácter vivificador de Dios es mencionado por medio de un ptc. prs. (ζῳοποιοῦντος), lo cual no define un tiempo sino el aspecto durativo de al acción. El poder vivificador de Dios no es limitado por tanto a una acción precisa sino que se continúa, pudiendo así Pablo ponerlo en relación tanto con la fe de Abraham como con la de los cristianos.

Y en cuanto a la caracterización de Dios como aquél que *«llama a las cosas que no son para que sean»* (4,17b), ésta ha sido entendida generalmente en el sentido de una *creatio ex nihilo* [187]. Consiguientemente, la mención sucesiva de la vivificación en contraposición a la muerte, puede ser interpretada en referencia al poder creador de Dios, i.e. en el sentido de considerar a la vivificación como nueva creación. Dicho de otra manera: si Dios es capaz de llamar a la existencia lo que no era, con mayor razón ha de poder llamar de nuevo a la vida lo que era[188].

En conclusión, la fe de Abraham aparece como una fe en el poder vivificador de Dios. Por lo tanto, no sólo la justicia aparece asociada a una vivificación (c.2), sino que la misma fe a partir de la cual se obtiene la justicia aparece asociada a una vivificación.

186 La presencia de interlocutores judíos es evidente en Rm 2,17.

187 Cf. Cranfield, *Romans I*, 244.

188 Cf. b. San 9,1a: *«Si lo que no era ha venido a la vida, ¿no ha de volver a la vida lo que era?»*.

3.4.3 La situación de Abraham (Rm 4,18—21)

3.4.3.1 Sin esperanza humana (Rm 4,18)

En el v.18 se continúa delineando la fe de Abraham mas haciendo referencia ahora a él mismo (ὅς), el cual *«creyó esperando contra toda esperanza»* (παρ' ἐλπίδα ἐπ' ἐλπίδι ἐπίστευσεν).

Sobre esta expresión, Crisóstomo da ya una explicación: παρ' ἐλπίδα τὴν ἀνθρωπίνην, ἐπ' ἐλπίδι τῇ τοῦ θεοῦ[189]. Sin tener motivo de esperanza humana, esperó en virtud de la palabra de Dios.

Sin embargo, precisar aún más es difícil: es discutido si interpretar la preposición παρά en sentido adversativo[190]: «creyó contra toda esperanza» (i.e. ninguna realidad terrena podía suscitar su esperanza); o bien en sentido de "por encima de"[191]: «creyó por encima de toda esperanza». Pero lo que es claro es que la esperanza de Abraham no apoyaba en esperanza humana (Crisóstomo: παρ' ἐλπίδα τὴν ἀνθρωπίνην), sino en la dada por Dios (Crisóstomo: ἐπ' ἐλπίδι τῇ τοῦ θεοῦ).

Ahora bien, el contraste entre ambas esperanzas, la humana y la divina deriva del contraste entre la promesa de tener una descendencia numerosa (4,18b)[192] y la situación de muerte y esterilidad

189 Crisóstomo, PG 60,461.

190 Cf. Rm 1,25; 11,24; 16,17; Ga 1,8; Bauer, "παρά", III,6; Schlier, *Römerbrief*, 133.

191 Cf. Rm 12,3; 2 Co 8,3; C.L.W. Grimm- J.H. Thayer, *A Greek-English Lexicon of the New Testament* (Edinburgh 1901), "παρά", III,2.

192 Rm 4,18b: *«así será tu descendencia»*; algunos mss. (F G a) añaden: *«como las estrellas del cielo y la arena del mar»*, mas se trata de una explicación suplementaria al οὕτως (cf. Gn 15,5; 22,17).

por parte de Abraham y Sara (4,19). La fe de Abraham miraba a hacer de él padre de numerosas naciones[193] (esperanza apoyada en Dios), aún cuando su condición de muerte y esterilidad lo contradecía (esperanza humana).

3.4.3.2 Situación de muerte (Rm 4,19)

La descripción de Abraham del v.18 continúa (καί) en el v.19 poniéndose en relieve la situación de Abraham así como de Sara: una situación de muerte por lo que concierne a procrear (*«tenía unos cien años»*)[194]. Mas el acto de creer por parte de Abraham no niega una tal situación histórica[195]; él es consciente de que su situación es en contraste total con la promesa divina.

Tal descripción además de mostrar que la fe de Abraham apoyaba sólo en la esperanza suscitada por la promesa divina pues no había esperanza en su situación humana (cf. 4,18), pone de relieve el que la fe de Abraham concernía a una promesa de vivificación. Ello es evidenciado por el hecho de que Pablo describa la situación de Abraham y de Sara por medio de los vocablos νενε-

193 Es discutido si interpretar la expresión εἰς τὸ γενέσθαι con sentido consecutivo (Cranfield, *Romans I*, 246; Lagrange, *Romains*, 95; Moo, *Romans*, 283 n.70; Schlier, *Römerbrief*, 133), o bien final (Dunn, *Romans 1—8*, 219; cf. Rm 4,16). Pero de cualquier manera, lo que es claro es que el resultado de su fe es el de ser padre de muchas naciones (4,18b), i.e. de todos nosotros (cf. 4,16).

194 Cf. Gn 17,17.

195 En Rm 4,19 muchos mss. leen οὐ delante del verbo κατενόησεν (D F G Ψ 33.181 𝔐 it vg^{cl} sy^{h}; Or$^{lat\ 2/3}$ Epiph Ambst Chr Ephr Meth) mas se trata de una *lectio facilior* al no considerar las dificultades (Lagrange, *Romains*, 96; Schlier, *Römerbrief*, 133). La mejor atestación es para la lectura que omite la negación οὐ(ℵ A B C 6.81.365.1506.1739 *pc* m vgst sy^{p} co arm; Or$^{lat\ 1/3}$ [Chr] JnDam), que es apoyada también por la crítica interna: la lectura sin οὐ explica mejor la mención posterior de οὐ διεκρίθη τῇ ἀπιστίᾳ (v.20): no obstante el considerar la situación de esterilidad (lo cual lleva a una situación de incredulidad) (τῇ ἀπιστίᾳ), Abraham no vaciló (οὐ διεκρίθη). Consiguientemente, omitiendo la negación οὐ el sentido de la frase inicial de 4,19 es: *«y sin debilitarse en la fe, consideró...»*.

κρωμένον[196] y νέκρωσιν. Su uso se explica sólo en vista de la caracterización inicial de Dios como aquél que *«vivifica a los muertos»* (τοῦ ζῳοποιοῦντος τοὺς νεκρούς 4,17b).

3.4.3.3 Duda y fe (Rm 4,20—21)

En los vv.20—21 se describe la actitud de Abraham ante la situación delineada precedentemente: de imposibilidad humana ante la promesa divina. Tal descripción es hecha por medio de un contraste: *«no dudó en la incredulidad mas fue fortalecido en la fe»* (οὐ διεκρίθη τῇ ἀπιστίᾳ ἀλλ' ἐνεδυναμώθη τῇ πίστει 4,20).

¿Cómo entender el dativo τῇ πίστει (v.20)? Una posibilidad consiste en entenderlo como un dativo de relación o respecto ("con respecto a la fe")[197], otra entenderlo con sentido instrumental ("por medio de la fe")[198] o bien con sentido causal ("a causa de la fe")[199]. El contexto sin embargo favorece la primera opción, dado el contraste entre διεκρίθη τῇ ἀπιστίᾳ y ἐνεδυναμώθη τῇ πίστει[200]. Mas sea lo que fuere (la fe fue fortalecida, o bien la fe es el medio o causa para fortalecer), el resultado es el mismo: la confianza de Abraham en Dios fue más fuerte que su incredulidad[201].

196 Es difícil decidir si la lectura con ἤδη precediendo a νενεκρωμένον es original o no; si bien la mejor atestación (ℵ A C D Y 𝔐 m sy[h**] bo) apoya su inserción, su carácter de *lectio longior* así como de *lectio facilior* la desfavorecen. Pero de cuaquier manera, sea que se opte por una u otra lectura, el sentido de la frase no cambia.

197 Cf. Crisóstomo, PG 60,461; Dunn, *Romans 1—8*, 220; Schlier, *Römerbrief*, 134; Zerwick, *Analysis*, ad Rm 4,20.

198 Cf. R. Cornely, *Epistula ad Romanos* (Paris 1896) 246; Dunn, *Romans 1—8*, 220; Robertson, *Grammar*, 532; Sanday-Headlam, *Romans*, 115; Hb 11,11.

199 Cf. BDF § 196.

200 Cf. Cranfield, *Romans I*, 248; Moo, *Romans*, 285 n.85.

201 Es verdad que en el txt. de Gn 17,17 la risa de Abraham parece sugerir una actitud de duda, sin embargo se le puede entender como una simple exposición de la dificultad, y que mira a explicar el nombre de Isaac y a resaltar el milagro (Lagrange, *Romains*, 96).

Por otro lado, tal contraste entre incredulidad y fe (τῇ ἀπιστίᾳ/τῇ πίστει) evidencia el objeto de la fe de Abraham: *«a la promesa de Dios...»* (εἰς δὲ τὴν ἐπαγγελίαν τοῦ θεοῦ...)[202]. La fe de Abraham no concierne a una situación imposible simplemente porque es imposible, sino a una promesa divina; es en relación a[203] una promesa por parte de Dios que se plantea la fe de Abraham, y más concretamente a una promesa divina de vivificación.

En cuanto a las dos frases coordinadas (καί)[204] de *«dando gloria a Dios»* y *«estando plenamente convencido de que poderoso es Dios para cumplir lo prometido»*, ellas muestran en que forma Abraham fue *«fortalecido en la fe»*. Independientemente de si se deba considerar a ἐνεδυναμώθη con el sentido de *«fortalecerse»*[205] (medio con fuerza reflexiva) o bien de *«ser fortalecido»*[206] (pasivo divino), las dos frases coordinadas antes aludidas ilustran el acto de creer por parte de Abraham: éste comporta un dar gloria a Dios, reconociéndolo como lo que es y confiando plenamente en El.

Y en particular, la frase final de 4,20: *«poderoso es para cumplir lo que prometió»* (ὃ ἐπήγγελται δυνατός ἐστιν καὶ ποιῆσαι) pone en evidencia el fundamento de la esperanza del acto de fe de Abraham. La garantía por así decir, de que la promesa de vivificación ha de realizarse, estriba en el poder de Dios. Y tal potencia de Dios evocada ya en 4,17b por medio del poder creador de Dios, corresponde fielmente al relato del Génesis, en la invitación hecha a

202 Su mención al inicio de la frase le confiere énfais.

203 La preposición εἰς tiene aquí el sentido de "en relación a" (Cranfield, *Romans I*, 248; Moo, *Romans*, 284 n.78). Si bien εἰς es usado a veces con sentido causal (cf. Zerwick, *Graecitas*, § 98), tal sentido no es favorecido aquí por el contexto (cf. Rm 4,18: ἐπίστευσεν... κατὰ τὸ εἰρημένον, Οὕτως ἔσται τὸ σπέρμα σου).

204 Los unciales F G y la tradición latina omiten el καί, mas su inserción es de considerarse como original, siendo atestiguada por el resto de los mss.

205 Cf. Schlier, *Römerbrief*, 134; Ef 6,10; 2 Tm 2,1.

206 Cf. Cranfield, *Romans I*, 248—249; Michel, *Römerbrief*, 173; Wilckens, *Römerbrief*, I,276.

Abraham a contar las estrellas (Gn 15,5). Ciertamente, la fe de Abraham no era una pasividad fatalista ("vamos a ver qué pasa")[207]; Abraham estaba convencido de que Dios era capaz de hacer lo que prometía.

3.4.4 La fe contada por justicia (Rm 4,22)

El v.22 es introducido por la conjunción conclusiva διό, indicando así que lo dicho en ese v. aparece como conclusión de todo lo que precede: la fe descrita antes es la que le fue contada por justicia; es a lo que desemboca la fe. Pablo vuelve al punto de partida: Gn 15,6 (Rm 4,3)[208].

Fue la fe de Abraham lo que le fue contado por justicia (Rm 4,3); una fe independiente de las obras (4,4—8), anterior a la circuncisión (4,9—12), independiente de la Ley y que correspondía a una promesa hecha a toda la descendencia (4,13—17a), y que se apoyaba exclusivamente en el poder de Dios capaz de vivificar (4,17b—21). En suma, una fe que concernía a una promesa de vivificación de parte de Dios, apoyada únicamente en su palabra.

Y el contexto no sugiere la idea de contracambio (justicia en contracambio de la fe), sino de una satisfacción de parte de Dios por la fe de Abraham[209].

El acto de fe de Abraham, dando gloria a Dios al estar plenamente convencido y confiado de que poderoso es El para cumplir su promesa de vivificación, es lo que le fue contado por justicia, i.e. su condición de ser justo, de ser conforme a lo que debe de ser o lo

207 Dunn, *Romans 1—8*, 239.

208 Lo expuesto en Rm 4,4—21 aparece como un desarrollo sobre el significado de los dos verbos usados en Gn 15,6 (Rm 4,3): ἐλογίσθη (Rm 4,4—11); ἐπίστευσεν (Rm 4,5—20) (Dunn, *Romans 1—8*, 202); en efecto, muchos consideran Rm 4 como un midrash de Gn 15,6. [cf. p.e. P.J. Borgen, *Bread from Heaven* (SNT 10; Leiden 1965) 47—51].

209 Lagrange, *Romains*, 97; cf: Rm 8,33: *«Dios es quien justifica»*.

que es indicado. Tal apertura y confianza ante la promesa de vivificación de parte de Dios, es lo que le fue contado por justicia a Abraham.

Consiguientemente, la justificación a partir de la fe puede ser definida a partir de Rm 4,17—22 como la condición o estado del hombre que cree plenamente en el poder vivificador de Dios y que resulta forzosamente en una situación de vivificación para él.

3.4.5 El caso de los cristianos (Rm 4,23—24)

La cita hecha en Rm 4,22 no constituye sólo una conclusión que termina el discurso de Pablo. En efecto, si Pablo ha hecho referencia a la fe de Abraham contada por justicia, es sobre todo en vista del caso presente de los creyentes: el caso de Abraham constituye un paradigma del de los creyentes (4,23—24).

Los creyentes son presentados como *«los que creen en Aquél que resucitó a Jesús nuestro Señor de [entre] los muertos»* (4,24). Con tal definición Pablo logra establecer una similitud entre Abraham y los cristianos: en ambos casos se trata de una fe en el poder vivificador[210] de Dios.

Mas la similitud no se limita solamente a creer en Dios capaz de vivificar, a su promesa de vida; Jesús es también descendiente de Abraham, al igual que Isaac[211]. En ambos casos el objeto de fe concierne a la vivificación obrada por Dios en relación a la descendencia de Abraham. Consiguientemente, la fe de Abraham es la nuestra, y su justicia también es la nuestra[212].

Empero, se percibe una diferencia: Abraham creyó en una promesa *(«así será...»)*, los cristianos en la realización de la promesa *(«resucitó a...»)*[213].

210 El ἐγείρω es tomado como sinónimo de ζῳοποιέω (cf. Rm 4,17; 8,11; también: Jn 5,21; 1 P 3,18).

211 Cf. Cranfield, *Romans I*, 251.

212 Schlier, *Römerbrief*, 137.

213 Cf. Murray, *Romans*, 154.

¿Es posible establecer otra diferencia en base al uso un tanto extraño de μέλλει en 4,24? El sentido de μέλλει ha sido diversamente interpretado considerándolo como: A) con sentido temporal, refiriéndolo a: a) al juicio escatológico, actuado ya provisoriamente en el presente[214]; b) al futuro en una perspectiva veterotestamentaria[215]; c) a aquellos que deben aún creer siguiendo las huellas de Abraham[216]; o bien: B) con sentido lógico, denotando algo que forzosamente tiene que suceder (de acuerdo a una decisión divina)[217] (alemán: "sollen").

Mas dado que el uso del aor. δικαιωθέντες en Rm 5,1.9 desaconseja considerar la justificación de los creyentes como aún por realizarse en el futuro, lo mejor sea tal vez entender el μέλλει teniendo como punto de referencia a Abraham[218], de quien se ha hablado en 4,17—22. Esta interpretación es apoyada por Rm 5,14 donde se usa el ptc. prs. μέλλοντος en relación a la venida de Cristo con respecto a Adán, así como de Ga 3,23 donde se usa el ptc. prs. μέλλουσαν en relación a la venida de Cristo con respecto a la venida de la Ley (Moisés).

Luego entonces, el uso de μέλλει en 4,24 en relación a la justificación de los cristianos no implica esencialmente una distinción entre el caso de Abraham y el de los cristianos.

214 Cf. Schlier, *Römerbrief*, 135.

215 Cf. Kühl, *Römer*, 155.

216 Cf. Zahn, *Römer* 241 n.88.

217 Cf. Bauer, μέλλω 1.c.d; Cranfield, *Romans I*, 250; Lagrange, *Romains*, 97; Moo, *Romans*, 287 n.3, Thayer-Grimm, μέλλω 2.c.

218 Cf. O. Kuss, *Der Römerbrief* (Regensburg 1957) I,193; Wilckens, *Römerbrief*, I,277 n.902.

3.4.6 Resurrección de Cristo y justificación (Rm 4,25)

Al final de la sección, Pablo concluye con una frase que tiene en parte el carácter de una fórmula tradicional[219]: *«fue entregado por nuestros pecados y resucitado para nuestra justificación»* (4,25).

En particular, la comprensión precisa de la segunda parte de la frase depende en parte del sentido que se dé al segundo διά:

Rm 4,25: ὃς παρεδόθη διὰ τὰ παραπτώματα ἡμῶν
καὶ ἠγέρθη διὰ τὴν δικαίωσιν ἡμῶν

Dado que la preposición διά en la primera mitad del v. es de entenderla con sentido causal, el paralelismo de la construcción podría favorecer entender de igual manera el segundo διά. Sin embargo, en tal caso se tendría que nuestra justificación precedería a la resurrección de Cristo, lo cual es absurdo.

Luego entonces, es preferible entender el primer διά con un sentido causal, y el segundo con un sentido final[220]. Es decir, se tendría un sentido retrospectivo en el primer caso, y prospectivo en el segundo[221].

Precisado esto, se puede decir que la conexión entre la resurreción de Cristo y nuestra justificación, se puede entender en el sentido de que su resurrección constituye el objeto de nuestra fe contada por justicia. En efecto, en la resurrección de Cristo nuestra fe adquiere concreción; a ella apunta la fe del cristiano[222].

Por otro lado, dado que Cristo resucitado se hace presente en el creyente por medio de la fe (Ga 2,20), ¿se podría pensar también a una participación de la justicia de Cristo al creyente? Ello es plausible por el hecho de que en 1 Co 1,30 se presente a Cristo

219 Cf. Wilckens, *Römerbrief*, I,278 n.903.

220 Cf. Schlier, *Römerbrief*, 136; Lagrange, *Romains*, 97.

221 No parece necesario considerar el primero también como prospectivo, suponiendo el verbo “expiar” (*«fue entregado a fin de [expiar] nuestros pecados»* (cf. Murray, *Romans*, 156) para conservar el paralelismo.

222 Cf. Rm 10,9; 1 Co 15,17.

como "nuestra justicia", y por el hecho de que en 2 Co 5,21 se hable de los creyentes los cuales vienen a ser *«justicia de Dios en Cristo»*:

1 Co 1,30: ...ὑμεῖς ἐστε ἐν Χριστῷ Ἰησοῦ, ὃς ἐγενήθη... ἡμῖν ἀπὸ θεοῦ, δικαιοσύνη...
«...estáis en Cristo Jesús, al cual hizo Dios para nosotros... justicia»[223]

2 Co 5,21: ...ἵνα ἡμεῖς γενώμεθα δικαιοσύνη θεοῦ ἐν αὐτῷ.
«a fin de que viniésemos a ser justicia de Dios en él»

Otra cosa a notar es que lo dicho en 4,25 no implica el separar nuestra justificación de la pasión de Cristo, pues la justificación está relacionada también con su sangre (cf. Rm 3,24; 5,9).

Y en fin, lo dicho en Rm 4,25b que concluye la sección, muestra que la justificación por la fe está íntimamente ligada al poder vivificador de Dios[224].

3.4.7 ¿Acción del Espíritu?

Aún cuando el texto de Rm 4,17—25 no menciona al Espíritu, es de notar que la situación descrita ahí de vivificación asociada a la justicia por la fe, está en sintonía con la consideración del Espíritu como realizador de tal vivificación.

En efecto, a partir de Ga 4,29 el nacimiento de Isaac es desde la óptica paulina una obra del Espíritu[225] (τὸν κατὰ πνεῦμα [γεν-

223 Es interesante notar que en Jr 23,6 se da al futuro descendiente de David el nombre de *«Yahveh, nuestra justicia»*.

224 Cf. Dunn, *Romans*, 241; Rm 5,18.

225 Este punto será desarrollado más adelante: p. 223—226.

νηθείς]); i.e. la promesa de vivificación hecha a Abraham por parte de Dios, es realizada por el Espíritu.

Y en el caso de los creyentes, como se vio antes[226], a partir de Rm 8,10 se tiene que por causa de la justicia el Espíritu es presente en ellos como fuente de vida, y por medio de él vivificará Dios también los cuerpos mortales (8,11).

Rm 8,10—11: *«...el cuerpo está muerto...*
...mas el Espíritu es vida a causa de la justicia
...y [Dios] vivificará también vuestros
cuerpos mortales por medio de su Espíritu...»

Y en particular, el hecho de que en Rm 8,10 se hable de un "cuerpo muerto" (σῶμα νεκρόν), contemporáneamente a la presencia del Espíritu como fuente de vida por causa de la justicia, favorece la similitud de situaciones entre la descrita en Rm 4,17—22 en relación a Abraham[227], y la del cristiano en Rm 8,10—11. Es decir, si en Rm 4 se habla de fe y en Rm 8 se habla del Espíritu, en ambos casos se habla de justicia, de muerte y de vivificación.

Y si es verdad que se da una omisión del Espíritu en el relato del Gn sobre la justicia acreditada a Abraham, el silencio es significativo pues parece revelar una diferencia entre el caso de Abraham y el de los cristianos. En efecto, en el caso de la justicia acreditada a Abraham el Espíritu no es mencionado; en cambio, en el caso de los cristianos la presencia del Espíritu es manifiesta.

Efectivamente, Pablo no sólo habla de recibir el Espíritu paralelamente al ser justificados (Ga 3,2.5), sino que su presencia además de poder manifestarse en signos visibles (cf. Ga 3,5; 1 Co 12,7), se puede percibir en la filiación adoptiva de los cristianos que claman

226 P. 116—118.

227 Si bien en Rm 4,19 la mención de νενεκρωμένον referida a Abraham mira a denotar su incapacidad de procrear, su uso inusitado es debido a la caracterización de Dios como τοῦ ζῳοποιοῦντος τοὺς νεκρούς (4,17b). La razón es que en el fondo la idea es de una contraposición entre una situación de muerte y una de vivificación.

«¡Abba, Padre!» (Ga 4,6; Rm 8,15), en su reconocer a Cristo como Señor (1 Co 12,3), en su obrar con amor, alegría y paz (Ga 5,22). Aunque tal manifestación es parcial (cf. Rm 8,19; Col 3,3—4), pues el Espíritu ha sido dado sólo en arras (2 Co 1,22; 5,5).

Luego entonces, si bien la vivificación asociada a la justicia derivante de la fe aparece como obra del Espíritu, su actuación es oculta en el caso de Abraham y manifiesta (no totalmente) en el caso de los cristianos.

Es sólo hasta la venida de Cristo, la descendencia prometida a Abraham (Ga 3,16), que el Espíritu se manifiesta mas en estrecha asociación con Cristo y haciendo partícipe al hombre de su vida divina. De hecho, en ello radica la novedad de la pneumatología neotestamentaria.

3.4.8 Conclusiones

1. La fe contada por justicia es una fe en el poder vivificador de Dios; luego entonces, no sólo la justicia y el Espíritu aparecen asociados estrechamente al tema de la vivificación (c.2), sino que también la fe a partir de la cual se obtienen ambas aparece asociada a la vivificación.

2. La fe de Abraham aparece apoyada sólo en la promesa divina y no en posibilidades humanas.

Ello es evidenciado por la condición de muerte por parte de Abraham, que imposibilitaba humanamente la realización de la promesa divina de tener una descendencia numerosa.

3. La justificación obtenida por la fe, aparece como la condición o estado del hombre que cree plenamente en el poder vivificador de Dios y que resulta en una situación de vivificación para él (cf. Rm 5,18; Ga 3,21).

Tal vivificación que resulta imposible a partir del esfuerzo humano (Rm 4,19), se manifiesta ya en Abraham en el nacimiento de Isaac (cf. Ga 4,29), y en los cristianos en una nueva vida (cf. Ga 2,19—20), evidenciada por los frutos del Espíritu (cf. Ga 5,22—23).

4. La situación de justificación por la fe y vida resultante descrita en Rm 4 en relación a Abraham, coincide con el considerar al Espíritu como realizador de tal situación de vivificación tanto para Abraham (cf. Ga 4,29) como para los cristianos (cf. Rm 8,10—11).

5. Se perciben semejanzas y diferencias entre el caso de Abraham y el de los cristianos:

Tanto en el caso de Abraham como en el de los cristianos, el objeto de la fe es el mismo: el poder vivificador de Dios en relación a la descendencia de Abraham. Esa fe les es contada a ambos por justicia.

En ambos casos se da una intervención del Espíritu, si bien oculta en el caso de Abraham y manifiesta (parcialmente) en el de los cristianos (cf. Ga 3,5; 1 Co 12,7).

La fe de Abraham consiste en una promesa a realizarse ("así será..." Rm 4,18), mas la de los cristianos en el cumplimiento de una promesa ("resucitó a..." Rm 4,24).

6. El caso de Abraham aparece como un recurso demostrativo basado en la Escritura, sobre la existencia de una justicia a partir de la fe, idéntica a la de los cristianos: apoyada en la fe y no en las obras de la Ley, que concierne a una situación de vivificación obrada por Dios, y que tiene como objeto a la descendencia de Abraham.

3.5 Filipenses 3

Si bien el tema de la justicia derivante de la fe no es dominante en Flp, apareciendo δικαιοσύνη y πίστις asociados solamente en 3,9[228], el texto merita consideración dado que su mención ahí se ubica al final de una subida retórica, y sobre todo porque a continuación aparece mencionado el tema de la unión con Cristo y el de la resurrección (3,10—11), temas que como se ha visto ya, están asociados también al Espíritu.

3.5.1 El contexto

Las recurrencias de δικαιοσύνη en 3,6.9 se localizan en una perícopa que se ubica al inicio de una nueva sección de la carta. El inicio de tal sección es sugerido por la expresión τὸ λοιπόν, ἀδελφοί μου... en 3,1 la cual señala una transición entre algo que ha llegado a su conclusión (2,29—30) y el inicio de algo distinto (3,2)[229]. El final de la sección es sugerido por la frase conclusiva de 4,1: ὥστε, ἀδελφοί μου ἀγαπητοὶ... στήκετε ἐν κυρίῳ, ἀγαπητοί; y confirmado por el cambio de género literario: en 3,3—21 el tono es expositivo, sólo se tienen 2 imperativos en 3,17 que marcan una división en la sección[230]; en cambio en 4,2 se inicia una serie de breves exhortaciones y recomendaciones caracterizadas por el uso del imperativo (4,3.4.4.5.6.6...).

228 Las recurrencias de los vocablos en Flp tomados aisladamente es como sigue:

δικαιοσύνη:	1,1; 3,6.9(2)
πίστις:	1,25.27; 2,17; 3,9(2)
πιστεύω:	1,29

229 La expresión τὸ λοιπόν, ἀδελφοί μου... aparece de nuevo en 4,8 con la misma función mas en este caso la transición es sólo entre breves recomendaciones: γνωριζέσθω (4,6)... λογίζεσθε (4,8).

230 Además del vocativo ἀδελφοί (3,17).

La perícopa que va de 3,2 a 3,16 comprende varias partes: 1) una primera parte (3,2—4a) introducida por 3 imperativos (v.2) y caracterizada por la contraposición entre unos oponentes (κύνας, κακοὺς ἐργάτας, κατατομήν v.2) y un «nosotros» (ἡμεῖς v.3); el v.4a sirve como transición: retoma la última parte del versículo precedente pero cambia de 1 pl. a 1 sg.; 2) una segunda parte (3,4b—6) constituida por la figura retórica de *clímax* hecha a base de aposiciones (vv.5—6) e introducida por una condicional (v.4b); 3) una tercera parte (3,7—11) formada por dos proposiciones principales paralelas (vv.7.8a) expresando una serie de antítesis, y rigiendo la última proposición a varias secundarias (vv.8b—11); 4) una cuarta parte (3,12—14) caracterizada por el vocabulario de λαμβάνω/καταλαμβάνω; 5) una conclusión de carácter exhortativo (3,15—16).

En este desarrollo, el vocablo δικαιοσύνη ocupa un lugar notable al ubicarse en 3,6 al final del clímax, y ser presente de nuevo en 3,9 en una contraposición llamativa.

Por lo que concierne más precisamente al desarrollo temático de 3,4—11, se tiene que el elenco de cosas constituyentes el clímax de los vv.5—6, expone lo que significa un "confiar en la carne" (3,4b); mas tal mención de la confianza en la carne se le encuentra ya precedentemente en los vv.3—4 en contraposición con otra expresión que recibe un matiz positivo: "gloriarse en Cristo"[231]. Por otra parte, se tiene que se hace referencia a «Cristo» 11x en los vv.7—10 más ninguna en los vv.4—6. Todo esto sugiere ver por ende una división temática: en 3,4—6 se trata de la "confianza en la carne", y en 3,7—11 de un "gloriarse en Cristo".

Y ubicándose tal contraposición en una perspectiva soteriológica, a saber, el precisar lo que puede hacer obtener la salvación futura[232], la mención de la «justicia» (δικαιοσύνη 3,6.9.9) ocupa

231 La antítesis no se da entre los verbos ("gloriarse"/"confiar") sino entre los complementos de éstos, i.e. sobre lo que se pone la confianza o el gloriarse: la carne o Cristo.

232 En efecto, el elenco de 3,5—6 concierne a cuestiones de cuyo cumplimiento dependía para un judío la participación a la salvación futura: a) la pertenencia a la comunidad de Israel, b) la pureza de origen, c) la Ley.

un lugar primordial pues de su posesión dependía la salvación. La valoración que realiza Pablo en 3,9 en torno a dos posibles justicias es de entenderse pues en el contexto de un "gloriarse en la carne" o un "gloriarse en Cristo", en vistas a la salvación.

Aún cuando la sección 3,4—11 suscita múltiples cuestiones, el estudio a realizar se limitará solamente a los vv.3,9—11 los cuales conciernen más directamente al tema del presente trabajo.

3.5.2 Dos justicias (Flp 3,9)

Al inicio del v.9 se tiene una expresión que suscita extrañeza: *«ser encontrado en él»* (καὶ εὑρεθῶ ἐν αὐτῷ). A partir de 2 Co 5,3 se puede interpretarla como denotando el momento de ser uno sorprendido por la muerte[233], y consiguientemente haciendo referencia al juicio final[234], dada la mención sucesiva de "tener la justicia".

Y la forma en la que desea Pablo encontrarse en ese momento no es teniendo la *«justicia de la Ley»*, sino la justicia *«por medio de la fe en Jesucristo»* 3,9:

Flp 3,9: ...μὴ ἔχων		ἐμὴν δικαιοσύνην τὴν ἐκ νόμου
	ἀλλὰ	τὴν διὰ πίστεως Χριστοῦ,
		τὴν ἐκ θεοῦ δικαιοσύνην ἐπὶ τῇ πίστει,

Las aposiciones τὴν ἐκ νόμου y τὴν διὰ πίστεως Χριστοῦ que determinan a δικαιοσύνη, llevan a distinguir claramente entre dos justicias diversas. Por lo que concierne a la primera, se trata de una justicia que deriva de la Ley, más precisamente, identificándose con la observancia de la Ley[235]. En cuanto a la segunda, ella hace referencia a la justicia que se obtiene por la fe en Cristo, entendiendo el gn. Χριστοῦ como objetivo (cf. Ga 2,16).

233 Cf. J. Moffat, "Found in Him", *ExpTim* 24 (1912—13) 46.

234 Cf. G.F. Hawthorne, *Philippians* (WBC 43; Waco TX 1983) 140.

235 Cf. Dt 6,25.

La distinción hecha es de notarse pues si bien en otros textos Pablo afirma el ser justificados por medio o a partir de la fe en Cristo y no por medio o a partir de la Ley (Ga 2,16), en Flp 3,9 admite la posibilidad de poseer una justicia derivante de la Ley[236], aún cuando evidentemente la considere sin valor en confrontación de la justicia que deriva de la fe.

Luego entonces, no es una imposibilidad de observar la Ley lo que lleva a Pablo a despreciar la justicia que deriva de ella; en efecto, de lo dicho en 3,6b se puede concluir el que Pablo poseía una tal justicia.

La ulterior precisión de la justicia de la fe como *«justicia de Dios apoyada en la fe»* (τὴν ἐκ θεοῦ δικαιοσύνην ἐπὶ τῇ πίστει) mira a dar énfasis y claridad a la justicia de la fe.

El presentarla como τὴν ἐκ θεοῦ δικαιοσύνην, i.e. *«justicia [que deriva] de Dios»*, puede ser entendido a partir de Rm 4,3 donde haciendo referencia a Gn 15,5—6 se tiene que la justicia contada a Abraham en base a la fe, y consiguientemente a los cristianos, aparece como obra de Dios, dado el pasivo ἐλογίσθη el cual puede ser considerado como un pasivo divino[237]; o aún más claramente a partir de Rm 4,6 donde el sentido es activo y el sujeto explícito: ὁ θεὸς λογίζηται δικαιοσύνην.

236 Cf. E.P. Sanders: *«Phil 3,6—9 remains the only passage in which Paul unambiguously says that there is a righteousness which is actually obtainable by law»* (*Paul, the Law and the Jewish People* (London 1985) 63 n.132).

237 Si bien la forma verbal ἐλογίσθη no permite resolver la cuestión ya que la forma media es igual a la pasiva, el caso dativo utilizado en Rm 4,9 (τῷ Ἀβραάμ) elimina la posibilidad de considerar a Abraham mismo como agente de la acción. Luego entonces, en la interpretación de Pablo, hay que suponer que es Dios quien efectúa la acción.

En el texto de Gn 15,6 la cuestión ha sido discutida cf.: LL. Gaston, "Abraham and the Righteousness of God", *Horizons in Biblical Theology* 2 (1980) 39—68; M. Oeming, "Ist Genesis 15,6 ein Beleg für die Anrechnung des Glaubens zur Gerechtigkeit?", *ZAW* 95 (1983) 182—197; B. Johnson, "Who Reckoned Righteousness to Whom?", *SEA* 51—52 (1986/87) 108—115.

En cuanto a la especificación ἐπὶ τῇ πίστει *«apoyada en la fe»*, ésta puede interpretarse como indicando la base o la razón[238] de encontrarse teniendo la justicia derivante de Dios: se trata de tener la justicia "en base a la fe"[239].

3.5.3 La esperanza de la resurrección (Flp 3,10—11)

Después de haber mencionado en el v.9 la δικαιοσύνη ἐπὶ τῇ πίστει, en el v.10 se tiene una proposición cuya función lógica es discutible[240]: una posibilidad es considerarla como un infinitivo articular epexegético[241] el cual definiría la naturaleza y poder de la fe (πίστει v.9); otra posibilidad consiste en ver una proposición final (τοῦ + infinitivo)[242] paralela a las 2 proposiciones precedentes coordinadas ἵνα Χριστὸν κερδήσω καὶ εὑρεθῶ ἐν αὐτῷ, o bien que mira a exponer la finalidad de lo dicho precedentemente, i.e. del poseer la justicia de la fe.

No es fácil decidirse; la dificultad es motivada en parte por el hecho de que en los escritos de Pablo, Cristo aparece a la vez como la causa de su nueva vida[243] y como finalidad de ella[244], resultando imposible marcar un límite entre estos dos aspectos.

238 Cf. BDF § 235; Zerwick, *Graecitas*, § 126.

239 Si bien en Flp 3,9 se usan las expresiones διὰ πίστεως y ἐπὶ τῇ πίστει, cabe notar que no es de extrañar en Pablo el uso de expresiones diversas refiriéndose a una misma realidad; en Ga 2,16 usa las preposiciones διά y ἐκ en referencia a una misma justificación: ...δικαιοῦται... διὰ πίστεως Ἰησοῦ Χριστοῦ... ...δικαιωθῶμεν ἐκ πίστεως Χριστοῦ... (cf. también Rm 3,30).

240 Cf. Hawthorne, *Philippians*, 142—143; M.R. Vincent, *Epistles to the Philippians and to Philemon* (ICC; Edinburgh 1897) 103.

241 Cf. BDF § 400(8); Rm 15,23; 1 Co 9,10; Lc 1,57; 1 P 4,17.

242 Cf. BDR § 400(5); Burton, *Syntax*, § 397; Turner, *Syntax III*, 141; Zerwick, *Analysis*, ad Flp 3,10; Zerwick, *Graecitas*, § 383.

243 Cf. Ga 1,15—16.23.

244 Cf. Flp 1,23.

De cualquier modo lo que es claro es que se trata de una comunión con Cristo, asociada a la fe de la cual deriva la justicia; de una unión no sólo intelectual sino que involucra también el poder de su resurrección así como la participación a sus padecimientos y muerte[245], y todo ello desembocando en un deseo o esperanza: poder alcanzar la resurrección de los muertos (v.11).

Se trata de una situación un tanto similar a la presente en Ga 2,19—20 donde la fe asociada a la justificación aparece como una estrecha comunión con Cristo, con la diferencia de que en Flp 3,9—11 la unión con Cristo aparece ligada a la esperanza de nuestra resurrección[246].

Mas una tal asociación entre la justicia de Dios y la participación al poder de la resurrección de Cristo, era ya presente en Rm 4,25 donde la resurrección de Cristo aparece como en vistas de nuestra justificación, y sobre todo en Rm 8,10—11 donde la presencia en el cristiano del Espíritu como fuente de vida a causa de la justicia, contempla también la resurrección del cuerpo mortal, en continuidad con la resurrección de Cristo:

4,25: ...καὶ ἠγέρθη διὰ τὴν δικαίωσιν ἡμῶν.

8,10: ...τὸ δὲ πνεῦμα ζωὴ διὰ δικαιοσύνην
8,11: ...ὁ ἐγείρας Χριστὸν ἐκ νεκρῶν ζῳοποιήσει καὶ τὰ θνητὰ σώματα ὑμῶν διὰ τοῦ ἐνοικοῦντος αὐτοῦ πνεύματος ἐν ὑμῖν

Y por lo que concierne a la descripción de la unión con Cristo presentada en Flp 3,10—11, se tiene que los elementos mencionados se articulan en una correspondencia temática quiástica:

245 El orden en que son mencionados es significativo; como señala F. Craddock: «*For Paul, the resurrection interpreted the cross*» (*Philippians* [Interpretation; Atlanta 1985] 61). Para Pablo, el encuentro con el Resucitado fue el inicio de todo.

246 Cf. Rm 6,5.8; 8,10—11; 1 Co 15,22; 2 Tm 2,11.

...τῆς ἀναστάσεως αὐτοῦ... ╲╱ τῶν παθημάτων αὐτοῦ...
...τῷ θανάτῳ αὐτοῦ... ╱╲ τὴν ἐξανάστασιν...

En tres de los elementos aparece el prn. αὐτοῦ referido a Cristo, faltando sólo en el último el cual concierne a la resurrección que espera alcanzar Pablo. Los términos medios van acompañados de una especificación que establece una unión entre Pablo y Cristo: κοινωνίαν, συμμορφιζόμενος. Todo esto hace ver aquí la misma dinámica que es presente en otros textos paulinos[247] (2 Co 4,10—11; Rm 6,4—5): se trata de una unión total con Cristo que desemboca en una nueva vida para el creyente. La fe en Cristo va unida a la fe en que resucitaremos con El.

El punto de partida es la resurrección de Jesús[248], la cual constituye la base[249]: por ello va ubicada al inicio del quiasmo. La esperanza de la resurrección es a lo que se tiende[250], siendo ubicada por ende al final del quiasmo. El medio consiste en una unión total con Cristo[251]. Y la insistencia en el pronombre αὐτός enfatiza lo que constituye el punto principal: Cristo[252]; es El quien lleva a la vida[253].

Todo esto viene a confirmar el contexto soteriológico que se había adjudicado al elenco de títulos de los vv.5—6: lo que se perseguía en definitiva era una salvación eterna.

247 Cf. Vincent, *Philippians*, 104.

248 El *kerygma* primitivo era: Cristo resucitó; cf. Hch 2,24.32; 3,15; 5,31; 1 Tes 1,10.

249 1 Co 15,14.17.

250 2 Co 4,14; cf. Rm 6,8; 2 Tm 2,11; Col 3,4.

251 Rm 6,4—5; 2 Co 4,10; Col 3,3; Gal 2,19.

252 Cf. 1 Co 15,14.17; Mt 21,42.

253 Cf. Hch 3,15.

3.5.4 Conclusiones

1. Se constata claramente la existencia de dos justicias diversas e incompatibles a un mismo nivel y en vistas a obtener la salvación. Una es obtenida a partir de la observancia de la Ley, y otra obtenida por medio de la fe en Cristo.

2. La situación de poseer la justicia apoyada en la fe, aparece estrechamente asociada a la comunión con Cristo, y en particular a la participación al poder de la resurrección de Cristo, con la esperanza de alcanzar la propia.

3.6 Conclusiones de Ga, Rm y Flp

De la consideración del tema de la fe, tema asociado al de la justificación y al de la recepción del Espíritu, el resultado obtenido en el c.2 aparece confirmado: la conexión entre la justificación y el Espíritu acaece a través del tema de la vivificación o de una vida resultante. En efecto, la fe asociada a la justificación y al Espíritu, aparece asociada también a una vivificación.

Las conclusiones obtenidas a partir del estudio de Ga 2; 3 y 5, Rm 4 y Flp 3 son las siguientes:

1. La fe asociada a la justificación (Ga 2,16.17) se presenta como un acoger la vida de Cristo en el creyente, la vida divina (Ga 2,20).

Y como se vio en el c.2, la presencia de Cristo en uno está asociada a la presencia del Espíritu en uno (Rm 8,10). Ello explica el porque en medio de un discurso en torno a la fe, Pablo haga referencia al tema de la recepción del Espíritu por la fe (Ga 3,2.5).

2. La fe contada por justicia tanto a Abraham como a los creyentes (Rm 4,22—24), es una fe en el poder vivificador de Dios (Rm 4,17.24).

La justificación obtenida por la fe aparece así como la condición o estado del hombre que cree plenamente en el poder vivificador de Dios y que resulta en una situación de vivificación para él (cf. Rm 5,18; Ga 3,21).

Ahora bien, como se vio en el c.2, el Espíritu no sólo aparece caracterizado como vivificador (2 Co 3,6), sino que además se presenta como vida en el cristiano (Rm 8,10).

3. El Espíritu recibido por la fe aparece como el medio por el cual el creyente espera apropiarse los beneficios de la justicia (Ga 5,5), i.e. la vida eterna (cf. Rm 5,17.21; Tt 3,7).

En particular, la esperanza de la vivificación futura del cuerpo mortal asociada a la justificación (Rm 8,10; Flp 3,11), aparece como obra del Espíritu (Rm 8,11).

4. Dado que la fe aparece como suscitada por el Espíritu (cf. 1 Co 12,3), la acción del Espíritu parece comprender más que la justificación ya que ésta deriva de la fe.

4. La bendición

El que la justificación aparezca relacionada con el Espíritu a través del tema de la vivificación, encuentra una confirmación también en la consideración del tema de la bendición. En efecto, en Ga 3 tanto la justificación como el don del Espíritu son considerados como una bendición, siendo por otra parte que la riqueza principal de la bendición es el florecimiento de la vida.

4.1 Gálatas 3

4.1.1 Gálatas 3,8—9[1]

4.1.1.1 La bendición de los gentiles

El tema de la bendición en la epístola a los Gálatas aparece por primera vez en 3,8 en una cita que no tiene una correspondencia exacta en el libro del Gn. Los textos más cercanos a la cita hecha son Gn 12,3 y Gn 18,18:

Ga 3,8:	Ἐνευλογηθήσονται		ἐν σοὶ	πάντα	τὰ ἔθνη
Gn 12,3:	ἐνευλογηθήσονται	ἐν σοὶ	πᾶσαι	αἱ φυλαὶ τῆς γῆς.	
Gn 18,18:	ἐνευλογηθήσονται	ἐν αὐτῷ	πάντα	τὰ ἔθνη	τῆς γῆς.

Con respecto a Gn 12,3 Pablo sustituye αἱ φυλαὶ τῆς γῆς por τὰ ἔθνη, y con respecto a Gn 18,18 omite τῆς γῆς y cambia αὐτῷ por σοί, mas en ambos casos el sentido fundamental de la frase no se

1 Para un estudio del contexto de estos vv. cf. p. 41—43.

altera, a no ser por una amplificación del sentido de la frase en caso de que τῆς γῆς tuviera un sentido restringido.

Dado que Pablo en Ga 3,8 introduce la cita mencionando una referencia directa a Abraham: προευηγγελίσατο τῷ Ἀβραὰμ ὅτι... ἐν σοί, es preferible pensar en la cita de Gn 12,3 como referencia principal ya que ahí se trata de un discurso dirigido directamente a Abraham; siendo por otra parte el texto de Gn 18,18 solamente una referencia a la promesa hecha en Gn 12,3. Del segundo texto (Gn 18,18) Pablo habría tomado la designación de τὰ ἔθνη en razón de su apostolado: él es apóstol de los gentiles (τὰ ἔθνη cf. Ga 2,9).

4.1.1.2 La bendición como justificación

Entre la cita de Gn 12,3 hecha en Ga 3,8b y su introducción en 3,8a se perciben dos cambios importantes: en la introducción es mencionada la fe y una justificación a partir de ella; en la cita no se menciona ni la fe ni la justificación. El único elemento que es común a ambas partes es la mención de los gentiles.

Sin embargo, para Pablo existe una relación profunda. La presencia del verbo προοράω «preveer» y sobre todo de προευαγγελίζομαι «preanunciar» indican que el anuncio de Gn 12,3 citado en Ga 3,8b constituye para Pablo un primer anuncio o preparación de la justificación de los gentiles a partir de la fe: en razón de ésta, la Escritura predijo la bendición de los gentiles en Abraham. Luego entonces: ¿De qué manera establece Pablo la relación entre 3,8a y 3,8b?

Los elementos de fe y justificación referidos a los gentiles en 3,8, aparecen ya en 3,6 concerniendo al caso de Abraham: él *creyó* (ἐπίστευσεν) y le fue reputado por *justicia* (δικαιοσύνην). Es decir, tanto en el caso de Abraham como en el de los gentiles, se da una situación de fe y una justificación. Y dado que en la conclusión de 3,9 se afirma una igualdad de situaciones entre Abraham y los creyentes, se puede pensar que la bendición mencionada en la cita de 3,8b consista por lo tanto en un *reputar la justicia a partir de la fe,* esto es *sin las obras* [2].

Es decir, si la justicia reputada a Abraham asociada a su fe es interpretada como una bendición, entonces la justificación de los gentiles asociada a su fe puede ser interpretada también como una bendición: tal razonamiento sería expresado por medio del σύν de 3,9.

Un apoyo a esta interpretación se tiene en Rm 4,6 donde se califica como una bienaventuranza el que «Dios repute la justicia sin las obras», siendo que tal hecho es tomado en paralelo al «reputar la fe por justicia» (4,5).

Y como se dijo antes[3], la asociación entre justificación y bendición la podría haber deducido Pablo a partir de la relación entre Gn 12,3 donde se da el anuncio de bendición a Abraham y los gentiles, y Gn 15,6 donde la justicia le es reputada a Abraham, siendo ese acto la primera actuación efectiva por parte de Dios en relación a Abraham. A partir de ese hecho, la justificación de los gentiles habría sido interpretada como el cumplimiento de la promesa de su bendición[4].

4.1.1.3 La referencia a Abraham

El énfasis dado al aspecto de la fe por la mención de πίστεως... πιστῷ... en 3,9 sugiere que la referencia hecha a Abraham concierne sobre todo a *su aspecto de fe.* Lo apoya el hecho de que πίστις y πιστεύω aparecen en 3,6—9 un total de 5 veces. Más aún, en 2,16—3,5 aparecen 6 veces, y casi siempre en antítesis con las «obras de la Ley»; y de igual manera en 3,10—14 la antítesis entre

2 Cf. Vanhoye, *Galati*, 75; H.A.W. Meyer, *The Epistle to the Galatians* (CECNT; Edinburgh 1880) 145; Williams, *Galatians*, 87—88.

3 P. 44.

4 Cf. A. Vanhoye, "Pensée théologique et qualité rhétorique en Galates 3,1—14", *The Truth of the Gospel.* Galatians 1:1—4:11 (MS Benedictina 12; Rome 1993) 108.

fe y obras de la Ley vuelve a aparecer. En 3,6—9 sin embargo sólo aparece la fe, siendo ahí precisamente donde es evocada la figura de Abraham.

Por otro lado, la presentación de los temas resulta significativa: se trata primeramente la justificación a partir de la fe y no de las obras de la Ley (2,15—21), luego acerca del Espíritu recibido mediante la fe y no mediante las obras de la Ley (3,1—5), y en fin el ejemplo de Abraham (3,6—9) de quien se dice que *«creyó y le fue contado por justicia»* (3,6) y cuya promesa de bendición es vista como un anuncio anticipado de la justificación de los gentiles a partir de la fe (3,8).

Al parecer, el recurso de Pablo a la figura de Abraham mira a fundamentar su enseñanza en torno a la justificación a partir de la fe, así como de la recepción del Espíritu. Ello es evidenciado sobre todo por la referencia a Abraham en 3,6 como respuesta a la pregunta de 3,5 en torno a la recepción del Espíritu; y por la conclusión de 3,9 donde la bendición del creyente Abraham aparece como respaldar la de los creyentes, siendo entendida la bendición como una imputación de justicia por la fe. Es decir, la referencia al caso de Abraham aparece como demostrativa, mirando a fundamentar una situación concerniente a los creyentes: una situación de fe.

Probablemente se trata de un recurso análogo al que se hace en Hb en relación a la cuestión del sacerdocio de Cristo: si ahí se evoca la figura de Melquisedec (Hb 7) es con el fin de hacer ver que el sacerdocio levítico no era el único posible. Análogamente, el evocar la justificación de Abraham a partir de la fe es con el fin de mostrar que ya en el AT se tenía una justificación sin las obras de la Ley. Más aún, es la primera en mencionarse en la Biblia. El que Pablo evoque la figura de Abraham aparece como un *recurso demostrativo* de su tesis sobre la justificación de los gentiles a partir de la fe.

Por otro lado, es claro que el caso de Abraham no es idéntico al de Melquisedec: en este último se trata de una figura del sacerdocio de Cristo; en el primero en cambio se trata de una justificación real, a partir de la fe.

Luego entonces, interpretando la bendición de 3,8 en el sentido de una justificación por la fe, se puede decir que la justificación de los gentiles a partir de la fe era ya preanunciada en Abraham, en su actitud de fe; es decir, el ἐν σοί de 3,8b referido a Abraham, sería de entenderse en relación al ἐκ πίστεως de 3,8a; o dicho de otro modo: la mención de la fe explícita en 3,8a sería implícita en el ἐν σοί de 3,8b: "serán bendecidos *como* Abraham los gentiles".

4.1.1.4 Justificación preanunciada

En fin, el texto de Ga 3,8 proporciona un dato nuevo por lo que se refiere a la consideración de la justificación de los creyentes: dada su interpretación como el anuncio de bendición prometido a Abraham, ella aparece comportando una perspectiva de anuncio o preparación. Y hay que decir que también la justificación misma de Abraham aparece en una perspectiva de promesa, dado el anuncio de bendición futura hecho en Gn 12,2: *«te bendeciré»*[5].

Este aspecto de anuncio cabe notarlo, ya que en Rm 3,21—26 Pablo pone en relieve el hecho de que la *«justicia de Dios»* haya sido *«atestiguada por la Ley y los Profetas»*, justicia que es precisada como *«por la fe de Jesucristo»* y asociada a la justificación de los creyentes (Rm 3,26).

4.1.2 Gálatas 3,14

4.1.2.1 El hecho de la bendición (Ga 3,14a)

En 3,14 vuelve a mencionarse el tema de la bendición en la expresión ἡ εὐλογία τοῦ 'Αβραάμ donde como se vio antes[6] el gn. es de entenderse como objetivo: Abraham es objeto de la bendición. Mas

5 ¿Se puede suponer también una perspectiva de cumplimiento? Sobre esto se tratará más adelante (p. 236—238).

6 P. 45.

ella no se limita sólo a Abraham: a través de él las naciones son también bendecidas (Ga 3,8).

Si se considera el hecho de la bendición *en sí misma*, se encuentra que la interpretación de Pablo en el sentido de una imputación de la justicia por la fe, aparece como válida; i.e. cumple con la definición de bendición. En efecto, atendiendo a los textos de los relatos patriarcales en Gn donde aparece el tema de la bendición de parte de Dios para con el hombre, se encuentra que *la bendición* se presenta como un *acto positivo* que Dios realiza y *que muestra que El es favorable a la persona* que recibe la bendición[7].

Así p.e. cuando el siervo de Abraham cuenta a la familia de Rebeca como Dios ha bendecido a su señor, elenca toda una serie de actos positivos:

Gn 24,35—36: *«Yahveh ha bendecido con largueza a mi señor, que se ha hecho rico, pues le ha dado ovejas y vacas, plata y oro, siervos y esclavas, camellos y asnos. Y Sara, la mujer de mi señor, envejecida ya, dio a luz un hijo a mi señor»*[8]

Este elenco que muestra el vasto número de campos que abarca la bendición (cf. Gn 24,1), revela que no es el contenido en sí del acto realizado lo que es esencial a la bendición, sino el que ella manifiesta la actitud favorable de Dios para con la persona bendecida[9]. Ello se percibe claramente en el episodio donde Abimélek y sus acompañantes reconocen la relación favorable de Yahveh con Isaac:

7 Cf. C.W.Mitchell, *The Meaning of BRK «To Bless» in the Old Testament* (SBLDS 95; Atlanta 1987) 165.

8 Y análogamente con Isaac: Gn 26,12—14.

9 Así Mitchell: *«The main thesis of this study, however, is that fertility, as well as the other benefits such as prosperity and dominion, are really not essential elements of blessing at all. The factor that makes a blessing a blessing is the relationship between God and the person blessed. God blesses because of his favorable attitude toward a person or group of people»* (Mitchell, *Meaning*, 165).

Gn 26,28—29: *«Hemos visto claramente que Yahveh está contigo... ¡oh bendito de Yahveh!»*

De esta forma, la bendición entendida como el hecho de imputar la fe por justicia, i.e. de manera gratuita sin las obras de la Ley, encuentra fundamento: se trata de una acción positiva, de parte de Dios, y que muestra su actitud favorable para con el destinatario. Es así que p.e. en Rm 4,3.9 donde Pablo menciona el hecho de que Dios haya imputado a Abraham su fe por justicia, lo califica como de «bienaventuranza» o «dicha».

Además, en esta perspectiva, la referencia de Pablo en Ga a la promesa de bendición de los gentiles hecha por Dios a Abraham, adquiere una gran fuerza retórica pues además de fundamentar en la Escritura su tesis en torno a la justificación por la fe en Cristo, afirma la actitud favorable de Dios para con los gentiles anunciada desde un inicio, lo cual ciertamente no era condividido por los oponentes judaizantes de Pablo quienes exigían la circuncisión (Ga 6,12) y forzaban a los gentiles a vivir a la manera judía (cf. Ga 2,14).

4.1.2.2 La bendición de Abraham y Cristo

El texto de Ga 3,14a presenta un elemento nuevo con respecto a 3,8 pues establece que la bendición de Abraham llega a los gentiles «en Cristo»:

Ga 3,14: ἵνα εἰς τὰ ἔθνη ἡ εὐλογία τοῦ Ἀβραὰμ γένηται ἐν Χριστῷ Ἰησοῦ...

Este dato sin embargo se encuentra en armonía con lo dicho en 3,8—9 en torno a la realización de la bendición gracias a una acitud de fe (3,9), pues se tiene que Cristo es el objeto de la fe de los creyentes.

Empero la mención de Cristo asociada a la realización de la bendición crea una dificultad relevante por lo que concierne al caso de Abraham pues su situación difiere de la de los creyentes: con éstos la bendición es entendida como una justificación a partir de la fe en Cristo; con Abraham sin embargo el evento Cristo está aún por cumplirse. Dicho de otro modo: la justificación de los creyentes va ligada a Cristo, la de Abraham acaece antes de Cristo. Ahora bien, para Pablo la justificación parece indisociable de Cristo (Ga 2,16.21), de su resurrección (Rm 4,25). Luego entonces, si en 3,9 se afirma una bendición conjunta de los creyentes con Abraham, y la bendición es entendida como una justificación a partir de la fe, ¿cómo puede ser por un lado que los creyentes sean justificados por la fe en Cristo, y que conjuntamente (σύν) Abraham haya podido ser justificado a partir de la fe mas antes de Cristo?

La respuesta a esta problemática radica en la concepción paulina de la cronología histórica, y más precisamente, del misterio de Cristo en ella: éste es presente y activo ya desde el inicio, si bien no de manera idéntica. Muestra de ello se tiene por ejemplo en 1 Co 10,4 donde la creencia de Pablo en la preexistencia de Cristo es clara[10].

Luego entonces, si la fe de los creyentes es definida en Rm 4,24 como *«creer en Aquél que resucitó a Jesús Señor nuestro de entre los muertos»*, resulta que la fe de Abraham se ubica en la misma línea pues Abraham *«creyó en Dios que resucita a los muertos»* (Rm 4,17). Es decir, para Pablo, la fe de Abraham era, sin que él lo supiera claramente, una fe en la resurrección de Cristo.

Un apoyo a esta interpretación, si bien fuera del epistolario paulino, se tiene en Jn 8,56 donde se dice que Abraham *vio el día de Jesús y se regocijó*, así como en Hb 11,19 donde se menciona

10 1 Co 10,4b: ...ἔπινον γὰρ ἐκ πνευματικῆς ἀκολουθούσης πέτρας, ἡ πέτρα δὲ ἦν ὁ Χριστός (*«...pues bebían de la roca espiritual que les seguía; y la roca era Cristo»*); Cf. Robertson-Plummer, *1 Corinthians* (ICC; Edinburgh 1911) 201; Allo, *Corinthiens*, 231.

que Abraham creyó, pensando que *«poderoso es Dios aún para resucitar de entre los muertos»*[11].

Sin embargo, hay una diferencia cualitativa entre la situación de Abraham y la de los creyentes: la fe de Abraham contada por justicia se apoya en una promesa (Ga 3,6), la de los creyentes en el cumplimiento de la promesa[12]. Y a esta diferencia se puede añadir una segunda asociada estrechamente a la primera: el don del Espíritu (Ga 3,14).

Más esto último habría que precisarlo: no que el Espíritu fuera ausente en el AT; numerosos son los textos que presentan al Espíritu de Dios obrando y moviendo a los jueces y profetas a hablar y actuar[13]; sino mas bien considerando al Espíritu como don de vida eterna (cf. Ga 6,8), vida del Hijo de Dios (Rm 8,10), que participa al creyente de la filiación divina[14] (cf. Ga 4,6; Rm 8,15).

Si en la justificación de Abraham no es mencionado el don del Espíritu, ello es debido a que la promesa de vida esperaba aún su cumplimiento pleno. En efecto, el nacimiento de Isaac (debido al Espíritu cf. Ga 4,29) fue sólo un cumplimiento parcial, figura de lo venidero (cf. Hb 11,19). Sería sólo hasta la venida de Cristo (cf. Rm 16,25), manifestación de vida eterna (1 Jn 1,2), que el Espíritu habría podido manifestarse como vida eterna en el hombre (cf. Rm 5,21; 8,10).

11 Para una relación entre Moisés y Cristo se vea p.e. Jn 5,46.

12 Cf. Schlier, *Galater*, 141. Sobre esta cuestión se volverá más adelante (p. 236—238).

13 Cf. p.e.: Jc 3,10; 11,29; 14,6; 1 S 10,6; 11,6; Ez 2,1; 3,14; 11,5.

14 Cf. S.H. Hooke: *«never until the Son of Man had ascended up where he was before, and the last Adam had become a life-giving spirit, had it been possible for the Spirit to enter into and become the life of the believer, producing in him the life of Jesus, as Paul says "That the life of Jesus may be manifested in our mortal flesh" (2 Co 4,11)»* ("The Spirit was not yet", *NTS* 9 (1963) 380); Beasley-Murray: *«the Spirit's ministry in the world is especially directed to that of communicating the life of the kingdom of God»* (*John*, WBC 36, 117); nota de la BJ a Rm 5,5b.

Si a la justificación de Abraham sucedió una victoria de la vida sobre la muerte: el nacimiento de Isaac (cf. Rm 4,19); a la justificación de los creyentes sucede una victoria aún mayor: el reinar para vida eterna (Rm 5,21).

Abraham creyó en una promesa de vida (Rm 4,18—21), los creyentes en el cumplimiento de ésta (Rm 4,24), y consiguientemente el don del Espíritu, don de vida divina, se realiza sólo hasta Cristo[15], «primicias» de nuestra resurrección.

4.1.2.3 La promesa del Espíritu (Ga 3,14b)

A la mención de la bendición de Abraham en el v.14a, se añade paralelamente en la segunda mitad del versículo la mención de *«la promesa del Espíritu»*.

Esta mención de *«la promesa del Espíritu»* en 3,14b proporciona un dato nuevo por lo que se refiere a la consideración del don del Espíritu: éste es visto desde una perspectiva de promesa. Ello es de notar pues la justificación entendida como la bendición de Abraham, comportaba asimismo un aspecto de anuncio o promesa. Es decir, resulta que ambas realidades presentan la misma perspectiva.

Por otro lado, esta mención de la «promesa del Espíritu» apoya la perspectiva de promesa mencionada[16] al distinguir entre la situación de Abraham y la de los creyentes por lo que se refiere a su justificación; y más concretamente, en relación al don del Espíritu.

Ahora bien, la mención paralela de la realización de *«la bendición de Abraham»* con *«la promesa del Espíritu»*, sugiere una cierta asociación entre ambos hechos, asociación que el contexto favorece entender en un sentido sinonímico.

En efecto, por lo que concierne a la mención de la «promesa», ella se puede explicar por el simple hecho de que la bendición fue

15 Es significativo que Juan concluya su Evangelio diciendo que éste fue escrito para que creyendo en Cristo, el Hijo de Dios, *se tenga vida* en su nombre (Jn 20,31); o bien que al inicio de 1 Jn se haga referencia a Cristo, insistiendo en el hecho de una *manifestación de la vida eterna* (1 Jn 1,2).

16 P. 217.

dada a Abraham en forma de promesa: *«te bendeciré... en tí se bendecirán todas las naciones...»* (Gn 12,2—3).

¿Es posible determinar con más precisión la relación entre «la promesa del Espíritu» y «la bendición de Abraham»?

La cuestión no es fácil. El paralelismo no implica en sí misma una *identidad* entre ambos elementos. En Ga 4,5 por ejemplo, aparecen igualmente dos finalidades en paralelo, mas los hechos mencionados no son idénticos: uno concierne a los judíos los cuales se encuentran bajo la ley, y otro de una manera más general a todos los creyentes:

Ga 4,5: ἵνα τοὺς ὑπὸ νόμον ἐξαγοράσῃ,
ἵνα τὴν υἱοθεσίαν ἀπολάβωμεν.

Además, hay que notar que el paralelismo de 3,14 parece obedecer también a motivos retóricos o estructurantes: en efecto, con la mención en 3,14b de *«la promesa del Espíritu»* y su recepción por medio de la fe, Pablo parece retomar lo dicho en 3,2.5 en torno a la recepción del Espíritu a partir de la fe por parte de los Gálatas, los cuales forman parte de los «gentiles»[17]. Asimismo, la frase paralela de 3,14a que menciona a *«la bendición de Abraham»* y su realización para los gentiles en Cristo, parece concluir la discusión en torno a la bendición y a la maldición en 3,8—13. Es decir, en 3,14 parecen recapitularse ambas secciones precedentes[18].

Mas si la simple disposición paralela del v. no permite una mayor precisión de la determinación de la relación, otros datos lo permiten.

En efecto, si se consideran los resultados obtenidos precedentemente (c.2 y 4), a saber, el interpretar *«la bendición de Abraham»* como una justificación por la fe (c.4), resulta que se puede establecer entonces una relación con *«la promesa del Espíritu»* trámite el tema de la vida. Efectivamente: si la justificación resulta en vida, se tiene que es precisamente el Espíritu quien da la vida (c.2). De ahí

17 Cf. F. Mussner, *Der Galaterbrief* (HTKNT IX; Freiburg 1974^2) 235.

18 Cf. Longenecker, *Galatians*, 123.

que la realización para los gentiles de la bendición de Abraham, i.e. de su justificación por la fe, sea presentada en paralelo sinonímico a la realización de la recepción de la promesa del Espíritu.

Si se da un motivo retórico en el paralelismo de 3,14, la retórica no puede ser una retórica vacía: debe haber una conexión temática.

Luego entonces, sin ser idénticos la bendición de Abraham (entendida como justificación) y la recepción del Espíritu[19], éstas aparecen estrechamente asociadas.

4.1.2.4 Bendición y Espíritu

En apoyo a esta conexión entre *el Espíritu* y *la bendición* entendida como justificación, trámite el tema de *la vida*, se puede decir que en los relatos del Gn la bendición aparece repetidas veces como generadora de vida o fertilidad[20]:

Gn 1,22.28: *«Y los bendijo Dios diciendo: "sean fecundos y multiplíquense..."»*

Gn 9,1: *«Dios bendijo... y les dijo: "sean fecundos y multiplíquense..."»*

Gn 17,16: *«Yo la bendeciré y de ella también te daré un hijo. La bendeciré y se convertirá en naciones...»*

Gn 17,20: *«...He aquí que le bendigo y le hago fecundo y le hago crecer...»*

19 Cf. p. 123.

20 Como señala Mitchell: *«All the major authors who have written on blessing lay heavy emphasis on the supposition that the basic, original meaning of blessing in the Bible is the bestowal of fertility»* (Mitchell, *Meaning*, 165). E igualmente Guillet: *«la richesse essentielle de la bénédiction est celle de la vie et de la fécondité»* (J. Guillet, "Bénédiction", *Vocabulaire de Théologie Biblique* (ed. X. Léon-Dufour; Paris 1970²) 121); cf. también: A. Murtonen - H. Mowvley, "The Concept and Content of «Blessing» in the Old Testament", *BT* 16 (1965) 74—80; C. Westermann, *Der Segen in der Bibel und im Handeln der Kirche* (München 1968) 34. Cf. además: Is 51,2: *«le bendije y le multipliqué»*.

Gn 22,17: *«Yo te colmaré de bendiciones y acrecentaré muchísimo tu descendencia...»*

Gn 24,60 : *«Y bendijeron a Rebeca, y le decían: "¡Oh hermana nuestra, que llegues a convertirte en millares de miríadas..."»*

Gn 26,24: *«...Te bendeciré, y multiplicaré tu descendencia...»*

Gn 28,3: *«Que El Sadday te bendiga, te haga fecundo y te acreciente, y que te conviertas en asamblea de pueblos»*

Gn 48,16: *«...el Angel... bendiga a estos muchachos... y multiplíquense y crezcan en medio de la tierra...»*

Y como se ha dicho en el c.2, la vida es vista en estrecha asociación con el Espíritu. Mas tal asociación aparece también en el AT:

Gn 6,3: *«Entonces dijo Yahveh: "No permanecerá para siempre mi Espíritu en el hombre, porque no es más que carne"»*

Ez 37,5—6: *«He aquí que yo voy a hacer entrar el Espíritu en vosotros y viviréis... os infundiré Espíritu y viviréis...»*

Jb 34,14—15: *«Si El retirara a sí su Espíritu... a una expiraría toda carne...»*

Sb 15,11: *«...al que le inspiró un alma activa y le infundió un Espíritu vivificante»*

Y en fin, una asociación estrecha entre Espíritu y bendición se percibe en Is 44,3 por medio de un paralelismo sinonímico:

Is 44,3: *«Derramaré mi Espíritu sobre tu descendencia,*
y mi bendición sobre cuanto de tí nazca»

Consiguientemente, la mención paralela de la *bendición* de los gentiles prometida a Abraham y la promesa del *Espíritu* en Ga 3,14 aparece como fundamentada: ambos elementos *se relacionan a través del tema de la vida.*

4.1.2.5 El carácter de "don"

Por otro lado, la mención del verbo «recibir» con relación a la promesa del Espíritu en 3,14b, nos permite establecer también una conexión temática entre la promesa del Espíritu y la bendición mencionada en 3,14a.

En efecto, la bendición reviste un carácter de don: ésta es "dada" y por lo tanto "recibida". Ahora bien, el Espíritu aparece principalmente presentado en el NT como un "don"; más aún, se podría decir que es el "don" por excelencia[21]:

Lc 11,13: *«...el Padre del cielo dará el Espíritu Santo a los que se lo pidan»*
Jn 3,34: *«...porque da el Espíritu sin medida»*
Hch 5,32: *«...el Espíritu Santo que ha dado Dios a los que lo obedecen»*
Hch 8,18: *«...mediante la imposición de las manos se daba el Espíritu Santo»*
Hch 15,8: *«...dándoles el Espíritu Santo...»*
Rm 5,5: *«...el Espíritu Santo que nos ha sido dado»*
2 Co 1,22: *«...y nos dió en arras el Espíritu...»*
2 Co 5,5: *«...nos ha dado en arras el Espíritu»*
1 Ts 4,8: *«...Dios que os hace don de su Espíritu Santo»*

De tal forma que también se habla de «recibir» el Espíritu:

Jn 20,22: *«...Recibid el Espíritu Santo»*
Hch 2,38: *«...y recibiréis el don del Espíritu Santo»*
Hch 8,15: *«...para que recibieran el Espíritu Santo»*
Hch 8,17: *«...y recibían el Espíritu Santo»*
Hch 8,19: *«...para que reciba el Espíritu Santo»*
Hch 10,47: *«...a éstos que han recibido el Espíritu Santo...»*
Rm 8,15: *«...recibisteis un espíritu de hijos adoptivos...»*

21 Así p.e. Guillet, "Bénédiction", 127; cf. Ef 1,3: ...ὁ εὐλογήσας ἡμᾶς ἐν πάσῃ εὐλογίᾳ πνευματικῇ....

1 Co 2,12: *«...hemos recibido... el Espíritu que viene de Dios...»*
2 Co 11,4: *«...un Espíritu diferente del que recibisteis...»*

Es decir, tanto la bendición como el Espíritu son dados y recibidos. Y si bien esta similitud es demasiado genérica, se tienen otros aspectos que precisan mejor esta similitud. Así p.e. la recepción del Espíritu aparece *asociada a la fe*:

Jn 7,39: *«...refiriéndose al Espíritu que iban a recibir los que creyeran en él...»*
Hch 19,2: *«...¿Recibísteis el Espíritu Santo cuando abrazasteis la fe?»*
Ga 3,2: *«...¿Recibisteis el Espíritu por las obras de la Ley o por la fe en la predicación?»*
Ga 3,14: *«...y por la fe recibiéramos el Espíritu de la promesa»*

siendo que la bendición entendida como justificación esta también estrechamente asociada a la fe:

Ga 3,9: *«de manera que los de la fe son bendecidos con el creyente Abraham»*

En fin, se tiene que la recepción del Espíritu trae consigo las riquezas de la bendición. Como hace notar Guillet[22], los grandes temas de la bendición tales como la vida y la fecundidad, el gozo y la paz, la armonía con los demás, aparecen también como frutos del Espíritu (cf. Ga 5,22; Rm 5,3—5). Es decir, la bendición de Dios en el NT en el sentido pleno de la palabra, es el don de su Espíritu Santo.

22 Guillet, "Bénédiction", 127.

4.2 Conclusiones

El estudio hecho a partir de Ga 3 del tema de la bendición en su relación con la justificación y la recepción del Espíritu, proporciona una nueva confirmación a la conexión establecida precedentemente entre justificación y el Espíritu a través del tema de la vivificación:

1. La justificación a partir de la fe aparece considerada como una bendición de Dios (Ga 3,8); i.e. una acción positiva gratuita de Dios que muestra su actitud favorable para con los destinatarios.

2. Por su parte, la recepción del Espíritu aparece en paralelo sinonímico con la bendición de Abraham (3,14), y por ende implícitamente puede considerarse como una bendición.

3. Ahora bien, la riqueza principal de la bendición de Dios en el AT es la vida y fecundidad.

4. Luego entonces, tanto la justificación por la fe como la recepción del Espíritu condividen una característica de bendición, tema asociado al del florecimiento de la vida.

5. Y se puede añadir que otros grandes temas de la bendición tales como el gozo, la paz y la armonía con los demás, aparecen también como frutos del Espíritu.

5. La promesa

La conexión entre la justificación y el Espíritu por medio del tema de la vivificación, aparece en fin confirmada también gracias a la consideración del tema de la promesa.

En efecto, tanto la justificación como el don del Espíritu presentan un aspecto de promesa; ello es sobre todo evidente en el caso del Espíritu ya que en Ga 3,14 se hace mención de una recepción de *«la promesa del Espíritu»*, siendo ésta puesta en paralelo a la realización de la bendición de los gentiles la cual es entendida como su justificación por la fe; asimismo, porque al estudiar Ga 3,21 se encontró que para Pablo la justicia parece derivar de las promesas.

Ahora bien, el estudio de Ga 3 y Rm 4, muestra que la promesa aparece asociada a una vivificación.

5.1 Gálatas 3

Por lo que se refiere a la recepción del Espíritu, su carácter de promesa es claramente indicado en Ga 3,14: ἡ ἐπαγγελία τοῦ πνεύματος. Empero, surge inmediatamente un problema: según Ga 3,16—18 la «promesa» o las «promesas» son mencionadas en referencia a Abraham, siendo que en el relato del ciclo de Abraham en Gn no se menciona al Espíritu.

Mas si atendemos a la lectura que hace Pablo de dicho relato, las cosas parecen diversas: en Ga 3,6 la referencia a Abraham aparece como respuesta a una pregunta en torno al origen o causa de la recepción del Espíritu por parte de los Gálatas; y como se vio antes, en Ga 3,14 la realización de la bendición de Abraham para los gentiles es mencionada paralelamente a un cumplimiento de una promesa del Espíritu. Un estudio del tema de la promesa en Ga 3 constituye por lo tanto el primer punto a tratar.

Ahora bien, considerando el vocabulario de la «promesa» (ἐπαγγελία, ἐπαγγέλομαι) se tiene que éste hace su aparición en Ga con un total de 9 veces en el c.3: Ga 3,14.16.17.18.18.19.21.22.29. Mas de estas recurrencias, sólo en 3,14.21—22 la justificación y la recepción del Espíritu son mencionadas. Sin embargo será menester considerar también el texto de Ga 3,2—7 donde la fe de Abraham a una promesa de Dios, responde a una pregunta sobre el don del Espíritu.

5.1.1 Gálatas 3,2—7

5.1.1.1 Promesa de una descendencia

En Ga 3,14 es donde por primera vez aparece el vocablo ἐπαγγελία en la carta. Empero, ya al inicio de la sección 3,6—14, después de haber interrogado a los Gálatas sobre el origen de su experiencia del Espíritu (3,2.5), Pablo hace referencia a Abraham con una cita de Gn 15,6[1] en donde la idea de una promesa es subyacente[2]: la mención de «creyó» (ἐπίστευσεν) por parte de Abraham se entiende como una respuesta a una promesa hecha por parte de Dios: *«así será tu descendencia»* (Gn 15,5). La promesa hecha a Abraham era de tener una descendencia numerosa como las estrellas del cielo.

Ahora bien, a continuación de tal cita, Pablo imprevistamente hace una conclusión: *«reconozcan pues que los de la fe, éstos son hijos de Abraham»* (Ga 3,7). Con tal afirmación Pablo presenta a los creyentes como *«hijos de Abraham»*. ¿Por qué se presenta tal afirmación como conclusión de lo dicho en 3,6?

1 Ga 3,6: Ἀβραὰμ ἐπίστευσεν τῷ θεῷ, καὶ ἐλογίσθη αὐτῷ εἰς δικαιοσύνην.
Gn 15,6: καὶ ἐπίστευσεν Αβραμ τῷ θεῷ, καὶ ἐλογίσθη αὐτῷ εἰς δικαιοσύνην.

2 Cf. S.K. Williams, "*Promise* in Galatians: A Reading of Paul's Reading of Scripture", *JBL* 107 (1988) 714.

La respuesta no es fácil[3]. Una posibilidad es ver en tal afirmación una alusión al cumplimiento de la descendencia prometida hecha en Gn 15,5 mirando a subrayar la importancia de la fe: así como (καθώς) en virtud de la fe en la promesa de descendencia, a Abraham le fue imputada la justicia (3,6), hay que reconocer que (γινώσκετε ἄρα ὅτι) así también en virtud de la fe se ha cumplido dicha promesa, pues los creyentes son la descendencia numerosa prometida a Abraham (3,7; cf. Rm 4,16—17)[4]. En otras palabras: la promesa divina fue *acogida* en la fe de Abraham (3,6) y *realizada* a partir de la fe de los Gálatas que los constituye como hijos cumpliéndose así la promesa (3,7).

5.1.1.2 Espíritu y descendencia

Pero lo que nos interesa hacer notar es que Pablo ha hecho mención del Espíritu en relación a la fe en 3,2.5 ¿Es posible suponer una conexión entre la *recepción del Espíritu* por la fe en 3,2.5 y la filiación de Abraham por la fe en 3,7, i.e. la *filiación derivante de la promesa* implícita en 3,6? El texto no lo dice pero la suposición parece plausible: lo sugiere el hecho de que el tema de la filiación sea mencionado a continuación del de la recepción del Espíritu.

El texto de Ga 4,28—29 apoya esta hipótesis que supone una conexión entre la recepción del Espíritu y la promesa de filiación hecha a Abraham: en efecto, se tiene que en Ga 4,28 se presenta a los creyentes (ἀδελφοί) como «hijos de la promesa», a semejanza de Isaac:

Ga 4,28: ὑμεῖς δέ, ἀδελφοί, κατὰ Ἰσαὰκ ἐπαγγελίας τέκνα ἐστέ

3 La dificultad en explicar esta coordinación se refleja en el hecho de que los comentarios generalmente omiten una explicación al respecto.

4 Cf. B. Byrne, *"Sons of God"-"Seed of Abraham"* (AnBib 83; Roma 1979) 148: *«The* καθώς *introducing the key Gn 15,6 text, implies that what the Galatians have experienced (vv.2—5) corresponds to the religious experience of Abraham».*

siendo éste considerado a continuación como «nacido según el Espíritu»:

Ga 4,29: ...ὁ κατὰ σάρκα γεννηθεὶς ἐδίωκεν τὸν κατὰ πνεῦμα...

De los creyentes no es dicho que sean "nacidos según el Espíritu" como es el caso de Isaac, sin embargo el contexto así lo sugiere: los creyentes son asemejados a Isaac (4,28) en el hecho de ser ambos *«hijos de la promesa»*, y dado que Isaac es considerado como *«nacido según el Espíritu»* (4,29), lo lógico es hacer la misma consideración con los creyentes: ser nacidos según el Espíritu.

Tal similitud de situaciones es apoyada por las expresiones ὥσπερ τότε... οὕτως καὶ νῦν de 4,29 las cuales al par que asemejan una situación de persecusión anterior y actual, suponen también una semejanza de condiciones: ὁ κατὰ σάρκα γεννηθεὶς... τὸν κατὰ πνεῦμα... (4,29).

Por otro lado, la afirmación de Ga 4,29 es sumamente reveladora en lo que se refiere a la interpretación paulina del relato del Gn ya que presenta a Isaac como nacido κατὰ πνεῦμα, siendo que en el relato del Gn no se menciona al Espíritu. Al parecer, Pablo entrevee ya la acción del Espíritu en el nacimiento de Isaac[5]. Dada la doble consideración de Isaac como "hijo según la promesa" (cf. 4,28: ...κατὰ Ἰσαὰκ ἐπαγγελίας τέκνα ἐστέ) y "nacido según el Espíritu" (4,29: ...τὸν κατὰ πνεῦμα [γεννηθείς] 4,29), la descendencia según la promesa aparece asociada en cierta manera con el Espíritu[6]. Luego entonces, se encuentra que desde la óptica paulina, en la historia de Abraham ya era presente el Espíritu: es en conformidad con El (κατὰ πνεῦμα) que nació Isaac.

¿Cómo hay que entender la expresión κατὰ πνεῦμα en relación al nacer (4,29)? El texto de Ga 4,23 que presenta una confrontación entre el nacimiento de Isaac y el de Ismael, sugiere entender dicha expresión como un sinónimo de δι' ἐπαγγελίας[7]: el nacer *«por*

5 Cf. Williams, Promise, 715.

6 Cf. Dunn, *Galatians*, 257.

7 Cf. Longenecker, *Galatians*, 216.

medio de la promesa» (δι' ἐπαγγελίας 4,23) parece equivaler a nacer *«conforme al Espíritu»* (κατὰ πνεῦμα 4,29).

Pero: ¿Dónde ve Pablo la acción del Espíritu en el nacimiento de Isaac? Si se considera Gn 17,16 y sobre todo 21,1—2 hay que decir que una acción por parte de Dios es presente en el nacimiento de Isaac:

Gn 17,16: *«la bendeciré y te daré de ella un hijo»*

Gn 21,1: *«Yahveh visitó a Sara como había dicho,*
e hizo Yahveh a Sara como había hablado;
concibió Sara y dio a Abraham un hijo»

En Gn 17,16 Sara es objeto de una acción de "bendecir" y en 21,1 de un "visitar" por parte de Yahveh, siendo en ambos casos mencionado el nacimiento de Isaac como consecuencia de ello.

Con Ana, la mujer de Samuel, se tiene un caso similar utilizándose el verbo "visitar" en 1 S 2,21 y "acordarse" en 1 S 1,19—20:

1 S 2,21: *«Yahveh visitó a Ana,*
y dio aún a luz tres hijos y dos hijas»
1 S 1,19—20: *«Elcaná conoció a su mujer*
y se acordó de ella Yahveh, y concibió»

Ahora bien, tanto en el caso de Sara como en el de Ana la situación es parecida en el sentido de que ambas no podían tener hijos. Es la acción de Yahveh la que obra el nacimiento de los hijos de ambas.

Por otro lado, la acción de Dios en tales nacimientos es enfatizada al ser presentada su realización como concorde a lo anunciado o dicho por El; así p.e. la acción de Dios en el nacimiento de Isaac (Gn 17,6: *«bendeciré»*, *«daré»*) es subrayada por las expresiones *«como había dicho»*, *«como había hablado»* (Gn 21,1).

¿Ve Pablo en la acción prometida de Yahveh, una acción o presencia del Espíritu de Dios? Si se tiene en cuenta la asociación estrecha entre el Espíritu de Dios y la vida[8], la respuesta parece ser afirmativa. La promesa del nacimiento de un hijo equivale a la promesa de una intervención de Dios o del Espíritu de Dios: ahí donde no era posible que hubiera vida (Sara, Ana), el Espíritu de Dios interviene para realizarla[9].

Luego entonces, el interpretar la expresión de Ga 4,29 κατὰ πνεῦμα [γεννηθείς] como *«nacido conforme a [la promesa de] el Espíritu»* parece plausible: el nacimiento de Isaac acaeció conforme a una promesa hecha por Dios, una promesa de vida, y consiguientemente una intervención del Espíritu según la óptica paulina.

En conclusión, la asociación deducida a partir de Ga 3,2—7 entre recepción del Espíritu y filiación prometida, aparece como sostenible a partir de Ga 4,29 donde el nacimiento de Isaac (y de los creyentes) es visto como acaecido conforme a una promesa del Espíritu. La promesa de una descendencia numerosa encuentra su realización gracias a la acción del Espíritu.

5.1.2 Gálatas 3,8

Al igual que en Ga 3,2—7, en Ga 3,8 no aparece el vocablo "promesa" mas la idea está implícita en la cita hecha por Pablo a partir de Gn 12,3 y 18,8: ἐνευλογηθήσονται ἐν σοὶ πάντα τὰ ἔθνη *«serán bendecidas en tí todas las naciones»*. El anuncio hecho por Dios a Abraham en torno a la bendición de las naciones es hecho en forma de promesa.

8 Cf. Gn 6,3; Jb 27,3; Sal 104,29; Qo 12,7; nota de la BJ a Gn 6,17.

9 Un apoyo a esta interpretación se tiene en el hecho de que en el caso de Sara, se utilice el verbo "bendecir": *«La bendeciré y te daré de ella un hijo»* (Gn 17,16), siendo que en Is 44,3 el Espíritu y la bendición de Dios son puestos en paralelismo sinonímico:

Is 44,3: *«Derramaré mi Espíritu sobre tu descendencia,*
y mi bendición sobre cuanto de tí nazca».

Y como se vio en el c.4 (p.210-211), a partir de la conexión entre Ga 3,8a donde se menciona la justificación por la fe de los gentiles, y la cita de Ga 3,8b donde se anuncia su bendición, resulta que la justificación por la fe aparece interpretada como la actuación de la bendición preanunciada.

Pero lo que nos interesa notar ahora es que en base a esa interpretación, se puede entonces adjudicar un carácter de "promesa" a la justificación por la fe. En efecto, la justificación por la fe interpretada como bendición, reviste un aspecto de promesa: ἐνευλογηθήσονται *«serán bendecidas»* (Ga 3,9)[10].

5.1.3 Gálatas 3,14

La mención de la «promesa» en 3,14 aparece como gancho[11] entre la sección 3,6—14 caracterizada por el tema de la bendición y la maldición, y la sección 3,15—22 caracterizada por el tema de la promesa y la Ley. Ella introduce el tema a tratar en la siguiente sección: la cuestión de la promesa.

Por otro lado, dado que el Espíritu no es mencionado en 3,6—14a ni tampoco en 3,15—29, la mención de *«la promesa del Espíritu»* en 3,14b sugiere de algún modo que lo dicho en 3,1—5 donde es mencionado el Espíritu, esté en relación con lo dicho en 3,14—29 donde se menciona la promesa[12].

5.1.3.1 Espíritu y filiación: semejanza con Ga 4,5

La *«promesa del Espíritu»* aparece en Ga 3,14 en paralelo con la *«bendición de Abraham»*. El paralelismo en la construcción de las dos frases finales de 3,14, puestas sin ninguna coordinación grama-

10 Como se verá más adelante (p. 240—242), el considerar a la justificación como revistiendo un carácter de promesa, reaparece al estudiar Ga 3,21—22.

11 Cf. p. 77 n.1.

12 Esta consideración constituye por lo tanto un apoyo a el haber estudiado previamente los vv. 2—7 con el fin de entender el tema de la promesa.

tical entre ellas, sugiere entenderlas como dependientes ambas de la proposición principal del v.13: *«Cristo nos rescató de la maldición de la Ley»*. Esta situación confiere gran importancia a lo dicho en 3,14 pues ello aparece como el fin u objetivo de la redención obrada por Cristo.

Atendiendo al verbo de la proposición principal ἐξαγοράζω se tiene que si bien éste es sumamente raro en el griego profano[13], tiene un significado claro en 3,13: "sacar" o "extraer" (ἐξ) "comprando" (ἀγοράζω)[14]; es decir "rescatar o liberar pagando"; se trata de una acción de rescatar o liberar personas esclavas o prisioneras.

Dicho verbo vuelve a aparecer más adelante en 4,5 en donde se da una estructura similar a la de 3,14 por el hecho de tener dos proposiciones finales en paralelo. Y el hecho de que en ambos casos (3,14; 4,5) se de un contexto similar presentándose la finalidad subsiguiente al rescate de la Ley, aumenta la semejanza entre ambos textos:

3,13—14: *«Cristo nos rescató de la maldición de la Ley...*
a fin de que recibiéramos la promesa del Espíritu...»

4,4—5: *«mandó Dios a su Hijo...*
a fin de que rescatara a los que estaban bajo la Ley
a fin de que recibiéramos la filiación»

Ahora bien, el suponer una semejanza de situaciones entre 3,14 y 4,5 sugiere ver implícitamente la idea de filiación en la mención de

13 Cf. S. Lyonnet, "L'emploi paulinien de ἐξαγοράζειν au sens de «redimere» est-il attesté dans la littérature grecque?", *Bib* 42 (1961) 85; S. Lyonnet, "The Terminology of «Purchasing» or «Acquisition»", *Sin, Redemption, and Sacrifice* (AnBib 48; Roma 1970) 104 n.2, 107; Mussner, *Galaterbrief*, 232. En el NT aparece 4x: Ga 3,13; 4,5; Ef 5,16; Col 4,5.

14 Cf. Spicq, "ἀγοράζω", *Lexique*, 37.

la promesa del Espíritu en 3,14b por el hecho de que la filiación mencionada en 4,5 es fruto de la recepción del Espíritu según 4,6[15]. Es decir, lo dicho en las proposiciones finales de 3,14b y 4,5b se referirían a una misma realidad:

3,14b: ἵνα τὴν ἐπαγγελίαν τοῦ πνεύματος λάβωμεν διὰ τῆς πίστεως
4,5b: ἵνα τὴν υἱοθεσίαν ἀπολάβωμεν

Luego entonces, la *promesa del Espíritu* mencionada en 3,14 parece asociada implícitamente a la idea de *filiación*[16]; lo apoya lo dicho en 4,5—7 así como lo deducido a partir de 3,2—7.

Y el hecho de que en la frase paralela de 3,14a sea mencionada la «bendición de Abraham», apoya igualmente esta asociación entre la recepción de la promesa del Espíritu y la filiación, pues la bendición de Abraham aparece en Gn 12,2 junto con la promesa de hacer una «gran nación»[17]:

Gn 12,2a: וְאֶעֶשְׂךָ לְגוֹי גָּדוֹל וַאֲבָרֶכְךָ
καὶ ποιήσω σε εἰς ἔθνος μέγα καὶ εὐλογήσω σε

5.1.3.2 Filiación divina y filiación de Abraham

Resta sin embargo una cuestión a precisar: si en Ga 3,7 se trata de la filiación de Abraham, en Ga 4,5 el contexto sugiere entender una filiación adoptiva divina (cf. 4,6). Luego entonces: ¿a qué filiación se refiere la recepción de la promesa del Espíritu?

15 Esta cuestión de Ga 4,6 será tratada más adelante (p. 259—260).

16 Cf. Pitta, *Galati*, 194.

17 Cf. F.J. Matera, *Galatians*, (SP 9; Collegeville, MI 1992) 120: *«Paul sees the fulfillment of the blessing through the Spirit. Abraham has become the father of innumerable descendants because the gift of the Spirit has made the Gentiles his descendants».*

Ante todo hay que decir que la filiación de Abraham va incluida en la filiación adoptiva divina. En efecto, dado que el creyente participa del Espíritu de filiación (Rm 8,15), del Espíritu del Hijo de Dios (Ga 4,6), luego entonces el creyente pertenece a Cristo por el hecho de poseer su Espíritu (Rm 8,9); y dado que Cristo es la descendencia de Abraham (Ga 3,16), luego entonces el creyente se convierte también en descendencia de Abraham (Ga 3,29). Y el elemento que permite hacer realidad tal situación para el creyente es la fe: es por ella que se recibe el Espíritu (3,2.5.14), y es por ella que se es hijo de Abraham (3,7).

Sin embargo, la conexión inversa: el que el ser hijo de Abraham implique el ser hijo adoptivo de Dios, no es sugerida en ningún texto paulino; al contrario[18], en Rm 9,8 se precisa el que: *«no son hijos de Dios los hijos según la carne»* (οὐ τὰ τέκνα τῆς σαρκὸς ταῦτα τέκνα τοῦ θεοῦ), y según Ga 4,29 Abraham tuvo un hijo *«nacido según la carne»* (κατὰ σάρκα γεννηθείς). Son sólo los nacidos según la promesa, los que se cuentan como descendencia para Abraham[19].

Por otro lado, la asociación del Espíritu con la filiación divina aparece apoyada en Ga 4,6 así como en el texto paralelo de Rm 8,14—15: en Ga 4,6 el Espíritu que se menciona es el *«Espíritu del Hijo»* de Dios el cual establece una relación filial[20]; lo atesta el hecho de que haga exclamar *«Padre»*[21].

Ga 4,6: ὅτι δέ ἐστε <u>υἱοί</u>,
ἐξαπέστειλεν ὁ θεὸς <u>τὸ πνεῦμα τοῦ υἱοῦ αὐτοῦ</u>
εἰς τὰς καρδίας ἡμῶν κρᾶζον, <u>Αββα ὁ πατήρ</u>

18 Cf. Mt 3,9

19 Cf. Rm 9,8; Ga 4,28; Gn 15,2—6.

20 En este texto, la relación entre el envío del Espíritu y la filiación depende de la interpretación del ὅτι inicial como causal o declarativo. El contexto favorece la segunda posibilidad.

21 Aún cuando el $\mathfrak{P}^{46}$ omite τοῦ υἱοῦ en 4,6, el aspecto de filiación es indicado por esta última frase.

El texto paralelo de Rm 8,14—15[22] apoya esta conclusión, al presentar la condición de *«hijos de Dios»* en asociación a la acción del *«Espíritu de Dios»*, y al mencionar igualmente que es el *«Espíritu de filiación»* recibido el que hace exclamar *«Padre»*:

Rm 8,14: ὅσοι γὰρ <u>πνεύματι θεοῦ</u> ἄγονται, οὗτοι <u>υἱοὶ θεοῦ</u> εἰσιν.
Rm 8,15: ἐλάβετε <u>πνεῦμα υἱοθεσίας</u> ἐν ᾧ κράζομεν, <u>Αββα ὁ πατήρ</u>

Todo esto sugiere considerar por lo tanto a *la filiación adoptiva divina* como la filiación primordial *asociada a la recepción del Espíritu*: ella explica también la referencia a la filiación de Abraham (cf. Ga 3,7). Por el contrario, el suponer a la filiación de Abraham como la filiación primordial asociada a la recepción del Espíritu, además de no encontrar apoyo en el texto, conduce a un resultado sin sentido: el ver a la filiación de Abraham como superior a la filiación adoptiva divina.

Más bien, la referencia a la filiación de Abraham hay que entenderla en la situación retórica de la carta: al parecer el punto en cuestión suscitado por los oponentes de Pablo era el de ver quien era la verdadera descendencia de Abraham y por ende los herederos de las promesas divinas[23]. Si bien ante todo el Espíritu realiza la filiación adoptiva divina, Pablo enfatiza el aspecto secundario de la filiación de Abraham a causa de la problemática planteada por sus oponentes en Galacia.

5.1.3.3 Promesa y bendición

Al estudiar el texto de Ga 3,14 bajo el aspecto de la bendición (c.4), se había encontrado ya una explicación al paralelismo presente entre la bendición de Abraham y la promesa del Espíritu en Ga 3,14: el Espíritu da vida y la vida es una bendición, de ahí su presentación en paralelo.

22 Sobre el paralelo, cf. Wilckens, *Römer*, VI/2,138.

23 Cf. Vanhoye, *Galati*, 132.

Sin embargo, habiendo interpretado ahora a la promesa del Espíritu como una promesa de filiación, nos podemos preguntar: en este caso, ¿cuál es la relación entre la bendición de Abraham entendida como justificación por la fe, y la promesa del Espíritu entendida como promesa de filiación?

Una posibilidad de explicación deriva de la concepción misma de la filiación tal como aparece en Ga 4,6: ésta aparece como el recibir la vida divina en uno, pues el Espíritu que recibe el creyente es el Espíritu del Hijo de Dios (Ga 4,6). Ahora bien, por otra parte se tiene que es a causa de la justicia (διὰ δικαιοσύνην) que el Espíritu es vida en el hombre (Rm 8,10), Espíritu que puede ser entendido como el «Espíritu de Cristo» o el «Espíritu de Dios» (Rm 8,9).

Es decir, la promesa del Espíritu entendida como promesa de filiación, podría ser asociada a la bendición de Abraham entendida como justificación, por el hecho de que de ambas resulta una situación de vida divina en el creyente (Ga 4,6; Rm 8,10)[24].

5.1.3.4 ¿Realización de la promesa?

Una última cuestión: independientemente de la relación propuesta entre promesa y filiación, cabe plantearse una cuestión importante: la realización misma de la promesa. ¿Se puede considerar como ya realizada la promesa de recibir el Espíritu? ¿Se puede decir otro tanto de la bendición prometida entendida como justificación?

Si nos atenemos al texto de Ga 3,14 tenemos que las proposiciones finales de 3,14 en sí no indican si «la bendición de Abraham» para los gentiles y la recepción de «la promesa del Espíritu» hayan sido realizadas o no.

Sin embargo, el contexto sugiere ver una realización de ambas: el aoristo ἐλάβετε de Ga 3,2 presenta la recepción del Espíritu

24 El estudio de Ga 3,21—22 donde se asocia a la justicia con la vivificación, nos ayudará a dar más luz sobre esta cuestión (p.239—243).

como ya realizada; y si bien el presente εὐλογοῦνται de 3,9 no permite precisar si la bendición ha sido ya efectuada[25], interpretando la bendición como justificación se tiene que en el caso de Abraham la justificación aparece como ubicada en el pasado: καὶ ἐλογίσθη αὐτῷ εἰς δικαιοσύνην (Ga 3,6); y por lo que se refiere a la justificación de los creyentes por la fe, se encuentra que Pablo siempre habla de ella colocándola en el pasado, asociándola a la obra redentora de Cristo: Pablo nunca duda de haber sido ya justificado en Cristo[26].

Por otro lado, si atendemos a los textos del NT elencados antes[27] en torno a la recepción del Espíritu, encontramos que si algunos de ellos presentan tal recepción como ya realizada:

Hch 8,17: ...καὶ ἐλάμβανον πνεῦμα ἅγιον
Hch 10,47: ...τὸ πνεῦμα ἅγιον ἔλαβον...
Rm 5,5: ... ἐκκέχυται ...διὰ πεύματος ἁγίου τοῦ δοθέντος ἡμῖν
Rm 8,15: ...ἐλάβετε πνεῦμα υἱοθεσίας...
1 Co 2,12: ...ἐλάβομεν... τὸ πνεῦμα τὸ ἐκ τοῦ θεοῦ...
2 Co 11,4: ...ἢ πνεῦμα ἕτερον... ὃ... ἐλάβετε...[28]

25 Del prs. ind. no se puede concluir un cumplimiento o realización total de la acción; cf. Zerwick, *Graecitas* §241; BDF §319.

26 Rm 3,24; 5,1.9; 8,30; 1 Co 6,11. Una excepción es Rm 3,30: ...εἷς ὁ θεός ὃς δικαιώσει περιτομὴν ἐκ πίστεως καὶ ἀκροβυστίαν διὰ τῆς πίστεως. Sin embargo tal futuro expresa sólo una voluntad o posibilidad; cf. Zerwick, *Graecitas*, § 277; BDF § 349 (1); L. Cignelli, "La grecità biblica", *LA* 35(1985)216 §348—349. Y en Ga 2,16 el futuro δικαιωθήσεται se encuentra en una frase negativa. Por lo que se refiere a Ga 5,5 y Rm 4,24 ver p. 171—175 y p. 194 respectivamente.

27 P. 222—223.

28 Algunos textos utilizan el futuro en relación a la recepción del Espíritu, mas el contexto muestra que se trata de futuros ya realizados:
Jn 7,39: ...περὶ τοῦ πνεύματος ὃ ἔμελλον λαμβάνειν οἱ πιστεύσαντες...
Hch 2,38: ...καὶ λήμψεσθε τὴν δωρεὰν τοῦ ἁγίου πνεύματος...
Hch 8,15 ...ὅπως λάβωσιν πνεῦμα ἅγιον

otros textos sin embargo la presentan como una realización parcial:

Rm 8,23: ...τὴν ἀπαρχὴν τοῦ πνεύματος ἔχοντες...
2 Co 1,22: ...καὶ δοὺς τὸν ἀρραβῶνα τοῦ πνεύματος...
2 Co 5,5: ...ὁ δοὺς ἡμῖν τὸν ἀρραβῶνα τοῦ πνεύματος

Y en fin, si se considera el que ambos hechos van ligados a la fe, se puede decir que se trata también de una realización parcial pues la fe va ligada a la predicación (Rm 10,17) la cual no puede considerarse como ya concluida o terminada: el trabajo misionario de la Iglesia continúa.

Esta conclusión sin embargo, no invalida la afirmación hecha antes[29] de que si la fe de Abraham iba ligada a una promesa, la fe de los cristianos iría ligada al *cumplimiento* de una promesa. En efecto, la fe de los cristianos reputada por justicia tiene por objeto no el haber recibido el Espíritu sino el que Dios haya resucitado a Cristo (Rm 4,29) lo cual ciertamente ha tenido *pleno cumplimiento.*

Ahora bien, toda esta compleja situación en torno al cumplimiento de la promesa revela una distinción importante para el presente estudio: en el caso del creyente, la justificación no aparece expresada en términos de una *realización parcial*, como es el caso de la recepción de las *«primicias del Espíritu»* (Rm 8,23) o bien de las *«arras del Espíritu»* (2 Co 1,22; 5,5). Esta situación constituye una distinción importante entre el hecho de la justificación y el de la recepción del Espíritu. La consideración del aspecto del cumplimiento o realización de una promesa, impide establecer una *identidad* entre justificación y recepción del Espíritu.

29 P. 217.

5.1.4 Gálatas 3,21—22

En Ga 3,21—22 además de ser mencionada la promesa, el tema de la justificación es presente y por ende es pertinente para el objetivo de este trabajo, un estudio detallado de estos versículos.

5.1.4.1 Las promesas

Como se mencionó antes[30], los vv. 21—22 se ubican al interno de una discusión en torno a la Ley y las promesas, y mirando a responder de manera directa a la cuestión relativa a la relación entre ambas: *«¿Se opone pues la Ley a las promesas de Dios?»* (3,21a).

El vocablo de la promesa aparece en 3,21a en forma plural, y en 3,22 en singular. Se trata de un cambio similar al notado entre 3,16 (plural) y 3,18 (singular). Este cambio sin embargo, se puede explicar por el hecho de que la promesa a Abraham fue repetida varias veces[31]. Esta interpretación tiene buen fundamento en lo que se refiere a Ga 3,16 ya que ahí se mencionan *«las promesas dichas a Abraham»*, señalando una particularidad que recurre repetidas veces en el libro del Gn (13,15; 17,8; 24,7). Por otra parte, la conexión entre las promesas de 3,16 y 3,18 con 3,21 es apoyada por el hecho de que en 3,21 las promesas son especificadas como *«de Dios»* (τοῦ θεοῦ)[32], siendo que en 3,16 la forma pasiva de ἐρρέθησαν sugiere ver a Dios como el dador de las promesas, y que en 3,18 se menciona explícitamente a Dios.

30 P. 78.

31 Cf. p.e.: Gn 12,3; 22,18; 26,4; 28,14.

32 Si bien algunos mss. omiten τοῦ θεοῦ ($\mathfrak{P}^{46}$ B d Ambst MVic), es preferible mantener su lectura a causa de su mejor atestación en los mss. y por el hecho de conformarse mejor con el estilo paradójico de Pablo: su presencia acentúa la oposición expresada.

Otra posibilidad es pensar que Pablo haga referencia a las promesas tomadas en general[33], en el sentido de que en el relato del Gn aparecen varias promesas: descendencia (Gn 12,2), bendición (Gn 12,2), tierra (Gn 12,7), relación íntima (Gn 17,7), siendo que todas ellas conservan una estrecha conexión entre ellas[34]. En efecto, la tierra es el lugar donde podrá vivir la descendencia y perpetuarse, siendo este florecimiento y fecundidad una bendición; y todo esto es otorgado en el contexto de una relación íntima de comunión entre Dios y Abraham y su descendencia.

De cualquier modo, una cosa es segura: el suponer dos cosas diversas o ajenas en el plural *«promesas»* (3,21a) y el singular *«promesa»* (3,22) llevaría a concluir una falta de coherencia en la argumentación pues lo dicho en 3,22 aparece como contraposición a lo dicho en 3,21a.

5.1.4.2 La promesa a partir de la fe

Pablo precisa el elemento sobre el cual mira a ser dada la promesa: ἐκ πίστεως Ἰησοῦ Χριστοῦ *«en virtud de la fe en Jesucristo»* (Ga 3,22b).

1. La asociación con la justificación. Esta precisión que a primera vista desconcierta en el contexto de Ga 3,21—22 ya que la fe no había sido mencionada antes en esta sección, i.e. a partir de 3,15,

33 En particular, Pablo sólo hace mención de la promesa de "heredar el mundo" (Rm 4,13) o bien de "heredar el Reino de Dios" (Ga 5,21).

34 Es a causa de esta estrecha relación entre las promesas, que los autores varían en cuanto al elenco de las promesas hechas a los patriarcas. Así p.e. G. von Rad elenca 3: la paternidad de un pueblo, una nueva relación con Dios, y la posesión de la tierra (Rad, *Theologie*, I,148); A. de Pury elenca al menos 7: descendencia, bendición, tierra, gran salario, nacimiento de un hijo, protección, alianza [A. de Pury, "La promesse patriarcale: Origines, interprétations et actualisations", *ÉTR* 51 (1976) 356], e igualmente Westerman: un hijo, pastura, la presencia divina, la tierra, muchos descendientes, bendición y la alianza [C. Westermann, *Die Verheißungen an die Väter*. Studien zur Vätergeschichte (FRLANT 116; Göttingen 1976) 123—148].

establece un paralelismo entre la promesa y la justificación, por lo que se refiere a su obtención a partir de la fe:

En efecto, en los vv. anteriores Pablo ha insistido fuertemente en la asociación entre justificación y fe, al par que su disociación de la Ley (2,16; 3,6.8.9). Ahora bien, en 3,22 la promesa es asociada a la fe, siendo que en 3,21 la justicia es disociada implícitamente de la Ley:

3,8.9:	ἐκ πίστεως	→	<u>δικαιόω</u>	caso real
3,21b:	ἐκ νόμου	→	ἡ δικαιοσύνη	caso irreal
3,22b:	ἐκ πίστεως	→	<u>ἡ ἐπαγγελία</u>	caso real

Es decir, la asociación de la justificación con la fe (3,8.9), y disociación de la justificación con la Ley (3,21b), bien expresada antes (2,16; 3,6.8), sugiere interpretar la promesa de 3,22b en términos de justificación (3,21b) dada su asociación con la fe.

Y por lo que se refiere al contexto sucesivo, ello es confirmado también por el hecho de que en 3,24 se da una construcción un tanto similar a 3,22 consistente en la final ἵνα + ἐκ πίστεως:

3,22:	συνέκλ. ἡ γραφὴ... <u>ἵνα</u> ἡ ἐπαγγελία <u>ἐκ πίστεως</u>...δοθῇ
3,23-24:	ὑπὸ νόμον...συγκλ....<u>ἵνα</u> <u>ἐκ πίστεως</u> δικαιωθῶμεν

La similitud entre ambas frases aumenta por el hecho de que el contexto en ambos casos es el mismo: se trata de una situación de vigilancia asociada a la Ley, en vistas de una realización a partir de la fe. Ahora bien, si en 3,22 se habla de *promesa*, en 3,24 se habla de *justificación*, acaeciendo ambas a partir de la fe[35] y vistas como una finalidad posterior al haber sido puestos bajo custodia de la Ley.

35 En la epístola a los Hebreos aparece también una significativa relación entre fe y promesas (6,12) así como entre fe y justicia (11,7):
6,12: *«aquellos que, mediante la fe y la perseverancia, heredan <u>las promesas</u>»*
11,7: *«por la fe, condenó al mundo y llegó a ser heredero de <u>la justicia</u> según la fe.»*

Esta asociación entre promesa y justicia deducida en base a su obtención a partir de la fe, apoya la asociación propuesta en el c.2 al estudiar el texto de Ga 3,21 y que consideraba a la justicia como derivante de las promesas[36].

2. *La asociación con el Espíritu.* La mención de la fe en Ga 3,22 permite establecer también una asociación entre la promesa de 3,22 entendida como justificación, con la promesa del Espíritu mencionada en 3,14.

En efecto, se da una construcción similar entre 3,14 y 3,22, mencionándose en ambos casos la fe, Cristo, el Espíritu, la promesa y una idea de finalidad:

3,14: ἵνα τὴν *ἐπαγγελίαν* τοῦ πνεύματος λάβωμεν διὰ τῆς πίστεως.
3,22b: ἵνα ἡ *ἐπαγγελία* ἐκ πίστεως Ἰη.Χρ. δοθῇ τοῖς πιστεύουσιν.

Y si en 3,22 se habla de una «promesa» a partir de la fe, se tiene que en 3,14 se habla de una «promesa del Espíritu» por medio de la fe.

Y la similitud entre ambas frases es mayor si se tiene en cuenta que, como se había dicho al estudiar el texto de Ga 3,14[37], el διὰ τῆς πίστεως de 3,14b es completado por el ἐν Χριστῷ Ἰησοῦ de 3,14a de tal forma que la segunda frase puede ser leída como: *«a fin de que la promesa del Espíritu recibiéramos por la fe [en Cristo]»*. Además, se da una afinidad en los verbos usados: *«recibir»* (λαμβάνω) en 3,14 y *«dar»* (δίδωμι) en 3,22. Y en fin, por lo que se refiere a los destinatarios, en el λάβωμεν de 3,14 implícitamente van incluidos los creyentes, como es el caso de 3,22[38].

36 P. 80—81.

37 P. 45.

38 La carta a los Efesios ofrece igualmente un texto relevante en el cual, el Espíritu es puesto en estrecha relación con la promesa, siendo mencionado además el tema de la fe: Ef 1,13-14a: πιστεύσαντες ἐσφραγίσθητε τῷ πνεύματι τῆς ἐπαγγελίας τῷ ἁγίῳ.

5.1.4.3 Promesa y vivificación

La vivificación aparece asociada implícitamente a la finalidad de la promesa de 3,22. Tal asociación se deduce del hecho de que a algo implícitamente negado (que la Ley vivifique)[39] se contraponga algo afirmado (que la promesa sea dada de la fe). Simplificando el razonamiento se percibe tal asociación entre promesa y vivificación:

(3,21)	La ley no se opone a las promesas pues:		
	la Ley	no da la	*vivificación*
(3,22)	la fe	da la	*promesa*

Si la *vivificación* no tuviera nada que ver con la *promesa*, es decir fueran dos cosas ajenas, la argumentación de Pablo no tendría sentido. Ella se entiende solo en la hipótesis de que haya una asociación entre vivificación y promesa[40].

Esta asociación se puede percibir mejor tal vez de la siguiente manera: la Ley se opondría a las promesas si:

la Ley	diera[41] la	*vivificación*
la fe	da la	*promesa*

Expresado de esta manera el razonamiento de Pablo, se percibe como la argumentación está basada en una sociación entre vivificación y promesas.

Consiguientemente, la promesa de Ga 3,22, que según lo dicho en el inciso anterior (b) aparece asociada tanto a la justificación como al Espíritu, aparece asociada también a una vivificación.

39 Ciertamente lo que se establece en la condicional de 3,21 es una conexión entre prótasis y apódosis: si hubiera Ley capaz de vivificar, entonces de Ley vendría la justicia. Mas sin negar esta idea principal, se puede deducir otra implícita: no hay Ley capaz de vivificar.

40 Una asociación explícita entre promesa y vida se tiene solamente en las cartas pastorales (2 Tm 1,1; Tt 1,2).

41 Mas dado que la Ley no da la vivificación, no hay oposición.

5.1.4.4 La situación de vivificación

Ahora bien, para comprender mejor esta asociación, es útil considerar la situación contrapuesta a esta situación de vivificación.

1. La situación asociada a la Ley. En contraste (ἀλλά) a la presentación irreal del v.21b, el v.22 presenta de manera afirmativa la situación asociada a la Ley: *«La Escritura encerró todo bajo [el] pecado»* (3,22a). En contraste con el ζῳοποιῆσαι de 3,21b, aparece un συνέκλεισεν *«encerró»*; dos situaciones muy diferentes.

El cambio del término *«Ley»* (3,21b) por *«Escritura»* (3,22a) llama la atención: lo más normal hubiera sido la retoma del mismo término. Una posible explicación a este cambio sería ver una simple variación de estilo; otra sería el buscar dar una mejor base a la afirmación que le sigue, haciendo referencia al conjunto de la Escritura la cual comprende la Ley y los Profetas[42]; una más sería el pensar en una referencia a un texto preciso citado antes por Pablo[43]; o inclusive pensar en la Escritura como una metonimia de Dios[44]. Sea cual fuera la razón[45], hay que ver también a *«la Ley»* en la mención de *«la Escritura»* pues de lo contrario no tendría sentido la coordinación de las frases. En efecto, es en torno a la Ley que se discute (3,19.21).

Por lo que se refiere al complemento indirecto ὑπὸ ἁμαρτίαν, éste indica a que cosa se da la subordinación de la acción: es un encerrar bajo el dominio del pecado (cf. Rm 7,14). Si bien Pablo no da una explicación al respecto, el texto de Rm 3,9—19 constituye un buen comentario: por medio de una serie de citas del AT en su

42 Cf. Vanhoye, *Galati*, 115. En Ga 3,8 Pablo usa ἡ γραφή haciendo referencia a Gn 12,3; 18,18.

43 Como p.e. el Sal 143,2 aludido en Ga 2,16 (cf. Lightfoot, *Galatians*, 147—148), o bien Dt 27,26 citado en Ga 3,10 (Burton, *Galatians*, 195).

44 En base a Rm 11,32: «συνέκλεισεν γὰρ ὁ θεὸς τοὺς πάντας εἰς ἀπείθειαν...»; cf. L.L.Belleville, "«Under Law»: Structural Analysis and the Pauline Concept of Law in Galatians 3,21—4,11", *JSNT* 26 (1986) 56.

45 Sobre la cuestión cf. Longenecker, *Galatians*, 144.

mayoría de los Salmos, se afirma el hecho de que todos los que están bajo la Ley, *«están bajo el pecado»* (Rm 3,10). Y más adelante en la misma carta, usa otras expresiones que denotan una idea similar, aplicándola a todos los hombres: *«todos pecaron»* (5,12); *«ser esclavos del pecado»* (6,6.17.20); o bien a él mismo como paradigma: *«vendido al poder del pecado»* (7,14).

Luego entonces, la expresión *«encerrar bajo el pecado»* (Ga 3,22) se puede traducir como: "encerrar bajo el dominio del pecado". Y la mención de *«todas las cosas»* (τὰ πάντα 3,22) enfatiza el carácter global del objeto del verbo: nada escapa a tal situación.

Ahora bien, si se tiene en cuenta la mención previa de la vivificación, resulta entonces una contraposición entre "vivificación" y "encerrar bajo el pecado". La Ley no vivifica, sino que encierra todo bajo el pecado. Esta contraposición sin embargo no parece temáticamente exacta pues lo contrario a una "vivificación" sería una "muerte", o bien, lo contrario a un "encerrar bajo el pecado" sería un "liberar del pecado".

Esta falta de simetría en la contraposición empero es aparente pues algo que aparece repetidas veces en Rm es una asociación entre pecado y muerte; donde hay pecado, hay muerte. Así p.e.: por el pecado entra la muerte (Rm 5,12); el pecado sirve a la muerte (6,16); la muerte es resultado del pecado (6,23; 8,10; cf. 7,5). Por otro lado, la Ley no es ajena a dicha asociación: ella aparece como instrumento del pecado en vistas de la muerte (7,11), o bien como fuerza del pecado siendo éste el medio por el que actúa la muerte (1 Co 15,56).

Consiguientemente, si bien el texto de Ga 3,22 no hace mención de la muerte[46], ella parece subyacer a la mención del pecado de tal forma que se dan 2 situaciones diferentes: por un lado la promesa y la vivificación, y por otro lado la Ley, el pecado, e implícitamente la muerte.

46 El tema de la muerte es mínimamente mencionado en Ga (ἀποθνῄσκω 2x; νεκρός 1x); mas abundantemente en Rm (ἀποθνῄσκω 23x; θάνατος 22x; θανατόω 3x; νεκρός 16x; νεκρόω 1x; νέκρωσις 1x).

Y hay que notar que la situación negativa tiene sin embargo una finalidad positiva: ἵνα ἡ ἐπαγγελία... δόθῃ... *«a fin de que la promesa... fuera dada...»* (Ga 3,22b). La función de sometimiento efectuada por la Ley, no se opone a la realización de la promesa; al contrario, se tiene una relación de complementariedad: la acción de la Ley era en vista (ἵνα) del cumplimiento de la promesa. De ahí que el enunciado afirmativo de 3,22b se presente como razón de la respuesta de Pablo en 3,21a a la pregunta hecha por él: *«¿La Ley pues [será] contra las promesas de Dios? ¡De ninguna manera!»* (3,21a).

2. *La acción del Espíritu.* Dada la situación de encerramiento, pecado y muerte contrapuesta a la de promesa y vivificación, una referencia al Espíritu aparece como plausible.

En efecto, en Rm 8,10 el Espíritu es presentado como vida, en contraposición a una muerte debida al pecado: *«el cuerpo está muerto a causa del pecado, mas el Espíritu es vida a causa de la justicia».* Y es de notar que el tema específico de la vivificación es presente en el contexto, pues a ese mismo Espíritu se le adjudica un poder vivificador en Rm 8,11: *«...vivificará* (ζῳοποιήσει) *también sus cuerpos mortales por medio de su Espíritu...»*[47].

Además, interpretando la promesa de Ga 3,22 como promesa del Espíritu, se tiene que la contraposición se hace más completa ya que no sólo se da una antítesis entre vivificación y muerte, sino también entre un "encerrar" y un "liberar" pues como se encontró al estudiar Rm 8,2, al Espíritu se le adjudica una acción liberadora con respecto a la muerte y el pecado:

Rm 8,2: *«el Espíritu de la vida en Cristo Jesús,*
te liberó de la ley del pecado y de la muerte»

Es decir, en Ga 3,21—22 resulta implícitamente una situación similar a la concluida al estudiar Rm 8: una situación de vida, liberación,

47 Si bien Dios es el sujeto de ζῳοποιήσει, el Espíritu es el medio por el cual Dios realiza la vivificación. Cf. además 2 Co 3,6: ...τὸ δὲ πνεῦμα ζῳοποιεῖ.

Espíritu y justicia en antítesis a otra de muerte, encerramiento, Ley y pecado.

5.1.4.5 ¿Evocación de una promesa del Espíritu?

Dado que Pablo asocia en Ga 3,21 la promesa con la vivificación, y que una alusión al Espíritu parece probable, cabe plantearse entonces: ¿es posible ver una evocación de Ez 37,6.14? El que Pablo hable expresamente en Ga 3,14 de *«la promesa del Espíritu»* parece favorecer esta suposición.

Ez 37,14a: וְנָתַתִּי רוּחִי בָכֶם וִחְיִיתֶם
καὶ δώσω τὸ πνεῦμά μου εἰς ὑμᾶς καὶ ζήσεσθε

Es cierto que en el texto de Ez no aparece el verbo ζῳοποιέω ni tampoco el sustantivo ἐπαγγελία, mas la idea que subyace a estos dos vocablos es presente: la vida dada por el Espíritu tiene por objeto unos huesos sin vida, i.e. se trata de dar la vida a quien no la tiene; y el envío del Espíritu aparece como una promesa (cf. ftr: δώσω). Además, el Espíritu del que se habla en Ez es el Espíritu de Dios, siendo que cuando Pablo asocia un poder vivificador al Espíritu, se trata del Espíritu de Dios (Rm 8,11; 2 Co 3,6).

Por otro lado sin embargo, Pablo no menciona al Espíritu en Ga 3,21 y el texto de Ez 37,14 no menciona la fe. Si Pablo pensara en el oráculo de Ez 37, ¿por qué no menciona explícitamente al Espíritu o bien hace una cita explícita del oráculo? El silencio resulta aún más notorio por el hecho de que en Ga 3 Pablo hace recurso repetidas veces a la Escritura (7x).

Los puntos de semejanza entre Ez 37 y Ga 3 son notables, más también son relevantes las diferencias. ¿Cómo explicar estas semejanzas y diferencias entre ambos textos?

Probablemente la razón radica en que una alusión explícita al oráculo de Ez 37 sería contraproducente al discurso de Pablo pues en el oráculo de Ez, la acción del Espíritu es sobre unos huesos que simbolizan a *«la casa de Israel»* (Ez 37,11), y Pablo sostiene también a los gentiles creyentes como beneficiarios de la promesa (Rm 4,16)[48].

Por ende, es mejor decir que Pablo sólo usa un modo de expresarse que evoca la promesa del Espíritu vivificante de Ez 37,14. El interés de Pablo está sólo en mostrar que la situación asociada a la justicia, debe ser una situación de vivificación.

5.1.5 Conclusiones

1. A partir de Ga 3,2—7.14 la promesa hecha a Abraham aparece como una promesa de descendencia o filiación, obra del Espíritu, es decir, como una promesa del Espíritu.

2. Por otra parte, en Ga 3,8 la promesa de bendición es presentada como una promesa de justificación. Asimismo Ga 3,21—22 sugiere interpretar la promesa en términos de justificación, dada su asociación con la fe (cf. 3,24); este resultado se encuentra en armonía con lo concluido en el c.2 donde la justicia aparecía como derivante de las promesas (Ga 3,21—22).

3. Mas la promesa de Ga 3,22 es susceptible también de interpretarse como una promesa del Espíritu ya que ambas se reciben gracias a la fe (Ga 3,14.22), y ambas aparecen asociadas a una vivificación (Ga 3,21—22; 2 Co 3,6).

48 Pablo considera a los creyentes como beneficiarios de las promesas en razón de la misericordia de Dios (Rm 15,9). Consiguientemente, beneficiarios también de la promesa del Espíritu mencionada en Ez 37; indicio de ello se tiene en que en 2 Co 6,16 cite a Ez 37,27, en 1 Ts 4,8 se dé una alusión a Ez 37,14, y en Tt 2,14 una alusión a Ez 37,27. Más aún, el texto de Rm 8,11 sugiere ver el que Pablo haya entendido la vivificación de los huesos mencionada en Ez como una resurrección. Sin embargo, una alusión explícita en Ga 3,21 al texto de Ez 37 no sería pertinente pues los judaizantes podrían usar el texto de Ez en favor suyo. Pablo prefiere mostrar de otra manera el que los creyentes constituyan la verdadera descendencia de Abraham (Ga 3,7.29).

4. Luego entonces, tanto la justificación como la recepción del Espíritu condividen un carácter de promesa.

5. La vivificación aparece asociada implícitamente a la finalidad de la promesa de Ga 3,22, y por ende, la situación asociada a la justicia, es de considerarse como una situación de vivificación (Ga 3,21), situación que además aparece como obra del Espíritu.

6. La consideración de la promesa en cuanto a su realización, impide establecer una identidad entre justificación y recepción del Espíritu, ya que mientras en el caso del don del Espíritu al creyente se menciona a veces una realización parcial, en el caso de la justificación no.

7. En fin, la actuación del Espíritu es ya presente desde el inicio según Pablo: sin ser un cumplimiento pleno de la promesa, el nacimiento de Isaac es visto como debido al Espíritu (Ga 4,29).

Luego entonces, la distinción propuesta en base al Espíritu[49] entre la justicia imputada a Abraham y la justificación concedida a los creyentes, no puede ser en base a una *actuación* del Espíritu (el cual ya obró en el nacimiento de Isaac)[50].

49 Cf. p. 217.

50 Mas sí tal vez en una *manifestación* del mismo. Ello es sugerido por el hecho de que Pablo, en referencia a la obra salvífica de Cristo, y más precisamente de la salvación dirigida a los gentiles, hable de la revelación de un Misterio, escondido en el pasado mas manifestado en el presente. De ello en efecto, se habla repetidas veces en el epistolario del NT: Rm 16,25; Col 1,26—27; Ef 1,9—10; 3,3—6; 2 Tm 1,10; Tt 1,2—3; 1 P 1,20; cf. también: Ef 6,19; Col 4,3; Rm 3,21; 11,25.

5.2 Romanos 4

En el texto de Rm 4 aparece de nuevo el tema de la promesa en asociación al de la justicia (4,13.20—22). Un estudio de estos textos es por lo tanto recomendable como complemento de los anteriormente estudiados.

5.2.1 Romanos 4,13

5.2.1.1 La estructura lógica de Rm 4,13

Lo dicho en el v.13 es introducido por la conjunción coordinante causal[51] o inferencial/explicativa[52] γάρ la cual hace referencia a lo dicho precedentemente, a saber, el que Abraham sea considerado como padre de todos los creyentes[53]. Pablo busca en 4,13 de dar razón de lo dicho en 4,11—12.

Desde el punto de vista lógico, el v. 13 está constituido por una proposición elíptica del verbo. La opción más simple es la de sustituir por ahora con el verbo "ser", a reserva de poder precisar mejor el sentido más adelante[54]: *«[fue] la promesa a Abraham y*[55] *a su descendencia...»*. Asimismo, se tiene una aposición del sujeto *«la promesa»* (ἡ ἐπαγγελία) constituida por un infinito con artículo[56]:

51 BDF § 452.

52 Robertson, *Grammar*, 1190.

53 Schlier, *Römerbrief*, 128.

54 Sobre esto se volverá más adelante (p. 255).

55 La partícula ἤ después de una negación, tiene valor de cópula; cf. Lagrange, *Romains*, 92; Turner, *Grammar*, III, 267.

56 Cf. Burton, *Syntax*, 156.

«el ser él heredero del mundo» (τὸ κληρονόμον αὐτὸν[57] εἶναι κόσμου). En esta aposición, el infinito con artículo posee una función epexegética[58], al precisar a la promesa mencionada explicando su contenido.

La proposición de 4,13 posee dos complementos que expresan el medio[59] por el cual acaece lo dicho en el predicado: *«[fue] a Abraham y a su descendencia la promesa de ser heredero del mundo»*. El medio es indicado de dos maneras en contraste (ἀλλά); por medio de una negativa: *«no por medio de la Ley»* (οὐ γὰρ διὰ νόμου), y una opuesta: *«sino por la justicia de la fe»* (ἀλλὰ διὰ δικαιοσύνης πίστεως).

A partir de este análisis, resulta que el tema de "la promesa" aparece en un lugar importante de la frase: constituye el sujeto de la proposición, y es precisada por una aposición. Esta importancia es confirmada por el hecho de ser invocada de nuevo en los vv. siguientes (4,14.16.20). El desarrollo del tema de la promesa, permite a Pablo profundizar en la cuestión de la justicia a partir de la fe.

5.2.1.2 La promesa de ser heredero

En Rm 4,13 Pablo hace presente la promesa divina hecha a Abraham. Sin embargo, en el relato del Génesis encontramos que ya al inicio del relato sobre Abraham, Yahveh hace a Abraham y a su descendencia varias promesas: a) descendencia: *«de tí haré una nación grande»* (Gn 12,2); b) bendición: *«te bendeciré»* (12,2); c) tierra: *«daré esta tierra»* (12,7); y más adelante: d) relación íntima: *«ser el Dios tuyo y el de tu descendencia»* (17,7). Todas estas promesas sin embargo, están estrechamente asociadas[60].

57 Es de notar que el prn. αὐτόν puede referirse tanto a Abraham como a su descendencia.

58 Cf. BDF § 399 (1).

59 διά + gn = medio o instrumento; cf.: BDR § 223(3); Turner, *Syntax III*, 267; p.124.

60 Cf. p. 240.

Ahora bien, Pablo en Rm 4,13 hace presente solamente la promesa de heredar la tierra. Pero a diferencia del Génesis en donde la heredad se refiere a la *«tierra de Canaán»* (cf. Gn 12,6—7; 17,8), para Pablo la heredad prometida tiene unos límites más amplios pues se trata de *«ser heredero del mundo»* (Rm 4,13).

Tal interpretación de Pablo a primera vista pudiera parecer arbitraria. Empero, ella se ubica al interno de una corriente interpretativa que tiende a ampliar los horizontes y que aparece ya en el AT[61]: en el Sirácide la heredad prometida a Abraham y su descendencia abarca todo el mundo conocido:

Sir 44,21c: *«y darles una herencia de mar a mar,*
desde el Río hasta los confines de la tierra»

Tal concepción es también presente en la literatura apócrifa del AT, sobre todo en el libro de los Jubileos el cual constituye como una paráfrasis del libro del Gn[62]. Por ejemplo, se dice ahí de Abraham que:

Jub 17,3: *«...el Señor le había dado descendencia sobre la tierra para poseerla»*

Y de Jacob y su descendencia, se habla aún más claramente de "poseer la tierra entera":

Jub 19,21: *«...y sus descendendientes llenarán la tierra entera»*
Jub 22,14: *«...y puedas tú poseer la tierra entera»*

61 Cf. F. Dreyfus, "Le thème de l'héritage dans l'A.T.", *RSPT* 42 (1958) 3—49; "Héritage", VTB, 532—537; J.H. Friedrich, "κληρονόμος", EWNT II, 737; J.D. Hester, *Paul's Concept of Inheritance* (SJTOP 14; London 1968) 22—44; J.C. Margot, "Héritage", *Vocabulaire Biblique* (éd. J.J. Von Allmen; Lausanne 1969[4]) 120—123; W. Pesch, "Erbe",BW, 296—301.

62 El alejandrino Dídimo el ciego (s.IV d.c.) lo llamaba "El pequeño Génesis" (Didimo, *Enarr. in I Ioann.* 3,12), título que fue usado popularmente en la Iglesia, como p.e. por S. Jerónimo (420†) (Ep. 78,20).

Jub 32,19: *«Y daré a tus descendientes toda la tierra que está debajo de los cielos... y que ellos ganen posesión de la tierra entera y la hereden por siempre»*[63]

Y en la literatura rabínica, varias veces aparece una explícita referencia a Abraham, como *«heredero de este mundo y del otro»*:

MekhEx 14,31: *«Abraham, nuestro padre, por el solo mérito de la fe que tuvo en Yahveh, heredó de este mundo y del otro...»*[64]

Esta ampliación en la comprehensión de la heredad prometida, tal vez haya sido debida a varios factores: por una lado ya la promesa de bendición tenía un carácter universal, comprendiendo *«todas las familias de la tierra»* (Gn 12,3)[65]; por otro lado al descendiente de David se le prometía un reino *«hasta los confines de la tierra»* (Sal 2,8; 72,8; Za 9,10), siendo que las promesas davídicas se encontraban en continuidad con las promesas patriarcales[66]; en fin, se daba un influjo de la tradición apocalíptica contemporánea la cual daba una interpretación escatológica a la promesa: ésta acaecería al final de la historia del mundo, siendo puestos los elegidos que hubieran

63 En referencia a los justos, cf.: 1 Hen 5,7; *«y ellos heredarán la tierra»*; en referencia a Moisés: Filón, *De Vita Mos* 1,155: *«Dios le dio en sus manos la tierra entera, como porción a su heredero»*; en referencia a los sabios: *De Somn.* 1,175: *«y son herederos de los cuatro ángulos de la tierra»*; en relación a los judíos: 4 Esd 6,59: *«Si el mundo fue creado a causa de Israel, ¿Por qué no poseemos el mundo como herencia?»*; Billerbeck, KNTTM III, 209; Dunn, *Romans 1—8*, 213.

64 Cf. también: NmR 12 (167a); MPrv 19,1 (43a) (citados por Billerbeck, KNTTM III, 209). En referencia a los justos, cf.: 2 Ba 14,13; 51,3.

65 Cf. Fitzmyer, *Romans*, 384.

66 Así p.e. la promesa de una descendencia numerosa (Jr 33,22; TgSal 89,4: *«Una alianza pacté con Abraham mi elegido, un juramento hice a mi siervo David»*); cf. M. Wilcox, "The Promise of the «Seed» in the New Testament and the Targumim", *JSNT* 5 (1979) 5.

sido encontrados justos, como soberanos sobre el mundo, el cual había sido usurpado hasta entonces por los impíos (1 Hen 5,7)[67]. Pero sea lo que fuere, ciertamente la idea de Pablo expresada en Rm 4,13 refleja las ideas corrientes de su época[68].

Y en el fondo, eso es lo que interesa a Pablo en 4,13: no discutir sobre el contenido de la promesa de heredad en sí, sino el medio para obtener tal promesa. En este sentido, la formulación de Pablo, siendo concorde al pensamiento de su época, es adecuada a sus propósitos[69].

5.2.1.3 La Ley

¿A qué Ley se refiere Pablo? Algunos autores[70] sostienen una referencia a una ley general, qualquiera que exiga una obediencia; otros[71] optan por una específica: la Ley de Moisés. El contexto sin embargo favorece ampliamente esta segunda posibilidad: en 4,14 la referencia a la heredad no se entiende sino es en relación a la Ley Mosaica.

Por otra parte, la omisión del artículo puede ser explicada por la presencia de la preposición (οὐ γὰρ διὰ νόμου... 4,13)[72], como es el caso en el v. siguiente (οἱ ἐκ νόμου... Rm 4,14) o en Ga 3,18 donde es clara la referencia a la Ley de Moisés (εἰ γὰρ ἐκ νόμου...).

67 Cf. Wilckens, *Römerbrief*, VI/1, 269.

68 Cf. Mt 5,5; Hb 1,2; Sal 25,13; 37,11; Dunn, *Romans 1—8*, 213, 233.

69 Cf. A. Nygren, *Der Römerbrief* (Göttingen 1965) 133.

70 Kühl, *Römer*, 143; Murray, *Romans*, 141; W. Sanday - A.C. Headlam, *A Critical Commentary on the Epistle to the Romans* (ICC; Edinburgh 1902^{5}) 110; Zahn, *Römer*, 230.

71 Cranfield, *Romans I*, 238; Dunn, *Romans 1—8*, 212; Käsemann, *Römer*, 113; Kuss, *Römerbrief*, I, 187; Lagrange, *Romains*, 91; Michel, *Der Brief an die Römer* (MeyK IV; Göttingen 1977^{14}), 168; Moo, *Romans*, 273; A. Schaefer, *Erklärung des Briefes an die Römer* (Münster 1891) 155; Schlier, *Römerbrief*, 128; Viard, *Romains*, 118.

72 Cf. Schlier, *Römerbrief*, 128; Turner, *Syntax III*, 179.

En cuanto a la preposición διά que precede a νόμου, el contexto sugiere considerarla como denotando un medio o instrumento[73]; así el paralelo con διὰ δικαιοσύνης πίστεως al final del mismo v.13.

Y por lo que se refiere a la elipsis del verbo, la expresión conjunta οὐ... διὰ νόμου... (4,13) teóricamente pudiera ser entendida de dos maneras[74]: *«no por medio de la Ley [fue dada] la promesa...»*; o bien: *«no por medio de la Ley [fue apropiada] la promesa...»*. Por un lado es de preferir esta última interpretación, pues el contexto hace referencia a *«las obras de la Ley»*[75], y a la actitud de Abraham[76] el cual es receptor de la promesa[77]; sin embargo, la presencia del dativo τῷ Ἀβραάμ favorece la primera interpretación[78]. Siendo ambas interpretaciones factibles, lo mejor es tomarlas conjuntamente considerando al verbo "dar" pero con la connotación resultante de "apropiarse" o "recibir".

Luego entonces, considerando a Abraham como receptor de la promesa, la mención de la Ley podría ser entendida como una metonimia de objeto, en la cual se tomaría a la Ley por su observancia respectiva ya que lo que importaba de la Ley para los judíos era propio su observancia. Es decir, la frase οὐ... διὰ νόμου... (4,13) podría ser parafraseada como: *«no por medio de [la observancia de la] Ley...»*[79].

73 Cf. Cranfield, *Romans*, I, 238—239; Käsemann, *Römer*, 113; Moo, *Romans*, 273 n.9.

74 Cf. Cranfield, *Romans*, I, 239.

75 Cf. Rm 3,27.28; 4,2.6

76 Cf. Rm 4,2.9

77 Por otra parte, puede ser significativo la comparación con el texto de Ga 3,13 donde si bien se habla de una *«promesa del Espíritu»*, ésta es presentada explícitamente como a "recibirse" (λάβωμεν) "por medio de la fe" (διὰ τῆς πίστεως), siendo además puesta esta promesa en paralelo con la bendición de Abraham.

78 Además, en Ga 3,21 se habla de "dar la promesa a partir de la fe" (ἵνα ἡ ἐπαγγελία ἐκ πίστεως... δοθῇ...).

79 Lagrange, *Romains*, 91.

Y dado que la suma de los cumplimientos de la Ley, i.e. el comportamiento del hombre que tiene como referencia a la Ley o bien que está basado en la Ley, era considerada como "justicia" (cf. Dt 6,25)[80], i.e."justicia de la Ley" (δικαιοσύνη νόμου)[81], se podría también pensar en parafrasear la frase inicial del v.13 como: *«no por medio de [la justicia de la] Ley»* (οὐ... διὰ [δικαιοσύνης] νόμου), en atención al paralelo con διὰ δικαιοσύνης πίστεως al final del mismo v.13:

Rm 4,13: οὐ γὰρ διὰ [δικαιοσύνης] νόμου... ἡ ἐπαγγελία...
...ἀλλὰ διὰ δικαιοσύνης πίστεως

Rm 4,13: *«Pues no por medio de [la justicia de la] Ley... [fue apropiada] la promesa...sino por medio de la justicia de la fe»*

¿Es posible hablar de una δικαιοσύνη νόμου? Si bien casi siempre Pablo habla de una δικαιοσύνη asociada a la fe[82] o a Dios[83], hay textos que dejan entrever la existencia de una tal *«justicia de la Ley»*, si bien no aceptada por Pablo como adecuada para la salvación. Así p.e. en Rm 10,5—6 se pone en contraste una *«justicia de la Ley»* (τὴν δικαιοσύνην τὴν ἐκ τοῦ νόμου) con una *«justicia de la fe»* (ἡ δὲ ἐκ πίστεως δικαιοσύνη). Y en Flp 3,9 Pablo desea no ser encontrado teniendo una *«justicia de la Ley»* (...μὴ ἔχων ἐμὴν δικαιοσύνην τὴν ἐκ νόμου...); notando que la *«justicia [que deriva]*

80 Dt 6,25: *«Tal será nuestra justicia: cuidar de poner en práctica todos estos mandamientos ante Yahveh nuestro Dios, como él nos ha prescrito».*

81 Cf. Spicq, *Lexique*, 343: *«la justice soi-disant obtenue par l'observance de la Loi».*

82 διακιοσύνη τῆς πίστεος (Rm 4,11); δικαιοσύνη ἐκ πίστεως (Rm 9,30); ἐκ πίστεως δικαιοσύνη (Rm 10,6); δικαιοσύνη ἐπὶ τῇ πίστει (Flp 3,9); [δικαιοσύνη] διὰ πίστεως (Flp 3,9).

83 δικαιοσύνη θεοῦ (Rm 1,17; 3,21; 2 Co 5,21); δικαιοσύνη αὐτοῦ [scil. θεοῦ] (Rm 3,25.26); δικαιοσύνη ἐκ θεοῦ (Flp 3,9); δικαιοσύνη θεοῦ διὰ πίστεως (Rm 3,22).

de la Ley» mencionada ahí, aparece en contraposición con una *«[justicia] por medio de la fe»* [δικαιοσύνην] διὰ πίστεως, como es el caso de Rm 4,13. Asimismo, en Rm 4,2 Pablo no niega la existencia de una justificación a partir de las obras (ἐξ ἔργων ἐδικαιώθη), aunque sí su valor ante Dios (οὐ πρὸς θεόν). En fin, la precisión hecha por Pablo en Rm 9,30 en torno a la justicia, hace suponer la existencia de una justicia diversa de la de la fe.

5.2.1.4 La justicia de la fe

Para Pablo, la promesa de heredad es apropiada u obtenida *«por medio de la justicia de la fe»* (διὰ δικαιοσύνης πίστεως Rm 4,13). Sin embargo, lo dicho en este complemento, presenta dificultades para su interpretación debido a su concisión.

¿Cómo entender la expresión δικαιοσύνης πίστεως? O más precisamente: ¿Qué tipo de genitivo es πίστεως? ¿Un genitivo de origen o bien uno epexegético? En el primer caso se entendería una justicia que deriva o bien se apoya en la fe, en el segundo una justicia que consiste en la fe misma.

La expresión en sí (δικαιοσύνης πίστεως) no permite una respuesta al problema. Sin embargo, si se atiene uno a otras recurrencias de δικαιοσύνη asociada a πίστις en el epistolario paulino, se tiene que en favor de la segunda posibilidad se podrían aducir los textos de Rm 4,9.22 donde la construcción λογίζεται... ἡ πίστις εἰς δικαιοσύνην sugiere interpretar la fe como justicia. Por su parte, en favor de la primera interpretación, se podrían aducir los textos de Ga 2,16; Rm 9,30; 10,6; Flp 3,9a donde el uso de las preposiciones διά y ἐκ presentan a la fe como medio u origen de la justificación paulina; así como Flp 3,9b donde la fe aparece como apoyo o fundamento de la justicia (δικαιοσύνην ἐπὶ τῇ πίστει) a la que se refiere Pablo.

¿Qué se puede decir a esto? Ante todo hay que notar que en los textos de Rm 4,9.22, se trata de una *cita* de Gn 15,6, y la construcción ἐλογίσθη [ἡ πίστις] εἰς δικαιοσύνην es susceptible de varias interpretaciones. Por otro lado, los otros textos de Ga 2,16;

Rm 9,30; 10,6 y Flp 3,9 no constituyen citas del AT y por ende pueden considerarse como reflejando una interpretación paulina propia. Luego entonces, aún cuando el texto de Gn 15,6 fuera susceptible de varias interpretaciones, la que nos interesa en particular es la considerada por Pablo. Y atendiendo al comentario o explicación que hace Pablo de Gn 15,6 en Ga 3,7—9, se tiene que él hace uso de la preposición ἐκ en relación a la fe; es decir, considerando a la fe como origen o razón del ser considerados como hijos de Abraham, de ser justificados y de ser bendecidos.

Toda esta situación nos lleva a preferir ver en la construcción δικαιοσύνη πίστεως (Rm 4,13), un genitivo de origen[84]: una justicia apoyada o que tiene su fundamento en la fe, o bien que deriva de ella[85]. Hay que añadir sin embargo, que el otro sentido (i.e. el dado por un gen. epexegético), no queda totalmente excluido si se tiene en cuenta la figura de metonimia, denotando a la justicia por su fundamento: la fe.

Precisado el sentido del genitivo, resta por interpretar la expresión διὰ δικαιοσύνης πίστεως: *«por medio de la justicia de la fe»*.

Para ello, es útil una consideración de Rm 4,11 donde se menciona también a *«la justicia de la fe»* (ἡ δικαιοσύνη τῆς πίστεως). La frase, en lo que se refiere a su complemento, es elíptica:

4,11a: καὶ σημεῖον ἔλαβεν περιτομῆς
σφραγῖδα τῆς[86] δικαιοσύνης τῆς πίστεως τῆς ἐν τῇ ἀκροβυστίᾳ

84 Cf. Bullinger, *Figures*, 992.

85 Cf. Spicq, *Lexique*, 345: *«Justice et foi ne sont pas identiques... La justice procède de la foi...»*. Sobre esta cuestión, cf. también p. 162—164.

86 Si bien en Rm 4,11 es presente el artículo (τῆς δικαιοσύνης τῆς πίστεως), a diferencia de Rm 4,13 (δικαιοσύνης πίστεως), es de inferirse la referencia a la misma justicia, so pena de incoherencia en el discurso; además, en 4,13 la ausencia del artículo puede ser explicada a causa de la preposición precedente, así como por la presencia del genitivo (cf. Turner, *Syntax III*, 179).

Sin embargo, el sentido es claro: la justicia de la fe, es de entenderse como la justicia concedida a Abraham, a partir de su fe[87]; i.e., se trata de la justicia que Abraham poseía antes de la circuncisión.

Luego entonces, *la justicia obtenida a partir de la fe*, aparece en 4,13 como *el medio por el que Abraham se apropia la promesa* divina, promesa de ser heredero del mundo.

5.2.1.5 Confrontación con Ga 4,6—7 y Rm 8,15—17

Ahora bien, lo que es importante notar ahora es que si en Rm 4,13 la justicia de la fe aparece como el medio por el cual es apropiada la promesa de heredad, es decir el medio por el cual Abraham y su descendencia se convierten en herederos, en Ga 4,6—7 y Rm 8,15—17 es el Espíritu quien aparece como medio para llegar a ser heredero, pues el Espíritu da la filiación y por consecuencia la heredad. En efecto, en Ga 4,6 Pablo menciona la filiación en asociación con el don del Espíritu:

> Ga 4,6: ὅτι δέ ἐστε υἱοί, ἐξαπέστειλεν ὁ θεὸς
> τὸ πνεῦμα τοῦ υἱοῦ αὐτοῦ εἰς τὰς καρδίας ἡμῶν

En este texto, la relación entre el envío del Espíritu y la filiación depende de la interpretación del ὅτι inicial como causal o como declarativo[88]: en el primer caso la filiación es vista como causa del envío del Espíritu, en el segundo el envío del Espíritu es visto como causa de la filiación[89].

87 Considerando el gn. como denotando origen (cf. 4,13).

88 Sobre esta cuestión cf.: S.Zedda, *La adozione a figli di Dio e lo Spirito Santo.* Storia dell'interpretazione e teologia mistica di Gal 4,6 (AnBib 1; Roma 1952); A.Duprez, "Note sur le rôle de l'Esprit Saint dans la filiation du chrétien. A propos de Gal 4,6", *RSR* 52 (1964) 421—431. Zedda (179) y Duprez (423) concluyen un sentido declarativo, considerando así la filiación como obra del Espíritu.

89 Sosteniendo el sentido declarativo, hay que suponer una elipsis: *«que sois hijos [es manifestado del hecho que] Dios mandó el Espíritu de su Hijo»*, o bien: *«[la prueba de] que sois hijos es que Dios ha enviado...»* (Zedda, *Adozione*, 127,137).

Si bien la construcción gramatical de la frase permite dudar entre uno u otro sentido[90], el contexto favorece la segunda posibilidad: el texto de Ga 4,4—5 que presenta a la filiación como resultado de una acción de enviar por parte de Dios, sugiere interpretar a la filiación de 4,6 también como resultado de una acción de enviar por parte de Dios:

Ga 4,4-5: ἐξαπέστειλεν ὁ θεὸς τὸν υἱὸν αὐτοῦ...
ἵνα <u>τὴν υἱοθεσίαν ἀπολάβωμεν</u>.
Ga 4,6: ὅτι δέ <u>ἐστε υἱοί</u>,
ἐξαπέστειλεν ὁ θεὸς τὸ πνεῦμα τοῦ υἱοῦ αὐτοῦ...

Una confirmación a esta interpretación se tiene en el texto de Rm 8,14—17 que se asemeja grandemente al de Ga 4,6—7, y que favorece considerar la filiación como derivante de la recepción del Espíritu: el Espíritu que se ha recibido es caracterizado como de *«filiación»* (ἐλάβετε πνεῦμα υἱοθεσίας v.15); tal expresión sugiere entender la filiación como resultado de la acción del Espíritu. El uso pasivo del verbo ἄγω en Rm 8,14 lo confirma: ὅσοι γὰρ πνεύματι θεοῦ ἄγονται, οὗτοι υἱοὶ θεοῦ εἰσιν.

Ahora bien, tanto en Ga 4,7 como en Rm 8,17 se menciona el tema del «heredero» en unión al de ser «hijos»: εἰ δὲ υἱός, καὶ κληρονόμος... (Ga 4,7); εἰ δὲ τέκνα, καὶ κληρονόμοι... (Rm 8,17).

Y el hecho de que no se de mayor especificación en torno al heredero, sugiere considerar que el tema que subyace es el de la herencia asociada a la promesa y del cual se habla en Ga 3,29[91]:

Ga 3,29: ...τοῦ Ἀβραὰμ σπέρμα ἐστέ, κατ' ἐπαγγελίαν κληρονόμοι.

90 De ordinario se objeta contra el sentido "declarativo" el que no existan otros ejemplos de ὅτι demostrativo seguido de una elipsis. S. Zedda sin embargo reporta varios ejemplos: καὶ ὅτι ταῦτ'ἀληθῆ λέγω, κάλει μοι καὶ τούτων τοὺς μάρτυρας (Demóstenes, 21,174 ["Κατὰ Μυίδιου", LCL 299; Cambridge MA-London 1978]; Zedda, *Adozione*, 131).

91 Cf. Byrne, *Sons*, 185.

El que en Rm 8,17 se designe a los herederos como *«herederos de Dios»* (κληρονόμοι θεοῦ), corresponde a esa interpretación, pues dado que la promesa de heredad fue hecha por Dios, a los herederos se les puede considerar como «herederos de Dios».

Luego entonces, resulta que el «ser heredero» se obtiene tanto por medio de la justicia de la fe (Rm 4,13) como por medio del Espíritu ya que el Espíritu da la filiación y por ende el ser herederos (Ga 4,6—7; Rm 8,14—17). Tal paralelismo de situaciones sugiere el asociar estrechamente a *la justicia de la fe* con *la recepción del Espíritu*: a partir de ambas el creyente es constituido en heredero.

Por lo demás, la razón por la cual el recibir el Espíritu resulte en ser constituidos en herederos, puede ser deducida a partir de lo dicho en Ga 3,29 y Rm 8,9: El creyente recibe el Espíritu del Hijo de Dios (Ga 4,6) y habitando ese Espíritu en uno, el creyente es unido a Cristo (Rm 8,9), y dado que Cristo es la descendencia prometida (Ga 3,16) y el heredero (Hb 1,2)[92], el creyente participa también de esa condición de ser descendencia de Abraham[93] y de ser heredero (Ga 3,29; Rm 8,17)[94].

5.2.1.6 La descendencia de Abraham

La mención de la descendencia de Abraham(...ἢ τῷ σπέρματι αὐτοῦ Rm 4,13) tiene su relevancia[95] ya que la descendencia era la depositaria de la promesa divina[96]. La pregunta que estaba en juego era por tanto: ¿Quienes son los herederos de la promesa?[97].

92 Cf. Mt 21,38; Mc 12,7; Lc 20,14.

93 Resulta por lo tanto que la descendencia de Abraham es al mismo tiempo única y numerosa: una porque Cristo es la descendencia (Ga 3,16), y numerosa porque los creyentes forman parte de Cristo (Ga 3,28—29).

94 Es de notar que en los evangelios, la condición para heredar el Reino o la vida, consiste en la unión a Cristo: de seguirlo (Mt 19,29; Mc 10,17.21; Lc 18,18.22), de la actitud que se tenga con respecto a él (Mt 25,34—36).

95 H. Asmussen la considera como la cuestión principal del versículo [H. Asmussen, *Der Römerbrief* (Stuttgart 1952) 93].

96 Cf. también Ga 3,19.29.

97 Cf. Dunn, *Romans 1—8*, 213.

En los vv. siguientes Pablo busca dar una respuesta: los herederos no son los *«de la Ley»* (ἐκ νόμου 4,14)[98] sino los *«de la fe»* (ἐκ πίστεως 4,16), de tal modo que la promesa quede asegurada para toda la descendencia, *«no tan sólo para la de la Ley, sino también para la de la fe»* (Rm 4,16).

Es en este sentido que la formulación de la promesa de heredad en términos amplios *(«ser heredero del mundo»)*, posee una finalidad particular en el discurso de Pablo: la promesa mira a ser compartida no sólo por los judíos, sino también por los gentiles, esparcidos por el mundo[99].

Y cabe notar por otra parte, que a diferencia de Ga 3,16, Pablo no se interesa en Rm 4 en la interpretación cristológica de la descendencia, sino en la eclesiológica, i.e. la que concierne concretamente a los miembros de Cristo, a los creyentes. Ello es debido a que le interesa subrayar el hecho de que la descendencia de Abraham incluye a todo el que cree[100] (cf. Rm 4,16).

5.2.2 Romanos 4,20—22

La mención de la promesa en asociación a la justicia en Rm 4,20—22 aparece en estrecha relación con la fe de Abraham, la cual es una fe en Dios *«que vivifica a los muertos»* (4,17), tema emparentado con el Espíritu. En esta perspectiva, es necesario por tanto estudiar la promesa de 4,20.

98 Cf. Ga 3,18. Asimismo cf. Rm 4,12: οἱ ἐκ περιτομῆς.

99 Cf. Ch. Hodge, *Romans* (CCC; Wheaton, IL 1993) 116. El texto de 1 Co 3,21b—23 representa un buen comentario a esta interpretación de la promesa: *«todo es vuestro, y vosotros de Cristo y Cristo de Dios»* (cf. Cranfield, *Romans 1—8*, 239—240).

100 Dunn, *Romans 1—8*, 212.

5.2.2.1 El contexto

Después de haber mencionado Pablo la promesa de ser heredero en 4,13, y de haber desarrollado en 4,14—15 la parte negativa de lo dicho en 4,13, a saber: la heredad no se obtiene por medio de la Ley; en 4,16 pasa a desarrollar la parte positiva: la heredad se obtiene por medio de la justicia de la fe[101].

Y si bien en 4,13 se presentaba a la promesa como recibida *«por medio de la justicia de la fe»* (διὰ δικαιοσύνης πίστεως) y en 4,16 como recibida *«a partir de la fe»* (ἐκ πίστεως), las diferencias en la formulación se pueden explicar por el hecho de que la justicia aludida en 4,13 es una justicia que se apoya en la fe o deriva de ella; i.e., en última instancia, el decir que la promesa de heredad sea dada *«por medio de la justicia [que deriva] a partir de la fe»* (4,13), equivale a decir que la promesa de heredad sea dada *«a partir de la fe»* (4,16).

Ahora bien, el haber mostrado el que la heredad se obtenga a partir de la fe, tiene como finalidad el hacer ver que *«la promesa sea válida para toda la descendencia»* (4,16a), lo cual concierne no sólo a los judíos, sino a todos los que son *«de la fe de Abraham»* (ἐκ πίστεως 'Αβραάμ 4,16b). Y es precisamente de esta *«fe de Abraham»* que Pablo hace una descripción en 4,17b—21, presentándola ante todo como una fe en Dios que *«vivifica a los muertos»* (4,17) y que hace una promesa (4,20.21).

5.2.2.2 Promesa de descendencia y heredad

A partir de lo dicho en Rm 4,13 la promesa es de considerarse como una promesa de heredad; sin embargo, la cita hecha en 4,18 sugiere interpretarla en el sentido de tener una descendencia numerosa.

101 Cf. Moo, *Romans*, 277.

Rm 4,18: ...κατὰ τὸ εἰρημένον, Οὕτως ἔσται τὸ σπέρμα σου[102]

Esta diferencia sin embargo es aparente pues en realidad, la promesa de *«ser heredero del mundo»* (4,13) va asociada con la de tener una descendencia numerosa (cf. Gn 15,2.4)[103]. Además, sin la descendencia, no es posible la promesa de heredad referida en 4,13 pues ésta fue hecha a Abraham *«y a su descendencia»* (ἢ τῷ σπέρματι αὐτοῦ).

El que la promesa mencionada en Rm 4,13b sea de asociarse a la de Rm 4,18b puede verse también en el hecho de que a continuación de la promesa de Gn 15,5 citada en Rm 4,18b *(«así será tu descendencia»)*, es mencionado en Gn 15,6 el que a Abraham, su fe *«le fue considerada por justicia»* (cf. Rm 4,9), hecho al cual hace referencia Rm 4,13c[104].

Ahora bien, esta asociación entre promesa de «ser heredero del mundo» (Rm 4,13) y de «ser padre de una multitud de pueblos» (Rm 4,17) o de tener una descendencia numerosa (Rm 4,18)[105], explica el porque la promesa mencionada en Ga 3 aparezca tanto como una promesa de descendencia o filiación (cf. Ga 3,6—7)[106] obra del Espíritu (Ga 3,14; 4,28—29), como una promesa de heredad (Ga 3,18) obra del Espíritu (Ga 4,6—7).

Por lo demás, tal asociación entre ambas promesas era ya presente en Ga 3,29: «sois descendencia de Abraham, herederos según la promesa» (τοῦ 'Αβραὰμ σπέρμα ἐστέ, κατ' ἐπαγγελίαν κληρονόμοι).

102 Los unciales F G y el manuscrito a de la versión latina añaden: ως οι αστερες του ουρανου και το αμμον της θαλασσης (cf. Gn 22,17; Hb 11,12), haciendo explícito el sentido de una descendencia numerosa.

103 En Gn 1,28; 9,1 la ocupación y dominio de la tierra aparecen como consecuencia de una descendencia numerosa.

104 Prueba de ello es que el único texto del Gn concerniente a Abraham donde se menciona conjuntamente la fe y la justicia, es precisamente el de Gn 15,6.

105 La promesa de Gn 17,4: *«serás padre de una multitud de pueblos»*, es equivalente a la promesa de Gn 15,5: *«así será tu descendencia»*.

106 Cf. p. 227—230.

Y es de notar que el Espíritu subyace a esta asociación pues la razón de ser descendencia de Abraham, es el pertenecer a Cristo (εἰ δὲ ὑμεῖς Χριστοῦ... Ga 3,29), y tal pertenencia a Cristo es según Rm 8,9 en razón de que el Espíritu de Cristo habita en uno; pero resulta que la presencia del Espíritu de Cristo en uno es intercambiable con la presencia del Espíritu de Dios (Rm 8,9); luego entonces, es porque el Espíritu habita en uno, que se obtiene el ser descendencia de Abraham y el ser heredero (Ga 3,29).

5.2.2.3 Promesa de vida

Dada la descripción que hace Pablo en Rm 4,17b—21 sobre la *«fe de Abraham»*, la promesa hecha por Dios en torno a una descendencia no aparece sólo como un dar la vida, sino como un dar la vida a algo que está muerto, como una vivificación.

En efecto, el cuerpo de Abraham es presentado como *«muerto»* (τὸ ἑαυτοῦ σῶμα ἤδη νενεκρωμένον 4,19) al tener la edad de unos cien años, i.e. incapaz de tener hijos, y el seno de Sara también *«muerto»* (καὶ τὴν νέκρωσιν τῆς μήτρας Σάρρας 4,19); por otro lado, Dios es presentado como el que *«vivifica a los muertos»* (θεοῦ τοῦ ζῳοποιοῦντος τοὺς νεκρούς 4,17).

Este aspecto vivificante de la promesa, apoya la asociación de la promesa mencionada en Rm 4 con el Espíritu, pues el aspecto vivificador es característica principal del Espíritu[107].

Por otro lado, ya al estudiar el texto de Ga 3,21—22 se había llegado a la conclusión de que la promesa en 3,21 aparecía asociada a la vivificación y que una referencia al Espíritu era plausible[108]. Es decir, los resultados obtenidos a partir de Ga 3 y Rm 4 en torno a la promesa convergen.

107 Cf. 2 Co 3,6; Rm 8,11; Ez 37,5—6.9.14.

108 P. 246.

5.2.2.4 La justicia

El v.22 presenta una cita de Gn 15,6 que mira a concluir la descripción hecha en 4,17b—21; así lo indica la presencia de la conjunción inicial διό que introduce la cita y que posee un sentido inferencial o deductivo: es porque la fe de Abraham (πίστις 'Αβραάμ 4,16) fue tal y como es presentada en 4,17b—21, que su fe le fue contada por justicia (4,22 cf. 4,9)[109].

La fe que le es contada a Abraham por justicia, es una fe en el poder vivificador de Dios; consiguientemente la justicia aparece asociada a una situación de vivificación, situación que había sido ya concluida al estudiar el texto de Ga 3,21: si hay vivificación, hay justicia.

Del texto de Rm 4 sin embargo, se puede deducir una cuestión interesante por lo que respecta a la relación entre justicia y vida: la condición de Abraham cuando su fe le es contada por justicia, es aún una situación de muerte; en efecto, en la descripción hecha en 4,17—21 no se hace alusión a un cumplimiento ya realizado de la promesa divina (p.e. el nacimiento de Isaac); la situación de Abraham es sólo de tener una fe firme en que Dios es capaz de cumplir lo prometido (4,21): de dar vida a partir del cuerpo muerto de Abraham y Sara, de vivificar a los muertos. Luego entonces, hay que inferir que es sólo a partir de esa fe contada por justicia que acaece una situación de vivificación, y no al revés.

Esta relación entre justicia y vida por lo demás, era ya presente en cierta forma en Rm 8,10: el Espíritu es fuente de vida en el creyente a causa de la justicia; i.e. la justicia aparece como causa de una situación de vida. Y en Rm 5,17 se tiene que el recibir el don de la justicia, tiene como consecuencia un reinar en vida; la mención de ...διὰ δικαιοσύνης εἰς ζωὴν αἰώνιον en Rm 5,21 apoya esta interpretación.

Por otro lado, la presencia de la vivificación implica necesariamente el que haya una situación de justicia (cf. Ga 3,21).

109 Cf. Cranfield, *Romans I*, 250.

Es decir, resulta una situación en la que la presencia de una implica necesariamente la presencia de la otra: si hay justicia, hay vivificación; si hay vivificación, es que ha habido una situación de justicia.

Esta asociación es tan estrecha que a la justicia podría incluso interpretarse como vivificación, interpretando el gn. δικαίωσιν ζωῆς en Rm 5,18 como epexegético: la justificación que consiste en vida. En efecto, es difícil decidir si interpretar de ese modo tal genitivo o bien como un gn. de resultado: la justificación que resulta en vida[110]. Mas dado que en Rm 8,10 la situación de vida es adjudicada al Espíritu, tal vez sea desaconsejable entender el gn. δικαίωσιν ζωῆς en Rm 5,18 como epexegético pues es el Espíritu quien es vida: ...τὸ δὲ πνεῦμα ζωὴ διὰ δικαιοσύνην (Rm 8,10). O bien en último caso, se podría considerarlo como un gn. epexegético, pero a través de una metonimia en la que se denota a la justicia por su resultado.

5.2.3 Conclusiones

1. En Rm 4,13 la promesa a Abraham y su descendencia aparece como una promesa de "ser herederos", y es apropiada por medio de la justicia de la fe, i.e. una justicia que deriva o se apoya en la fe.

2. Por otro lado Ga 4,6 muestra que la promesa de ser constituidos herederos, se realiza también por medio del Espíritu, pues el Espíritu hace de los creyentes hijos y por ende herederos.

3. Consiguientemente, la justificación a partir de la fe y la recepción del Espíritu aparecen asociados bajo el tema de la promesa: a partir de ambos se obtiene la promesa de heredad.

110 P. 100—101.

4. Por otra parte, a partir de Rm 4,17—21 la promesa hecha a Abraham aparece como una promesa de descendencia. Esta diferencia sin embargo es aparente pues en realidad, la promesa de *«ser heredero del mundo»* (4,13) va asociada con la de tener una descendencia numerosa (cf. Gn 15,2.4).

5. La promesa de descendencia en Rm 4,17—21 es interpretada como una promesa de vivificación, tema emparentado con el Espíritu. Tal resultado se encuentra en armonía con lo concluido del estudio de Ga 3,2—7.14 donde la promesa hecha a Abraham aparecía como una promesa de descendencia o filiación, obra del Espíritu.

5.3 Conclusiones de Ga 3 y Rm 4

Del estudio del tema de la promesa en relación al de la justicia y el del Espíritu, en base a los textos de Ga 3 y Rm 4, se obtienen los siguientes resultados:

1. La justificación es interpretada como la bendición prometida a Abraham (Ga 3,8), y reviste por ende un carácter de promesa; asimismo, la justicia aparece presentada como promesa o bien derivante de ella (Ga 3,21—22.24).

2. El don del Espíritu es presentado explícitamente como promesa (Ga 3,14); además, la promesa hecha a Abraham aparece como una promesa de descendencia o filiación, obra del Espíritu (Ga 3,2—7; 4,29), es decir, como una promesa del Espíritu (Ga 3,14).

3. Ahora bien, la promesa hecha a Abraham es descrita como una promesa de vivificación (Rm 4,19—20); e igualmente, la vivificación aparece asociada implícitamente a la finalidad de la promesa (Ga 3,21—22).

4. Luego entonces, tanto la justificación como la recepción del Espíritu condividen un carácter de promesa, siendo ésta a su vez asociada a una vivificación.

5. En fin, si bien la recepción del Espíritu y la justificación condividen un aspecto de promesa, se da sin embargo una diferencia por lo que se refiere a su realización pues la justificación no aparece expresada en términos de una realización parcial, como es el caso de la recepción de las *«primicias del Espíritu»* (Rm 8,23) o bien de las *«arras del Espíritu»* (2 Co 1,22; 5,5).

Conclusiones

1. Del estudio de diversos textos de las cartas paulinas, se constata la existencia de una relación estrecha entre la justificación por la fe y la recepción del Espíritu.

En efecto, el texto de 1 Co 6,11 si bien susceptible de varias interpretaciones, presenta de manera explícita la existencia de una relación entre la justificación y el Espíritu: la justificación aparece realizada por medio de, en virtud de, o en relación al Espíritu.

Y la existencia de tal asociación, si bien explícita en 1 Co 6 donde el tema de la justificación no es relevante, se encuentra de manera implícita en el texto de Ga 2—3 donde el tema de la justificación es predominante. En efecto, el desarrollo de la argumentación en Ga 2—3 revela una continuidad del discurso, no obstante una alternancia en la presentación de los temas de la justificación y recepción del Espíritu, explicable sólo en la suposición de una estrecha relación entre ambos hechos, so pena de concluir una incoherencia en la argumentación.

La existencia de una relación es confirmada además por el estudio de 2 Co 3 donde las especificaciones *«del Espíritu»* y *«de la justicia»* hacen referencia a una misma realidad.

2. Se concluye además que la relación entre la justificación y el Espíritu acaece a través del tema de la vivificación.

En efecto, la justificación paulina aparece estrechamente asociada a una situación de vida (Rm 5,18; 8,10), y la presencia de una vivificación constituye señal o indicio de la justicia (Ga 3,21). Por otra parte el Espíritu asociado a la justicia aparece caracterizado como "vivificador" (2 Co 3,6). Es decir, el Espíritu realiza la vivificación asociada a la justicia o justificación (cf. Rm 8,10).

Tal conexión entre la justificación y el Espíritu trámite el tema de la vivificación, es confirmada por el hecho de que la fe contada por justicia a Abraham y los creyentes, es descrita como una fe en el poder vivificador de Dios (Rm 4,17.24). Y más precisamente, en el caso de los cristianos, la fe asociada a la justificación se presenta como un acoger la vida de Cristo en uno (Ga 2,20), siendo tal presencia concomitante con la del Espíritu (Rm 8,9—10) y que se recibe a partir de la fe (Ga 3,2.5). Es así que la presencia del Espíritu como fuente de vida en el cristiano, es presentada en asociación a la justicia (Rm 8,10).

Asimismo, se tiene que tanto la justificación como la recepción del Espíritu condividen una característica de bendición (Ga 3,8.14), siendo que la característica principal de la bendición es el florecimiento de la vida.

Y en fin, la justificación y la recepción del Espíritu aparecen presentadas como la realización de una promesa (Ga 3,8.14.21—24), siendo que la vivificación aparece asociada implícitamente a la finalidad de la promesa (cf. Ga 3,20—22; Rm 4,17—21).

Luego entonces, se constata la existencia de una relación estrecha entre la justificación y el Espíritu, explicada sobre todo a partir del tema de la vida: la justificación paulina aparece asociada al tema de la vivificación, y siendo que tal vivificación es obra del Espíritu.

3. En consecuencia, dado el aspecto vivificante de la justificación paulina (Ga 3,21), un estudio del tema de la justificación debe hacer referencia también al de la recepción del Espíritu, so pena de tener una visión incompleta de la cuestión.

4. Y en cuanto a la relación entre justificación y vivificación, ésta aparece como recíproca pues la justificación implica que haya vivificación (Rm 5) y la presencia de vivificación implica la de la justificación (Ga 3,21). Es decir, se trata de una relación indisociable en la que una no puede existir sin la otra.

5. La justificación y el Espíritu aparecen como elementos correlativos: la presencia de uno implica la del otro, pudiendo ser uno explícito y el otro implícito.

Y si bien a tal relación entre la justificación y el Espíritu se puede objetar el hecho de que en el relato del Gn no sea mencionado el Espíritu en el caso de la justicia contada a Abraham, hay que notar que desde la óptica paulina el Espíritu ya era presente en el nacimiento de Isaac, hijo de la promesa (Ga 4,28—29).

6. Por otra parte, si bien se da una estrecha e indisociable conexión entre justificación y Espíritu, no hay que concluir de ello una identidad entre ambos. En efecto, el Espíritu comprende más cosas que la justificación pues además de otorgar la filiación divina a los creyentes, de guiarles, de revelarles los misterios de Dios e interceder por ellos ante él, de conferirles dones como la profecía, el hablar en lenguas, etc., la acción del Espíritu precede a la justificación misma pues la fe aparece ya suscitada por el Espíritu (cf. 1 Co 12,3).

Además, si el distintivo de la justificación es la vivificación (Ga 3,21), el Espíritu no sólo lleva a cabo tal vivificación sino que llega a otorgar la misma vida divina constituyendo a los creyentes en hijos de Dios (Ga 4,6—7; Rm 8,15), lo cual no era contemplado en el caso de la justificación de Abraham.

Es decir, la asociación entre justificación y recepción del Espíritu no puede ser entendida como una identidad entre ambas. Una confirmación ulterior a ello lo constituye el hecho de que la justificación no aparece expresada en términos de una realización parcial (cf. Rm 3,24; 5,1.9; 8,30; 1 Co 6,11), como es el caso de la recepción de las *«primicias del Espíritu»* (Rm 8,23) o bien de las *«arras del Espíritu»* (2 Co 1,22; 5,5). Si bien la justificación de los creyentes puede ser considerada como ya realizada, la vivificación realizada por el Espíritu es por el momento parcial pues espera su plenitud futura en el otorgar a los justificados el reinar en la vida eterna (Rm 5,17.21) y la vivificación del cuerpo mortal (Rm 8,11; cf. Flp 3,11).

7. En fin, la asociación establecida entre justificación y Espíritu, es congruente con la insistencia de Pablo en presentar a la justificación inseparable de la fe en Cristo (Ga 2,16). En efecto, por la fe se

acoge la vida de Cristo (Ga 2,20), el cual es presente en el creyente por medio del Espíritu (cf. Rm 8,9—10). De ahí que la justificación resulte así inseparable de Cristo y del Espíritu: *«fuisteis justificados en el nombre del Señor Jesucristo y en el Espíritu de nuestro Dios»* (1 Co 6,11b).

Bibliogafía

Se mencionan sólo las obras citadas

1. Instrumentos de trabajo

ALLMEN, J.J. von (ed.), *Vocabulaire Biblique* (Lausanne 1969[4]).

BAILLY, A., *Dictionnaire grec français* (Paris 1950).

BALZ, H. — SCHNEIDER, G. (eds.), *Exegetisches Wörterbuch zum Neuen Testament* (Stuttgart 1978—1983).

BAUER, J.B. (ed.), *Bibeltheologisches Wörterbuch* (Graz 1967).

BAUER, W., *Griechisch-deutsches Wörterbuch zu den Schriften des Neuen Testaments und der frühchristlichen Literatur* (Berlin-New York, 1986).

BAUER, W. — GINGRICH, F.W. — DANKER, F.W., *A Greek-English Lexicon of the New Testament and Other Early Christian Literature* (Chicago, IL; 1979[2]).

BILLERBECK, P., *Kommentar zum Neuen Testament aus Talmud und Midrash* (6 vols.; Munich 1922—1961).

BLASS, F. — DEBRUNNER, A. — FUNK, R.W., *A Greek Grammar of the New Testament and Other Early Christian Literature* (Chicago, IL; 1961).

BLASS, F. — DEBRUNNER, A. — REHKOPF, F., *Grammatica del Greco del Nuovo Testamento* (Brescia 1982).

BOTTERWECK, J. — RINGGREN, H. (eds.), *Theologisches Wörterbuch zum Alten Testament* (Stuttgart 1970—).

BULLINGER, E.W., *Figures of Speech Used in the Bible* (Grand Rapids MI, 1898).

BURTON, E.W., *Syntax of the Moods and Tenses in New Testament Greek* (Edinburgh 1898[3]).

CAZELLES, H. — FEUILLET, A. (eds.), *Supplément au Dictionnaire de la Bible* (Paris 1928—).

CHARLES, R.H. (ed.), *The Apocrypha and Pseudoepigrapha of the Old Testament* (Oxford 1913).

CHARLESWORTH, J.H. (ed.), *The Old Testament Pseudoepigrapha* (Garden City NY 1983—1985).
CIGNELLI, L., "La grecità biblica", *LA* 35 (1985) 203—248.
COENEN, L. — BEYREUTHER, E. — BIETENHARD, H. (eds.), *Theologisches Begriffslexikon zum Neuen Testament* (Wuppertal 1967—1971).
FEINER, J. — LÖHRER, M. (ed.s.), *Mysterium Salutis.* Grundriss heilsgeschichtlicher Dogmatik (Einsiedeln 1965).
GEORGE, A. — GRELOT, P. (eds.), *Introduction à la Bible.* Édition nouvelle (Paris 1976—).
KITTEL, G. (ed.), *Theologisches Wörterbuch zum Neuen Testament* (Stuttgart 1933—1979).
LAMPE, G.W.H. (ed.), *A Patristic Greek Lexicon* (Oxford 1961).
LÉON-DUFOUR, X. (ed.), *Vocabulaire de théologie biblique* (Paris 1995⁸).
LIDDELL, H.G. — SCOTT, R., *A Greek-English Lexicon* (Oxford 1966).
METZGER, B.M., *A Textual Commentary on the Greek New Testament* (Stuttgart 1994²).
MOULTON, J.H. — MILLIGAN, G., *The Vocabulary of the Greek Testament, Illustrated from the Papyri and Other Non-Literary Sources* (London 1957).
ROBERTSON, A.T., *A Grammar of the Greek New Testament.* In the Light of Historical Research (Nashville, TN; 1934).
SPARKS, H.F.D. (ed.), *The Apocryphal Old Testament* (Oxford 1984).
TURNER, N., *A Grammar of New Testament Greek.* III Syntax (J.H. Moulton; Edinburgh 1963).
WILKE, C.G. — GRIMM, C.L.W. —THAYER, J.W., *A Greek-English Lexicon of the New Testament* (Edinburgh 1901⁴).
WINNER — THAYER, *A Grammar of the Idiom of the NT* (1869).
ZERWICK, M., *Analysis philologica Novi Testamenti graeci* (PIB; Romae 1966³).
______, *Graecitas biblica Novi Testamenti exemplis illustratur* (SPIB 92; Romae 1966⁵).

2. Libros y artículos

Aletti, J.N., *Comment Dieu est-il juste?* Clefs pour interpréter l'épître aux Romains (Paris 1991).

Allo, E.B., *Première Épître aux Corinthiens* (Paris 1935).

Asmussen, H., *Der Römerbrief* (Stuttgart 1952).

Balz, H., "ἅγιος", EWNT I, 38—48.

Barbaglio, G., *La Prima Lettera ai Corinzi* (SOC 13; Bologna 1996).

Barclay, W., *Flesh and Spirit.* An Examination of Galatians 5,19—23 (London 1962).

Barrett, C.K., *The Epistle to the Romans* (HNTC; New York 1957).

______, *The First Epistle to the Corinthians* (BNTC; London 1971[2]).

Bartsch, H.W., "λογίζομαι", EWNT II, 874—876.

Behm, J. — Quell, G., "διαθήκη", TWNT II, 106—137.

Belleville, L.L., "«Under Law»: Structural Analysis and the Pauline Concept of Law in Galatians 3,21—4,11", *JSNT* 26 (1986) 53—78.

______, "Paul's Polemic and Theology of the Spirit in Second Corinthians", *CBQ* 58 (1996) 281—304.

Berényi, G., "Ga 2,20: a PrePauline or a Pauline Test?", *Bib* 65 (1984) 490—537.

Best, E., *Ephesians* (ICC; Edinburgh 1998).

Betz, H.D., *Galatians* (Hermeneia; Philadelphia 1979).

Black, M., *Romans* (NCBC; Grand Rapids MI-London 1973).

Bonnard, P., *L'épître de Saint Paul aux Galates* (CNT; Neuchâtel-Paris 1972).

Borgen, P.J., *Bread from Heaven* (SNT 10; Leiden 1965).

Boylan, P., *St. Paul' s Epistle to the Romans* (Dubin 1947).

Bruce, F.F., *Galatians* (NIGTC; Grand Rapids, MI 1982).

Bultmann, R., "ζάω, ζωοποιέω", TWNT II, 833—877.

______, R., *Der zweite Brief an die Korinther* (MeyK 6; Göttingen 1976).

______, "Der Geist", *Theologie des Neuen Testaments* (rev. O. Merk) (UTB 630; 1984[9]) § 14.

Burton, E. de W., *A Critical and Exegetical Commentary on the Epistle to the Galatians* (ICC; Edinburgh 1921).
Byrne, B., *'Sons of God'-'Seed of Abraham'* (AnBib 83; Roma 1979).
______, *Romans* (SP 6; Collegeville, MI 1996).
Campbell, D.A., "Romans 1:17 — A *Crux Interpretum* for the πίστις Χριστοῦ debate", *JBL* 113 (1994) 265—285.
Carr, W., "Towards a Contemporary Theology of the Holy Spirit", *SJT* 28(1975) 501—516.
Cavallin, H.C., "The Righteous Shall Live by Faith. A Decisive Argument for the Traditional Interpretation", *ST* 32 (1978) 33—43.
Cerfaux, L., "Justice. S. Paul", DBS IV, 1471—1496.
Clifton, J.P., *The Pauline Notion of Justification in the Light of Recent Literature* (Diss. Angelicum; Rome 1971).
Conzelmann, H., *1 Corinthians* (Hermeneia; Philadelphia 1974).
______, H., *Grundriß der Theologie des Neuen Testaments* (UTB 1446; Tübingen 1997).
Cordero, M.G., *Teología de la Biblia* (BAC 335; Madrid 1972).
Cosgrove, Ch.C., *The Cross and the Spirit.* A Study in the Argument and Theology of Galatians (Macon, GA 1988).
Craddock, F., *Philippians* (Interpretation; Atlanta 1985).
Cranfield, C.E.B., *The Epistle to the Romans* (ICC; Edinburgh 1975).
Crisóstomo, J., Ἑρμηνεία εἰς τὴν πρὸς Ῥωμαίους ἐπιστολήν (PG 60, 391—682).
______, Ὑπόθεσις τῆς πρὸς Κορινθίους πρώτης ἐπιστολῆς (PG 61,9—382).
______, Ὑπόμνημα εἰς τὴν πρὸς Γάλατας ἐπιστολήν (PG 61, 611—682).
______, Ὑπόμνημα εἰς τὴν πρὸς Ἐφεσίους ἐπιστολήν (PG 62, 9—176).
Dahl, N.A., *Studies in Paul.* Theology for the Early Christian Mission (Minneapolis, MI 1977).
Dalman, G., *Die Worte Jesu* (Leipzig 1898).

Diaz-Rodelas, J.M., *Pablo y la ley*. La novedad de Rm 7,7—8,4 en el conjunto de la reflexión paulina sobre la ley (ISJ 28; Estella, Navarra 1994).

Dinkler, E., "Zum Problem der Ethik bei Paulus. Rechtsnahme und Rechtsverzicht (1 Kor 6,1—11)", *Signum Crucis* [Tübingen 1967] 204—240.

Dodd, C.H., *The Epistle of Paul to the Romans* (MNTC; New York 1932).

Donfried, K.P., "Justification and Last Judgment in Paul", *ZNW* 67 (1976) 90—110.

Dreyfus, F., "Le thème de l'héritage dans l'A.T.", *RSPT* 42 (1958) 3—49.

______, "Héritage", VTB, 532—537.

Dunn, J.D.G., "Rediscovering the Spirit", *ExpTim* 84 (1972/3) 7—12; 40—44; 94 (1982/3) 9—18.

______, *The Epistle to the Galatians* (BNTC; London 1993).

______, *The Theology of Paul the Apostle* (Grand Rapids, MI 1998).

Duprez, A., "Note sur le rôle de l'Esprit Saint dans la filiation du chrétien. A propos de Gal 4,6", *RSR* 52 (1964) 421—431.

Eckert, J., *Die urchristliche Verkündigung im Streit zwischen Paulus und seinen Gegnern nach dem Galaterbrief* (BU 6; Regensburg 1971).

Edwards, T.C., *A Commentary on the First Epistle to the Corinthians* (London 1885^2).

Fee, G.D., *The First Epistle to the Corinthians* (NICNT; Grand Rapids MI 1987).

______, *God's Empowering Presence*. The Holy Spirit in the Letters of Paul (Peabody MA; 1994).

Fitzmyer, J., *Pauline Theology*. A Brief Sketch (Englewood Cliffs, NJ 1967)

______, *Romans* (AB 33; New York 1993).

Friedrich, J.H., "κληρονόμος", EWNT II, 737.

Fung, R.Y.K., "The status of justification by faith in Paul's thought: a brief survey of a modern debate", *Them* 6 (1980) 4—11.

______, “Justification, Sonship, and the Gift of the Spirit: Their Mutual Relationships as Seen in Galatians 3—4”, *CGSTJ* (China Graduate School of Theology Journal, Hong Kong) 3 (July 1987) 73—104.

______, *The Epistle to the Galatians* (NICNT; Grand Rapids MI 1988).

Gaston, LL., “Abraham and the Righteousness of God”, *Horizons in Biblical Theology* 2 (1980) 39—68.

Gnilka, J., *Der Epheserbrief* (HTKNT 10/2; Freiburg 1971).

Godet, F., *Commentaire sur l'épître aux Romains* (Genève 1968).

______, *Commentaire sur la première épître aux Corinthiens* (Paris 1885).

Goppelt, L., *Theologie des Neuen Testaments* (Göttingen 1975).

Grech, P., *Le idee fondamentale del Nuovo Testamento* (Modena 1968).

Greenwood, D., “The Lord is The Spirit: Some Considerations of 2 Cor 3,17”, *CBQ* 34 (1972) 467—472.

Grosheide, F.W., *Commentary on the First Epistle to the Corinthians* (NLC; London 1954^2).

Guhrt, J., “διαθήκη”, TBNT I, 157—161.

Guillet, J., “Bénédiction”, *Vocabulaire de Théologie Biblique* (ed. X. Léon-Dufour; Paris 1970^2) 120—128.

Hahn, F., “Taufe und Rechtfertigung. Ein Beitrag zur paulinischen Theologie in ihrer Vor- und Nachgeschichte”, *Rechtfertigung* (FS. E. Käsemann [Hrsg. J. Friedrich]; Tübingen-Göttingen 1976) 95—124.

Haufe, C., *Die sittliche Rechtfertigungslehre des Paulus* (Halle 1957).

Haupt, E., *Der Brief an die Epheser* (MeyK 8; Göttingen 1902).

Hawthorne, G.F., *Philippians* (WBC 43; Waco TX 1983).

Heidland, H.W., *Die Anrechnung des Glaubens zur Gerechtigkeit*. Untersuchungen zur Begriffsbestimmung von חשׁב und λογίζεσθαι (Stuttgart 1936).

______, “λογίζομαι”, TWNT IV, 287—295.

HEITMÜLLER, W., *«Im Namen Jesu»*. Eine sprach- und religionsgeschichtliche Untersuchung zum Neuen Testament, speziell zur altchristlichen Taufe (FRLANT 2; Göttingen 1903).
HENDRIKSEN, W., *Romans* (NTC; Grand Rapids MI 1982).
HERMANN, I., *Kyrios und Pneuma*. Studien zur Christologie der paulinischen Hauptbriefe (SANT 2; München 1961).
HESTER, J.D., *Paul's Concept of Inheritance* (SJTOP 14; London 1968).
HODGE, Ch., *Romans* (CCC; Wheaton, IL 1993).
HOFER, H., *Die Rechtfertigungsverkündigung des Paulus nach neuerer Forschung*. 37 Thesen (Gütersloh 1940).
HOOKE, S.H., "The Spirit was not yet", *NTS* 9 (1963) 372—380.
HORN, F.W., *Das Angeld des Geistes* (Göttingen 1991).
HOWARD, G., *Paul: Crisis in Galatia*. A Study in Early Christian Theology (SNTSMS 35; Cambridge 1990²).
JEREMIAS, J., "Paul and James", *ExpTim* 66 (1954/5) 368—371.
______, *The Central Message of the New Testament* (London 1965).
JERÓNIMO, *Commentarium in Epistulam ad Ephesios*, PL 26,467—590.
JEWETT, R., *Paul's Anthropological Terms*. A Study of Their Use in Conflict Settings (AGJU 10; Leiden 1971).
JOHNSON, B., "Who Reckoned Righteousness to Whom?", *SEA* 51—52 (1986/87) 108—115.
KAMLAH, E., "πνεῦμα", TBNT I, 479—489.
KÄSEMANN, E., "Gottesgerechtigkeit bei Paulus" *ZTK* 58 (1961) 367—378.
______, *An die Römer* (HNT 8a; Tübingen 1980⁴).
KERTELGE, K., *Rechtfertigung bei Paulus*. Studien zur Struktur und zum Bedeutungsgehalt des paulinischen Rechtfertigungsbegriffs (NTAbh 3; Munster 1972).
KNIGHT, G.W., *The Pastoral Epistles* (NIGTC; Grand Rapids MI 1992).
KÜHL, E., *Der Brief des Paulus an die Römer* (Leipzig 1913).
KUSS, O., *Der Römerbrief* (Regensburg 1957).
LADARIA, L., "Espíritu y justificación. A propósito de Gál 2,16; 3,2.5", *Estudios eclesiásticos* 55 (1980), 111—115.
LAGRANGE, M.J., *Épître aux Romains* (EB; Paris 1950).

______, *Épître aux Galates* (EB; Paris 1950).
LEENHARDT, A., *L'épître de Saint Paul aux Romains* (CNT; Genève 1995[3]).
LIGHTFOOT, J.B., *St. Paul's Epistle to the Galatians* (London-Cambridge 1890).
LINCOLN, A.T., "Ephesians 2,8—10 —A Summary of Paul's Gospel?", *CBQ* 45 (1983) 617—630.
______, *Ephesians* (WBC 42; Dallas TX 1990).
LOCK, W., *The Pastoral Epistles* (ICC; Edinburgh 1936).
LOHSE, E., "Taufe und Rechtfertigung bei Paulus", *KD* 11 (1965) 308—324.
______, *Grundriss der neutestamentlichen Theologie* (TW 5; Stuttgart 1979[2]).
LONGENECKER, R.N., *Galatians* (WBC 41; Dallas, TX 1990).
LYONNET, S., *Études sur l'épître aux Romains* (AnBib 120; Roma 1989).
MARGOT, J.C., "Héritage", *Vocabulaire Biblique* (éd. J.J. Von Allmen; Lausanne 1969[4]) 120—123.
MARTIN, R.P., *Reconciliation*: A Study of Paul's Theology (London-Atlanta 1981).
______, *2 Corinthians* (WBC 40; Waco TX 1986).
MATERA, F.J., *Galatians*, (SP 9; Collegeville, MI 1992).
MCGRATH, A.E., *Iustitia Dei*. A History of the Christian Doctrine of Justification (Cambridge 1986).
MENOUD, Ph.H., "Esprit Saint", *VB*, 94.
MEYER, H.A.W., *The Epistle to the Galatians* (CECNT; Edinburgh 1880).
______, *The Epistle to the Romans* (CECNT; Edinburgh 1881).
MICHEL, O., *Der Brief an die Römer* (MeyerK IV; Göttingen 1977[14]).
MIELZINER, M., *Introduction to the Talmud* (New York [5]1968).
MITCHELL, C.W., *The Meaning of BRK «To Bless» in the Old Testament* (SBLDS 95; Atlanta 1987).
MOBERLY, R.W.L., "Abraham's Righteousness (Genesis 15,6)", *Studies in the Pentateuch* (ed.J.A. EMERTON) (VTS 41; Leiden 1990) 103—130.

MOFFAT, J., "Found in Him", *ExpTim* 24 (1912—13) 46.

MOO, D.J., *The Epistle to the Romans* (NICNT; Grand Rapids MI 1996).

MORRIS, L., *The Epistle to the Romans* (Grand Rapids MI 1987).

MURRAY, J., *The Epistle to the Romans* (NICNT; Grand Rapids 1968).

MURTONEN A. — MOWVLEY, H.,"The Concept and Content of «Blessing» in the Old Testament", *BT* 16 (1965) 74—80.

MUSSNER, F., *Der Galaterbrief* (HTKNT IX; Freiburg 1974^2).

NYGREN, A., *Der Römerbrief* (Göttingen 1965).

O'NEILL, "The Holy Spirit and the Human Spirit in Galatians", *ETL* 71 (1995) 107—117.

OEMING, M., "Ist Genesis 15,6 ein Beleg für die Anrechnung des Glaubens zur Gerechtigkeit?", *ZAW* 95 (1983) 182—197.

OEPKE, A., "λούω", TWNT IV, 297—309.

OSTEN—SACKEN, P.v.d, *Römer 8 als Beispiel paulinischer Soteriologie* (FRLANT 112; Göttingen 1975).

PENNA, R., *Lo Spirito di Cristo*. Cristologia e pneumatologia secondo un'originale formulazione paolina (SRivB 7; Brescia 1976).

______, "Il tema della giustificazione in Paolo. Uno status quaestionis", *La giustificazione* (ed. G. Ancona) (Padova 1997) 19—64.

PERROT, C., "La vie et l'œuvre de saint Paul", IBENNT 3, 15—38.

PESCH, W., "Erbe", BW, 296—301.

PITTA, A., *Disposizione e messaggio della lettera ai Galati.* Analisi retorico-letteraria (AnBib 131; Roma 1992).

______, *Lettera ai Galati* (SOC 9; Bologna 1996).

PLESSIS, P.J. du, "The Concept of Pneuma in the Theology of Paul", *Neot* 3 (1969) 9—20.

PLEVNIK, J., "Recent Developments in the Discussion Concerning Justification by Faith", *TJT* 2 (1986) 47—62.

______, "The Center of Pauline Theology" *CBQ* 51 (1989) 461—478.

PURY, A. de, "La promesse patriarcale: Origines, interprétations et actualisations", *ÉTR* 51 (1976) 351—366.

RAD, G. von, *Theologie des Alten Testaments* (München 1978).

RÄISÄNEN, H., *Paul and the Law* (WUNT 29; Tübingen 1983).
REITZENSTEIN, R., *Poimandres* (Leipzig 1904).
REUMANN, J., *Righteousness in the New Testament* (Philadelphia 1982).
RIDDERBOS, H.N., *The Epistle of Paul to the Churches of Galatia* (NICNT; Grand Rapids, MI 1953).
ROBERTSON, A. — PLUMMER, A., *The First Epistle to the Corinthians* (ICC; Edinburgh 1911).
SANDAY, W. — HEADLAM, A.C., *A Critical Commentary on the Epistle to the Romans* (ICC; Edinburgh 1902[5]).
SANDERS, E.P., *Paul, the Law and the Jewish People* (Philadelphia 1983).
SCHAEFER, A., *Erklärung des Briefes an die Römer* (Münster 1891).
SCHELKLE, K.H., *Paulus, Lehrer der Väter*. Die altkirchliche Auslegung von Römer 1—11 (Düsseldorf 1956).
______, *Theologie des Neuen Testaments* (Düsseldorf 1968).
SCHLATTER, A., *Gottes Gerechtigkeit*: ein Kommentar zum Römerbrief (Stuttgart 1952[2]).
SCHLIER, H., *Der Brief an die Epheser.* Ein Kommentar (Düsseldorf 1971) 115.
______, *Der Brief an die Galater* (MeyK 7; Göttingen 1971[5]).
______, *Der Römerbrief* (HTK 10; Freiburg iB 1979[2]).
SCHMIDT, H.W., *Der Brief des Paulus an die Römer* (THKNT 6; Berlin 1963).
SCHMITHALS, W., *Der Römerbrief.* Ein Kommentar (Gütersloh 1988).
SCHNACKENBURG, R., *Der Brief an die Epheser* (EKKNT 10; Neukirchen 1982).
SCHNEIDER, B., "Κατὰ Πνεῦμα Ἁγιωσύνης (Rm 1,4)", *Bib* 48 (1967) 359—387.
SCHNIEWIND, J. — Friedrich, G., "ἐπαγγελία", TWNT II, 573—583.
SCHRAGE, W., *Der erste Brief an die Korinther.* 1 Kor 1,1—6,11. (Neukirchen 1991).
SCHREINER, Th.R., *Romans* (BECNT 6; Grand Rapids, MI 1998).
SCHRENK, G., "δίκαιος, δικαιοσύνη, δικαίωμα", TWNT II, 176—229.
SCHWEIZER, E., "πνεῦμα", TWNT VI, 330—453.
SCOTT, C.A.A., *Christianity according to St. Paul* (Cambridge 1927).

Segalla, G., *Introduzione alla teologia del Nuovo Testamento* (Corsi della Facoltà Teologica dell'Italia Settentrionale; Milano 1980).

Snodgrass, K.R., "Justification by grace to the doers: an analysis of the place of Rm 2 in the theology of Paul", *NTS* 32 (1986) 72—93.

Spicq, C., *Les épîtres pastorales* (EB; Paris 1969).

______, "δίκαιος, δικαιοσύνη, δικαίωμα", *Lexique Théologique du Nouveau Testament* (Fribourg 1991) 326—357.

Stalder, K., *Das Werk des Geistes in der Heiligung bei Paulus* (Zürich 1962).

Stanley, A.P., *The Epistles of St. Paul to the Corinthians* (London 1865^3).

Stauffer, E., "ἐγώ", TWNT II, 341—360.

Stuhlmacher, P., *Gerechtigkeit Gottes bei Paulus* (FRLANT 87; Göttingen 1966^2).

______, *Das paulinischen Evangelium* (FRLANT 95; Göttingen 1968) I, 81.

Trütsch, J., "Theologische Explikation des Glaubens", *Mysterium Salutis I* (Köln 1965) 827—892.

Tyson, B., "Works of Law in Galatians", *JBL* 92 (1973) 423—431.

Vanhoye, A., "Notre foi, œuvre divine d'après le quatrième évangile", *NRT* 96 (1964) 337—354.

______, *La nuova alleanza nel Nuovo Testamento* (PIB; Roma 1988).

______, *La lettera ai Galati.* Seconda parte (PIB; Roma 1989).

______, *I carismi nel Nuovo Testamento* (PIB; Roma 1990).

______, "Pensée théologique et qualité rhétorique en Galates 3,1—14", *The Truth of the Gospel.* Galatians 1:1—4:11 (ed. J. Lambrecht) (MS Benedictina 12; Rome 1993) 91—125.

______, "Πίστις Χριστοῦ in San Paolo: fede in Cristo o affidabilità di Cristo?", *Bib* 80 (1999) 1—21.

Viard, A., *Épître aux Galates* (SB; Paris 1964).

______, *Épître aux Romains* (SB; Paris 1975).

Vincent, M.R., *Epistles to the Philippians and to Philemon* (ICC; Edinburgh 1897).

Weiss, J., *Der erste Korintherbrief* (Göttingen 1910).
Westermann, C., *Der Segen in der Bibel und im Handeln der Kirche* (München 1968).
______, *Die Verheißungen an die Väter*. Studien zur Vätergeschichte (FRLANT 116; Göttingen 1976).
Wilckens, U., *Der Brief an die Römer* (EKKNT 6; Neukirchen-Vluyn 1978).
Wilcox, M., "The Promise of the «Seed» in the New Testament and the Targumim", *JSNT* 5 (1979) 2—20.
Williams, S.K., "Justification and the Spirit in Galatians", *JSNT* 29 (1987) 91—100.
______, "*Promise* in Galatians: A Reading of Paul's Reading of Scripture", *JBL* 107 (1988) 709—720.
______, "the Hearing of Faith: ΑΚΟΗ ΠΙΣΤΕΩΣ in Galatians 3", *NTS* 35 (1989) 82—93.
______, *Galatians* (ANTC; Nashville, TN 1997).
Winger, M., *By What Law?* The Meaning of Νόμος in the Letters of Paul (SBLDS 128; Atlanta, GA 1992).
Zahn, T., *Der Brief des Paulus an die Römer* (KNT 6; Leipzig 1925[3]).
Zedda, S., *La adozione a figli di Dio e lo Spirito Santo.* Storia dell'interpretazione e teologia mistica di Gal 4,6 (AnBib 1; Roma 1952).

Indice de Citas

1. Antiguo Testamento

2. Nuevo Testamento

3. Apócrifos

Indice de Autores

Indice detallado